성서학이 필요 없다고 주장하는 신학자를 만난 적이 있다. 종교개혁의 대가들이 이미 그 메시지를 충분히 해석해 놓았기 때문이라는 것이다. 반면 '신학'은 필요 없고 성경 연구만 하면 된다는 성서학자도 있었다. 성경 연구만으로 신앙에 필요한 지식을 주기에 충분하다는 뜻이었다. 두 사람의 의도는 이해하지만, 사태를 잘못 짚어도 한참 잘못 짚은 발상이다.

한 사람의 성서학자로서 나는 성서학적 요구를 의식하며 오래전 바울이 로마의 신자들에게 보낸 편지를 읽고 해독한다. 그러나 힘들게 해석해 낸 '옛날 로마 신자들을 위한 바울의' 이야기가 저절로 '오늘 나를 위한 하나님의' 말씀이 되는 것은 아니다. 성경이 역사적 문서를 넘어 나와 교회를 위한 말씀으로 이해하는 '해석학적' 과정에는 성서학자들의 문법적·역사적 물음을 넘어선, 더 넓은 호흡의 신학적 사유가 요구된다. 여기서 조직신학자들이 필요하다. 성서학자로서 나의 신학적 사유는 소박할 수 있고, 반대로 조직신학의 성경 읽기는 느슨할 수 있다. 그래서 건강한 신학을 위해 우리는 늘 서로를 필요로 한다. 하지만 우리는 자주 협업보다는 무시와 경쟁의 태도를 취한다. 성서학이 신학적 사유라는 피를 잃고 역사학의 한 분야로 시들어 버리기도 하고, 신학이 성경의 뿌리를 잃고 세속적 사유의 변종으로 떠돌기도 한다. 상생이 아닌 공멸의 길이다. 적어도 기독교 신학으로서는 그렇다.

그래서 이 책이 반갑다. 서로의 차이를 분명히 함으로써, 오히려 서로의 필요를 더 확실히 느끼게 해 주기 때문이다. 이 책은 농익은 성서학자가 조직신학자에게 건네는, 예의 있지만 진지한 조언이다. 신학의 초석으로서 성서학의 작업에 좀 더 귀를 기울여 달라는 부탁이다. 하지만 막상 이 책의 상당 부분은 성서신학자를 향한다. 조직신학자들에게 말을 거는 행위는 사실 성서학자 자신을 돌아보는 일이기 때문이다. 그런 점에서 이 기획의 두 책은 서로가 자신을 돌아보며 서로에게 말을 거는 멋진 대화의 기록이자 앞으로 이어질 대화를 위한 마중물이다. 두 분과의 대화를 알차게 만들고 그래서 더욱 견실한 신학을 이루는 일에 좋은 디딤돌로 사용되면 좋겠다.

권연경 숭실대학교 기독교학과 교수, 『오늘을 위한 고린도전서』 저자

전통적으로 성서학과 신학의 관계는 화성에서 온 남자와 금성에서 온 여자의 결혼 같았다. 그들은 서로 다른 언어, 문화, 방법론으로 서로에게 가까워지는 데 어려움을 겪었다. 때로는 가정불화, 별거, 이혼에 이르기까지 했다. 행복한 기억이 거의 없다. 두 분과는 정말 계속 그러해야 하는가? 둘 다 삼위일체 하나님과 그분의 사

역에 관심을 두는 신학 분과가 아닌가? 상호 이해를 통해 소통하고, 협업으로 교회와 학문에 봉사함이 두 분과의 목적이 아닌가? 본서는 서로를 이해하기 위해 상대에게 바라는 바를 솔직 담백하게 드러내는 기획을 시도한다. 이 책의 자매 편에서 신학자가 성서학자에게 바라는 다섯 가지를 말했듯이, 이 책은 성서학자가 신학자에게 꼭 알려 주고 싶은 다섯 가지를 분명하고 명료하게 제안한다. 우리의 노련한 작가 스캇 맥나이트는 예의를 갖추면서도 하고 싶은 말을 설득력 있게 전달한다. 조직신학과 성서학의 학문적 물줄기를 정확하게 짚어 내어 교제의 다리를 놓으려는 저자의 학문적 열정에 박수를 보낸다. 한국 신학교에 흔히 있었던 성서학과 신학의 불필요한 편 가르기를 기억하면서, 『성서학자가 신학자에게 바라는 다섯 가지』는 성서학자, 신학자, 목회자와 신학생 모두에게 필독서다.

류호준 백석대학교 신학대학원 구약학 은퇴 교수

'성서학자'와 '신학자'를 분리하는 이 책의 제목이 생소한 독자들이 한국에는 많을 것이다. 서구의 성서학자들은 자신을 신학자보다는 역사가 혹은 문헌학자로 여긴다. 두 분과의 학자들은 밖에서 보면 한집에 사는데 집 안에서는 서로 대화가 없는, 그 대화를 어떻게 시작해야 할지도 모르는 부부와 같다. 스캇 맥나이트는 이 어려운 대화를 중재할 자격을 갖춘, 보기 드문 학자다. 두 분야에서 이루어지는 논의의 고전적 지형을 정확히 인식하고 있을 뿐 아니라, 최근의 학문적 발전에도 정통하다. 서로에게서 아득히 멀어진 듯한 지점들에서도 상대 분과의 기여를 자세히 살펴보면서 대화의 필요와 가능성을 확언하는, 희망찬 역설을 이 책에서 발견한다. 마지막 장 "신학은 살아 낸 신학이 되어야 한다"는 그 대화의 필요성을 웅변하고 있다. 학문의 상아탑에서 명성을 쌓는 데 만족하는 학자라면 이런 치밀한 대화에 흥미를 갖지 않을 수도 있다. 그러나 신학이 교회의 실천을 이끌어야 한다는 책임을 느끼는 이라면 이 책이 던지는 도전에 반응하지 않을 재간이 없을 것이다.

박영호 포항제일교회 담임목사, 『우리가 몰랐던 1세기 교회』 저자

둘이 사이좋게 지낼 수는 없을까? 서로를 향해 주먹을 휘두르는 성서학자와 조직신학자는 서로를 미워하기를 즐기는 형제자매다. 이 책은 성서학과 신학이 서로를 보완할 수 있음을 보여 줄 뿐 아니라, 최근 통합적 연구의 장점을 강조한다. 스캇 맥나이트는 이 일을 아주 훌륭하게 해냈다.

매튜 베이츠 퀸시 대학교 신학 조교수, 『오직 충성으로 받는 구원』 저자

현대의 성서학자들과 신학자들은 그들만의 분리된 공간에서 각자 열심히 연구하는 경향이 있다. 그런 뒤 자신들이 기대하는 만큼 '다른 팀'이 자신들의 작업을 존중하고 활용해 주기를 바란다. 때때로 우리를 하나로 묶는 몇 안 되는 중요한 기획이 있기는 하지만, 이 책에서 장려하는 것과 같은 솔직한 대화를 찾기란 대개는 어렵다. 스캇 맥나이트는 대화를 위한 결정적 발언, 혹은 심지어 그와 비슷한 것을 제시하겠다고 나서지 않는다. 하지만 이 책은 지속적인 대화를 낳는 데 매우 중요한 기여를 할 것이다. 이는 성서학자들과 신학자들뿐 아니라, 더 중요하게는 교회와 교회의 사명에 유익을 줄 것이다.

로이 치암파 샘포드 대학교 루이스와 앤 암스트롱 종교학 석좌교수, 성서학 및 종교학부장

분열된 성서학자와 조직신학자 사이에 다리를 놓는 학자들이 있다는 사실이 매우 고무적이다. 이는 장기적으로 우리 모두에게 득이 되기 때문이다. 이 갓 나온 따끈따끈한 책에서 스캇 맥나이트는 조직신학자들에게, 그들이 종종 무시한 성경 자체와 주석, 역사적 맥락, 서사 그리고 살아 낸 신학 같은 주제에 주의를 기울이도록 사려 깊고 부드럽게 설득한다. 두 분과를 공정하고 공평하게 평가하고, 조직신학자들에게 공이 있다면 그들의 공로를 인정하기까지 한다! 이 책은 교수와 학생 모두에게 유용할 것이며, 행복하게도 두 분과 간의 관계를 진전시킬 것이다.

루시 페피아트 영국 웨스트민스터 신학 센터 총장, *Rediscovering Scripture's Vision for Women* 저자

이 책(그리고 같은 시리즈의 부어스마의 책)은 신학과 성서학에 매우 흥미로운 통찰을 제공한다. 맥나이트는 신학자들과 대화하면서 중요한 방법론적 질문을 던질 뿐 아니라, 성서학 분야를 꼼꼼히 살펴보면서 미래에 대한 전망을 제공한다. 이 점은 이 책이 신학자와 성서학자 모두에게 중요한 읽을거리가 되게 한다.

매디슨 피어스 트리니티 복음주의 신학교 신약학 조교수

이혼한 부모 때문에 헤어진 두 형제자매처럼, 성서학과 신학은 이미 많은 것을 공유하고 있지만 서로 다시 친해질 필요도 있다. 스캇 맥나이트는 주요 문제와 주장을 소개하면서, 그들 각자의 결론에 이르고자 자주 서로 다른 방식으로 연구하고 서로 다른 증거에 가치를 두는 두 분과 사이에 정말 필요했던 화해를 장려한다. 이런 대화는 교회와 학계의 활력을 위한 필수 작업이다.

벤 블랙웰 휴스턴 신학교 초기 기독교학 조교수

이 책은 주석과 신학의 긴장 관계를 다루면서, 두 분과의 방법론적 단점을 벗어날 방법을 제안한다. 스캇의 접근법은 신학적 초월성을 역사적 주해와 결합하고 교회 전통의 맥락에서 성경의 최우선성을 설명하는 방식이다. 스캇은 역사신학에도 익숙한 몇 안 되는 신약학자 중 하나다. 개신교, 가톨릭, 동방 정교회 독자들은 이 책이 지혜롭고 통찰력 있으며 선구적임을 알게 될 것이다.

브래들리 나지프 전 노스파크 대학교 성서학 및 신학 교수

성서학과 신학은 분리된 부족과 같아서 자신들만의 언어, 규칙, 문화를 지닌다. 하지만 스캇 맥나이트는 성서학 분야를 대표해서 신학자들에게 친절하게 말을 걸기 시작한다. 그는 신학자들이 어떻게 그들의 분과에서 성경을 더 유용하게 사용할 수 있고 성서학계에 긍정적으로 영향을 끼칠 수 있는지를 보여 준다. 신학자들을 향한 맥나이트의 조언이 많이 읽히고 관심을 받아서, 각 신학 분과가 스스로 세운 폐쇄적인 공간들이 무너지기를 바란다. 이 책 그리고 이 책과 시리즈를 이루는 한스 부어스마의 글은 이 위대한 대화에 기여할 것이다.

마이클 버드 호주 멜버른 리들리 칼리지 신학과 학장, 강사

감사하게도 우리가 살고 있는 이 시대는 많은 신학자가 성경을 주의 깊게 읽고 성경적으로 신학하기를 원하는 때이며, 많은 성서학자가 성경을 신학적으로 읽고 주의 깊게 신학하기를 원하는 때다. 우리는 분명한 시야와 관대한 마음을 가지고 서로의 말에 경청해야 한다. 이 책은 서로에게 더 귀를 기울이도록 도움으로써 우리 모두에게 유익을 선사할 것이다.

토머스 맥콜 애즈버리 신학교 테넌트 신학 교수

성서학자들은 신학자들에게 자주 불평하고, 신학자들은 성서학자들에게 또한 자주 불평한다. 도대체 성서학자들이 신학자들에게 바라는 것은 무엇인가? 이런 질문에 스캇 맥나이트보다 더 잘 대답할 사람이 있을까? 현명하고 경험 많은 맥나이트는 우리 신학자 동료들에게 쾌활하게 말을 건네면서, 우리 성서학자의 입장에서 신학자들이 알았으면 하는 다섯 가지를 이야기했다. 그 결과로 우리의 신학자 친구들과 더 나은 소통과 협업이 있으리라 기대한다. 매력적이고 명료한 분석을 제공해 준 스캇에게 감사를 전한다.

트렘퍼 롱맨 3세 저명한 성서학자이자 웨스트몬트 칼리지 명예 교수

성서학자가 신학자에게 바라는 다섯 가지

IVP(InterVarsity Press)는
캠퍼스와 세상 속의 하나님 나라 운동을 지향하는
IVF(InterVarsity Christian Fellowship)의 출판부로
생각하는 그리스도인을 위한 문서 운동을 실천합니다.

Originally published by InterVarsity Press
as *Five Things Biblical Scholars Wish Theologians Knew* by Scot McKnight
ⓒ 2021 by Scot McKnight
Translated and printed by permission of InterVarsity Press
P. O. Box 1400, Downers Grove, IL, 60515, USA. www.ivpress.com

This Korean translation edition ⓒ 2022 by Korea InterVarsity Press
156-10 Donggyo-ro, Mapo-gu, Seoul 04031, Republic of Korea.

스캇 맥나이트
한스 부어스마 서문

정은찬 옮김

성서학자가
신학자에게
바라는
다섯 가지

Ivp

브래드 나지프와 바브 나지프에게

하나님을 아는 지식은 다른 어떤 지식과 다르다.
실로 이 지식은 우리가 더 진실하게 알려짐으로써 변화되는 것이다.
새라 코클리, 『하나님, 성, 자아』(*God, Sexuality, and the Self*)

성경에 가장 충실한 교회는 성경에 대한 가장 훌륭한 명제를 가진 교회가
아니라 상당히 자주 그리고 사려 깊게 성경을 읽고 듣는 교회다.…
성경에 대한 근본 교리를 다음과 같이 말할 수 있을 것이다.
"교회의 살아 있는 담론 안에서 성경에 특권을 부여하라!"
로버트 젠슨, 『조직신학』(*Systematic Theology*)

성경의 정경성과 교회의 보편성은 서로가 서로를 내포한다.
케빈 밴후저와 대니얼 트라이어, 『신학과 성경의 거울』(*Theology and the Mirror of Scripture*)

그렇다면 신학자들은 무엇을 하는가?
목회자로서, 그들은 깊고 따뜻하게 생각한다.
예언자로서, 그들은 깊고 용감하게 생각한다.
시인으로서, 그들은 깊고 창조적으로 생각한다.
신학자들은 목회자, 예언자, 시인이기에 항상 따뜻하고 용감하며 창조적이다.
브라이언 해리스, "신학자는 무엇을 하는가?"(*What Do Theologians Do?*)

차례

서문 – 한스 부어스마　　　　　　　　　　　　　　　13
감사의 글　　　　　　　　　　　　　　　　　　　　19
서론　　　　　　　　　　　　　　　　　　　　　　　21

1장　신학은 끊임없이 성경으로 돌아가야 한다　　　41
2장　신학이 성서학에 영향을 주고 있음을 알아야 한다　91
3장　신학은 역사에 기반한 성서학을 알아야 한다　133
4장　신학은 더 많은 서사를 필요로 한다　　　　　157
5장　신학은 살아 낸 신학이 되어야 한다　　　　　199

결론　　　　　　　　　　　　　　　　　　　　　　251
참고문헌　　　　　　　　　　　　　　　　　　　　257
이름 찾아보기　　　　　　　　　　　　　　　　　269
성경 찾아보기　　　　　　　　　　　　　　　　　271

세부 차례

서문 – 한스 부어스마	13
감사의 글	19
서론	21
신약학자들이 조직신학을 사용하는 방식	24
조직신학의 유혹	26
신학 연구에 암시된 가정들	34
1장 신학은 끊임없이 성경으로 돌아가야 한다	41
모델, 경향성 그리고 통합	47
프리마 스크립투라: 모든 신학 작업은 성경에서 시작해야 한다	71
성경주의라는 의혹	76
2장 신학이 성서학에 영향을 주고 있음을 알아야 한다	91
신경에 경청하기	96
유일한 목소리를 줄어들게 만드는 접근들	99
유일한 목소리를 확장하는 연구들	114
우리의 분과들을 통합하는 일	129

3장 신학은 역사에 기반한 성서학을 알아야 한다   133
조직신학에 가치 있을 성경 연구들: 최근 네 가지 연구들   137
은혜를 재구성하기: 바클레이가 미친 영향에 관한 탐구   143

4장 신학은 더 많은 서사를 필요로 한다   157
세 가지 항목 또는 신경의 틀   160
주제 중심 틀   164
하나님이 행동하심으로써 말씀하신다는 말은 무슨 뜻인가?   168
신학을 위한 서사적 틀   175
하지만 어떤 서사?   177
서사는 진보가 표준임을 의미한다   191
서사는 교회론이 핵심임을 의미한다   195
결론   197

5장 신학은 살아 낸 신학이 되어야 한다   199
신학에 대한 성경의 관점   203
윤리 신학에 대한 최근 다섯 가지 관점   207
로마서에 담긴 살아 낸 신학   219
참 신학은 구체화된다   246

결론   251
참고문헌   257
이름 찾아보기   269
성경 찾아보기   271

서문

한스 부어스마

나는 스캇 맥나이트가 부럽다. 그가 최신 교의신학 연구에 대해 아는 만큼 나도 최신 성서학 논의에 관해서 안다면 좋겠다. 스캇은 장 칼뱅(John Calvin), 로버트 젠슨(Robert Jenson), 플레밍 러틀리지(Fleming Rutledge), 새라 코클리(Sarah Coakley), 캐서린 손더레거(Katherine Sonderegger), 베스 펠커 존스(Beth Felker Jones), 케빈 밴후저(Kevin Vanhoozer) 및 수많은 신학자의 글을 꼼꼼히 읽어 왔다. 사실, 내가 이들 교의신학자 중 몇몇을 스캇만큼 철저하게 알고 싶다고 말하더라도 그것은 거짓으로 꾸며 낸 겸손이 아니다. 이런 이유 때문에라도 스캇 맥나이트보다 나은 대화 상대를 바랄 수는 없을 것이다. 그는 교의신학 혹은 조직신학이라는 '다른 세계'를 자기 집처럼 완전히 편하게 여기는 성경신학자다.

사실 스캇은 자신이 읽는 몇몇 교의신학자의 연구를 사랑하면서도 동시에 그들의 연구가 거슬린다고 빈번히 말하곤 한다. 놀랍지 않다. 이 책은 성서학자들이 아니라 신학자들이 알았으면 하는 내용에 관한 것이다. 마지막 두 장에서는 신학자들이 일반적으로 아는 것보다 더 많이 서사(narrative)와 윤리에 대해 알기를 스캇이 매우 열정적으로 바라고 있음을 분명히 보여 준다. 스캇과 내가 이런 주제를 두고 의견이 완전히 일치하지는 않을 수 있다. 그러나 내 질문들과는 상관없이, 여기서는 스캇이 제기한 비평의 초점이 매우 적절했음을 그저 인정할 뿐이다. 그가 북미 복음주의의 '구원주의 복음'(soterian gospel), 곧 회심에 대한 결단주의적 초점과 구원에 대한 개인주의적 관점에 의문을 제기한 것은 옳다.

만약 스캇과 내가 어느 날 밤 음식점에서 맥주 한잔 마시면서 논의할 주제가 있다면, 그것은 바로 성경과 전통의 관계다. 스캇은 그가 해석의 **회귀 모델**과 **확장 모델**이라 이름 붙인 것을 다룰 때 전통을 많이 논한다. 회귀 모델은 성경에서 직접 기인한 신학을 되찾고 싶어 하지만, 확장 모델은 성경 해석 안에서 신학적 발전과 성장을 강조한다. 확장 모델은 오랜 시간에 걸쳐 성경 본문에 대한 새로운 통찰을 발전시키면서 세워진 전통을 인정하고 싶어 한다. 스캇은 두 모델이 가진 핵심 특징을 섞기 원하지만, 엄격한 회귀 모델에 거의 매력을 느끼지 못함은 분명하다. 그는 신학 연구 안에서 전통을 생략해 버리는 '누다 스크립투라'(nuda Scriptura) 접근법을 거부한다. 스캇은 그저 본문의 원래 의미를 되찾으려 한다는 의미에서 원시주의자(primitivist)나 성경주의자(biblicist)가 아니다. 그는 성경이 교회의 전통이라는 렌즈를 통해 읽혀야 함에 대해서도 아주 잘 알고 있다.

아마도 맥주 한두 잔을 더 마시고 나면 나는 실례를 무릅쓰고 이렇게 물어볼 것이다. "스캇, 당신은 성경 해석을 위해 어떤 방식으로 전통이 필요한지를 이야기했습니다. 내가 거기에 동의한다는 건 당신도 알고 있고요. 그런데 또 당신은 성경을 우리의 출발점으로 삼고 성경의 언어와 접근법을 우리가 그대로 반영해야 한다고 반복해서 이야기합니다. 하지만 성경 자체가 전통의 산물 아닙니까? 만약 그렇다면, 성경보다 전통이 먼저라는 이 사실이 우리가 어떻게 성경을 읽어야 하는지에 대해 무언가를 암시하지 않을까요?" 내가 말하려는 바는 이렇다. 교회가 성경을 정경화하기 이미 오래전에 교회는 예전, 신경(creed), 수많은 실천 안에서 살아 낸 신학(a lived theology, 공동체적 경험이나 실천을 강조하는 신학—옮긴이)을 가지고 있었다. 이브 콩가르(Yves Congar)는 『전통의 의미』(The Meaning of Tradition)에서 "만약 고린도 공동체에 존재했던 실수와 잘못이 없었다면 우리는 성만찬에 대해 사도 바울이 전해 준 공식 가르침도 갖지 못했을 것"이라고 지적하며, 정경 이전의 전통이 가지는 중요성에 관심을 기울인다. 교회의 삶이 없었다면 우리는 성경 자체를 얻지 못했을 것이다.

이것이 왜 중요한가? 내가 생각하는 이유는 이것이다. 만약 성경이 전통의 핵심 요소 중 하나라면, 교회의 전통은 성경 해석을 위한 주요하고 (권위 있는) 맥락이 된다. 인종, 피부색, 성, 경제적 지위 같은 다른 맥락이 우리에게 어떤 영향을 미치든 그것이 성스러운 전통의 일부는 아니다. 곧 이 경험적 요인들은 성경을 주해하는 데 어떤 권위도 갖지 못한다. 성경을 잉태해서 낳은 어머니의 배와 같다고 말할 수 있는 것은 교회의 전통뿐이기에, 오직 교회의 전통만이 권위를 갖는다. '솔라 스크립투라'(sola Scriptura)와 관련해서—심지어 맥나이트의 더 정교한 정의라 해도—나를 주저하게 만드는 것은 이 것이다. 이 '오직' 접근법을 사용하면 사람들을 들뜨게 하거나 자유롭게 하는 경험으로 특정 해석이 받아들일 만한지를 쉽게 결정하게 만든다는 것이다. 달리 말해서 주해가 엄격하게 저자의 본래 의도를 찾는 일이라는 잘못된 개념을 우리가 일단 버린다면, 또 다른 중요한 질문과 마주해야 한다. 어떤 맥락이 (혹은 어떤 전통이) 주해 행위에 영향을 주는가?

한 가지 분명히 해 두자. 스캇의 성경 해석은 특성상 신학적이다. 게다가 그는 신학이 교회 안에서 이루어져야 하고, 위대한 전통(Great Tradition, 근대 이전의 기독교 전통—옮긴이)과 니케아 신경을 출발점으로 삼아야 한다고 당당하게 주장한다. 스캇의 이해에 따르면 성경 해석에서 교의적 렌즈를 인정함은 당혹스러움의 근원이 아니라 모든 적절한 주해의 불가피한 측면이다. 성경 해석은 그 기본이 되는 기독론적이고 삼위일체적인 신경의 주장을 뒤로하거나 생략해 버릴 수 없다. 사람들은 그들 이전의 신경에 대한 확신에 (의존했음에도 불구하고가 아니라) 의존한 덕분에 성경 본문에 대한 적절한 해석에 도달한다. 스캇의 이해에 따르면, 우리는 초기 교회가 도달했던 삼위일체적 신앙과 성경적 길을 유지하기 위해 교부들의 해석 방식을 회복할 필요가 있다. 이 모든 것에 기꺼이 동의한다.

더 나아가 스캇은 (역사의 가치에 대해 좋게 말할 내용을 많이 가졌음에도) 역사가이기 때문에 성경을 읽는 것이 아니라, 신학자로서 성경을 읽는다. 그는 성서학자들이 자신들을 신학자보다는 역사가로 생각하는 것을 부드럽게 비판하는데, 이는 참신한 점이다. 그는 주해가 본문의 유일하고 참된 의미(저자의 의도) 찾기를 목표로 하는 것이 아니라, 하나님을 아는 것 그리고 우리가 하나님에게 알려지는 것에 관한 지혜를 추구하는 일이라고 분명하게 주장한다. 신학자인 나는 이에 대해 고맙게 생각한다. 역사비평에 대해 데이비드 스타인메츠(David Steinmetz)가 가한 비난, 곧 역사비평이 "당연하게도 진리 물음을 끝없이 유예해 버리는 특정 모임과 학계에서만 제한적으로 받아들여진 채로" 남아 버렸다는 그의 말을 인용하는 사람들은 보통 교의신학자들이었다. 성서학자의 책에서 이 논평을 긍정하며 인용한 내용을 읽게 되어서 매우 기쁘다!

무엇보다도 우리가 모든 성경을 그리스도에 비추어 읽어야 한다는 스캇의 분명한 확언에 나는 고무된다. 그렇다. 그리스도 사건은 성경 서사의 절정이다. 마땅히 스캇은 그리스도 사건이 후대에 여타 덜 그리스도적인 이야기에 삽입된 것으로 취급받는 견해를 거부한다. 로버트 젠슨의 『조직신학』(Systematic Theology)에 호소하면서, 그는 하나님이 그리스도 안에서 절정의 자기 계시를 하셨다는 사실이 처음부터 끝까지 우리가 그 모든 이야기를 읽는 방식을 형성하게 해야 한다고 주장한다. 스캇은 이 절정의 사건이 "그 서사에 극적 일관성을 부여함과 동시에 그 서사를 어떻게 읽어야 하는지도 말해 준다"고 쓴다. 이는 스캇에게 교부들의 '영적' 주해가 본질적으로 옳았음을 의미한다. 성경 서사의 알레고리적 혹은 기독론적 진리는 바로 그 서사 **안에** 놓여 있다. 스캇의 말로 하면 이렇다. "구약성경 서사는 그 안에 기록된 미래성을 가지고 있다." 완전히 동의한다. 그리스도야말로 우리가 구약성경을 읽을 때마다 찾게 되는 더 깊은 실재다. 성경 본문 전반에 그리스도의 실제 현존이 담겨 있음을 함께 인정하는 것이 성경신학과 교의신학의 합의를 위한 가장 근본적인 조건이다.

감사의 글

이 기획에 나를 초대해 준 애나 기싱(Anna Gissing)과 이 일에 내가 동참하는 것을 지지해 준 한스 부어스마(Hans Boersma)에게 감사를 표한다. 나는 한스의 신학을 오랫동안 흠모해 왔고, 그의 책을 읽는 일은 내게 크나큰 즐거움이었다.

수많은 책을 제안해 준 제자 벤 데이비스(Ben Davis)에게 감사를 표한다. 그는 이 책이 더 나아지도록 의견을 주었다.

신학자들의 글을 읽으면서 마이크 버드(Mike Bird), 루시 페피아트(Lucy Peppiatt), 패트릭 미첼(Patrick Mitchel), 줄스 마르티네즈(Jules Martinez), 매디슨 피어스(Madison Pierce), 댄 트라이어, 베스 펠커 존스, 제프 홀스클로(Geoff Holsclaw), 케빈 밴후저, 에밀리 맥고윈(Emily McGowin), 개빈 오틀런드(Gavin Ortlund), 린 코힉(Lynn Cohick), 맷 베이츠(Matt Bates)와 같은 동료들에게 주기적으로 제안과 지혜를 구하는 글을 썼다.

코로나19 때문에 모든 여행과 강연 일정이 취소되었고, 이 일에 할애할 수 있으리라 생각지도 못했던 시간이 생겼다. 그렇다고 이 바이러스에 감사하지는 않는다. 모두가 격리해야 했던 그 우울함을 기록으로 남겨 두면서, 바이러스로 인해 고통받은 수십억의 사람들에게 슬픔을 표하고 싶다. "이 글쓰기에 전념하는 것 말고 무엇을 할 수 있을까?" 몇 번이고 스스로에게 중얼거리며 물었다. 그러니 시간이 생긴 것은 감사하지만, 바이러스에는 감사하지 않는다.

서론

그래서 당신은 신학자가 되고 싶은가? 아마 당신은 "'조직'신학자는 아니지만, '신학자'가 되고 싶기는 합니다" 하고 대답할지도 모르겠다. 그리고는 결국 "우리는 모두 신학자니까, 전 좋은 신학자가 되고 싶습니다" 하고 넌지시 말할 수도 있겠다. 기쁘게 생각한다. 내가 속한 세계와는 달리, 나는 사람들이 나를 신학자라고 부르는 것을 이따금 영광스럽게 생각하기 때문이다. 이것이 이 책과 한스 부어스마 책의 핵심 내용이다. 우리 성서학자들은 자신을 주석가나 신약학자, 또는 약간 지나치지만 세부 내용을 살려 마태학자나 요한학자나 바울학자라고 부르는 경향이 있다. 내가 몸담은 분과, 곧 신약학 분과에 있는 사람 가운데는 때로 신학자라 불리기 싫어하는 이들도 있다. 우리는 (혹은 그들은) 가끔 뭔가 조직신학의 느낌이 풍기는 것을 거부하기도 한다. 조직신학은 기독교 신앙에 관한 완전하고 일관된 설명으로, 세분될 수도 있지만 체계에 통합되고 이끌려 간다. 성경

신학은 성경을 붙잡고, 성경의 범주와 용어와 제한을 고집한다.

그래서 오늘날 조직신학자와 성서학자 사이에는 큰 괴리가 있다. 우리는 각자의 특수 분과를 넘어서서는 가르치려 하지 않는 경향이 있다. 심지어 다른 분과의 책을 읽지 않는 경우도 많다. 언젠가 나는 신학 연구를 위한 필수 순서가 있어야 하는 게 아닐까 생각한 적이 있다. 곧 우리 성서학자들이 먼저 나서서 판을 깔기 시작한다. 그러니까 우리가 연구해서 논문과 책을 쓴 뒤 교수 식당 식탁 위에 올려놓으면, 조직신학자들은 그것들을 읽고 자신들의 신학에 적용해 보는 것이다. 이상적으로 생각하면 이런 성경 연구들로 조직신학자들은 그들의 신학에 실제로 어떤 변화를 꾀할 수 있을 것이다. 그러나 현실적으로 그들 대부분은 우리에게 관심을 주지 않으며, 그들 또한 (추측건대, 보통은) 우리가 그들에게 관심이 없다고 생각할 것이다. 실제로 우리는 대개 신학자에게 관심이 없다[칼 바르트(Karl Barth)는 예외다].

학생들은 조직신학을 우리의 논의에 가져오기를 좋아하는데, 사실대로 말하자면 수많은 우리 신약학자는, 아울러 구약학자들은 더더욱 그렇게 하는 것을 막으려고 애쓴다. 그런 방식은 지금 다루고 있는 성경 저자들을 압도하여 대화를 훨씬 후대의 논의로 조정해 버리기 때문이다.

학생: 교수님, 바르트는 성경에 대한 이런 이론을 제안하는데, 그의 견해가 지금 시편 119편에서 다윗이 말하는 내용과 관련이 있나요? 그렇지 않나요?

교수: 다윗을 그냥 다윗으로 이해하세요. 바르트는 조직신학 수업에서 논의할 수 있을 겁니다.

신학은 바르트나 다른 어떤 현대 신학자들보다도 더 크다. 제임스 던(James D. G. Dunn)은 수없이 논의된 『기독론의 형성』(Christology in the Making)에서 성육신에 대한 믿음의 기원을 탐구하면서, 성육신 기독론이 신약성경에서 가장 나중에 기록된 문서들 이전에는 발견되지 않는다고 결론 내린다. 그는 책의 서론에서 정통 신경 즉, 가장 보편적으로 받아들여지는 신학의 형태를 향해 의문을 제기한다. 던은 중요한 질문을 던지면서 이렇게 말한다. "가톨릭 기독교 왕국 시대의 신경들이 아니라 신약이 더욱 분명하게 제공하는 기독교에 관한 정의를 찾는 나 같은 이들에게는, 이런 질문들에 대한 답이 신앙 자체에 지대하게 영향을 끼친다." 이 진술 다음에 우리 분과 교수들이 정말로 자주 경고하는 내용이 뒤따른다. "그러나 신약성경 저자들이 하는 말을 있는 그대로 들으려면, 청자는 자신이 가진 일부 선입견이 도전받을 수 있고 거부될 수도 있다는 가능성에 열려 있어야 함을 명심해야 한다. 그와 다른 내용이 확증되더라도 말이다."[1] 신학생 시절인 1980년에 이 말을 읽은 기억이 나는데, 그때 이렇게 생각했다. '**정말 마음에 드는 학자다.**' 지금의 나는 그 시절의 나와 다르지만, 우리가 성경에서 시작해야 하고 성경이 스스로 말하게 해야 하며, 성경

---

1 James D. G. Dunn, *Christology in the Making: A New Testament into the Origins of the Doctrine of the Incarnation*, 2nd ed. (Philadelphia: Westminster John Knox, 1989), p. 10.

이 제공하는 범주들을 받아들여야 한다고 여전히 확신한다. 그러나 우리는 너무 앞서가는 경향이 있다. 여기서 문제가 발생한다. 성경을 신경과 신앙고백과 조직신학에 대립시키는 것이다. 항상 '대립'시키지는 않겠지만, 이런 것들이 이 책과 한스 부어스마의 『신학자가 성서학자에게 바라는 다섯 가지』에서 탐구할 갈등 지점이다.

신약학자들이 조직신학을 사용하는 방식

이것이 어떻게 나타나는지 그리고 어떻게 상당히 다르게 나타나는지 두 가지 사례를 제시해 보겠다. 독일의 젊은 신약학자 폴커 라벤스(Volker Rabens)는 성령과 윤리, 특히 성령이 내재하며 변화를 일으키시는 방식을 연구하면서 또 다른 신약학자에 대해 이렇게 말했다. "바울에게서 나타나는 성화와 성령론에 대한 슈탈더(Stalder)의 연구는 조직신학의 **논제들**(topoi)에 지나치게 많은 영향을 받았다." 그의 결정타를 만나기 전에 이것은 알아 두자. 그는 조직신학의 전형적 범주가 이 신약학자의 연구에 과도하게 영향을 미쳤다고 본다. 그래서? "그렇기에 슈탈더를 우리의 주요 대화 상대로 삼지는 않을 것이다."[2] 라벤스는 공손하지만 단호하게, 슈탈더의 작업을 다시 책장에 꽂아 두겠다고 말한다. 왜냐하면 슈탈더의 작업이 성경 연구를 하면서 조직신학 범주에 과도하게 영향을 받았기 때문이다.

---

2   Volker Rabens, *The Holy Spirit and Ethics in Paul: Transformation and Empowering for Religious-Ethical Life*, 2nd ed. (Minneapolis: Fortress, 2014), p. 2n5.

두 번째 사례는 또 다른 신약학자, 듀크 대학교 신학대학원의 뛰어난 바울학자 더글러스 캠벨(Douglas Campbell)이다. 캠벨은 그의 두꺼운 책 『바울의 교의학』(*Pauline Dogmatics*) 시작 부분에서 이렇게 말한다. "그래서 바울을 정확하게 설명하기 위해서는 무엇보다 그를 아주 바르트적인 방식으로 이해하는 게 좋다고 생각한다. 그 주된 이유는 바르트가 여러 면에서 바울을 충실하게 해석한 사람이기 때문이다." 마지막에 그는 이렇게 말한다. "나는 칼 바르트의 도움을 받아서 바울을 분석했다." 그리고 나는 이제 "우리가 바르트와 함께 시작해야 한다고 그 어느 때보다 더 확고하게 확신한다." 와, 캠벨은 **시작하다**라는 단어를 사용한다. "바르트와 함께" 시작하라니. 신약학을 배웠을 때 **조직신학과 조직신학자들**을 고려하지 않는 것이 주해의 첫 번째 규칙이라고 배웠던 이들에게는 다소 놀라운 고백이다. 캠벨의 저런 주장은 많은 이에게 부담스럽고, 더욱이 그가 같은 페이지에 써 놓은 각주 내용은 방법론적으로 받아들이기 어려워 보인다. "독자들이 내가 바르트를 강조한 점을 당혹스러워한다면, 나는 바울을 바르트주의자로 이해할 때 그를 가장 잘 이해하는 거라고 (다시 한번) 말해야겠다. 바르트는 그가 가진 좋은 내용을 대부분 바울**에게서** 얻었기 때문이다. 바르트는 바울주의자다."[3] 이런 질문을 던질 수 있을 것이다. '하지만 바울이 바르트주의자였는가?' 한 학자는 조직신학 범주를 끌어들인 사람을 칼같이 배제하고,

---

3   Douglas A. Campbell, *Pauline Dogmatics: The Triumph of God's Love* (Grand Rapids, MI: Eerdmans, 2020), pp. 2, 742-743. 각주는 p. 743n3.

다른 학자는 공개적으로 한 조직신학자를 바울을 이해하는 최상의 길로 주장한다. 아마도 간단하지는 않겠지만, 그 세부 내용은 이어지는 장에서 논의할 것이다. 여기서는 단순히 긴장이 있다는 사실만을 언급하고 싶다. 성경신학과 조직신학에는 차이가 있고, 구약학자와 신약학자는 조직신학자와 서로 다른 방식으로 훈련받는다.

조직신학의 유혹

이제 성서학 전문가의 입장에서 말하려 한다. 신학은 일반적으로 하나님을 연구하기 때문에 매력적이며, 이는 성경신학자와 조직신학자 모두에게 해당한다. 하나님을 연구하는 것은 흥분되고 도취되는 일이다. 우리는 자주 그 주체(the Subject)이신 하나님에게서 시선을 돌려 성경의 인간 저자 중 한 사람, 성경의 세계, 특정 신학자를 형성한 역사의 복잡성, 문화적 맥락에 몰두하기 시작한다. 우리는 예배자가 아니라 역사가가 된다. 호주의 복음주의 신약학자로서 널리 존경받았던 레온 모리스(Leon Morris)는 오래전에 로마서가 하나님에 관한 책이라고 주장했다. 이 말은 많은 주석가를 놀라게 했는데, 당시 로마서 연구에서 하나님에 관해 많이 말하는 경우가 거의 없음을 모리스가 보여 주었기 때문이다.[4] 그 후 로마서에 담긴 하나님 근

---

4   Leon L. Morris, "The Theme of Romans", in *Apostolic History and the Gospel: Biblical and Historical Essays Presented to F. F. Bruce on His 60th Birthday*, ed. W. Ward Gasque and Ralph P. Martin (Grand Rapids, MI: Eerdmans, 1970), pp. 249-263.

본의 신학(God-shaped theology)에 관심을 기울이라는 누군가의 이야기를 듣기까지도 수십 년이 걸렸다. 그 말을 한 사람은 바로 베벌리 가벤타(Beverly Gaventa)였다.[5] 사람들은 로마서와 관련한 대다수의 논의를 읽으면서 로마서를 칭의론이나 구원론에 대한 편지로 생각할지 모르겠다. 그러나 아니다. 모리스와 가벤타가 옳다. 로마서는 우선 그리스도 안에 계신 하나님에 대한 글이다. 하나님에 관한 이야기와 역사에 관한 이야기는 제로섬 게임 혹은 서로 정반대로 여겨지는 경향이 있다. 하나님에 관해 이야기하는 사람들은 역사에 대해 많이 말하지 않고, 역사에 관해 이야기하는 사람들은 하나님에 대해 말하기를 두려워하는 듯 보인다.

하나님이라는 이 주제는 다른 방식으로 우리를 도취시킬 수 있다. 곧 우리의 감각을 마비시킬 수 있다. 그래서 호주의(사실 남아프리카공화국에서 태어나고 지금은 퍼스에서 거주하는) 또 다른 신학자 브라이언 해리스(Brian Harris)는 이렇게 말한다.

신학은 위험한 작업이다. 처음에는 우리가 (하나님을 연구하는) 모든 과정을 지배한다고 느끼겠지만, 이내 우리가 연구하는 하나님이 바로 우리를 연구하시는 하나님이라는 사실을 깨닫는다. 하나님의 본성과 특성을 조사할 때조차 우리는 거센 반발에 직면한다. "네가 나

---

5 Beverly Gaventa, *When in Romans: An Invitation to Linger with the Gospel According to Paul* (Grand Rapids, MI: Baker Academic, 2018), pp. 75-96. 『로마서에 가면』(학영). 가벤타는 수많은 곳에서 이 말을 했으며, 그녀가 바르트에게서 매우 큰 영향을 받았음을 알아차리기란 어렵지 않다.

를 연구한다고 생각하겠지만, 실제로는 네가 발견한 것에 네가 어떻게 반응하는지를 내가 연구하고 있다. 절대 잊지 마라. 하나님에 관해 연구하는 사람들은 그들이 발견한 것에 비추어 살아가도록 도전받는다는 사실을 말이다." 신학자가 되고서도 변화에 저항하는 것은 위험한 일이다. 변하지 않고는 하나님을 연구할 수 없기 때문이다.[6]

하나님에 관한 연구가 우리를 도취시키는 힘은 패커(J. I. Packer)의 『하나님을 아는 지식』(Knowing God) 초반부의 요점이다.[7] 소위 말하는 신학 연구의 대상은 온 마음을 다 빼앗는 주체이신 하나님이며, 그분은 오히려 우리를 대상으로 삼아 심문하신다. 우리가 그 주체에게 알려지는 것만이 유일하게 참된 신학이다.

그러한 유혹은 또 다른 방식으로도 감지될 수 있다. 그 주체가 우리를 도취시키시는 것만 아니라, 진리를 탐구함으로써 그 주체를 추구하는 일은 또한 매혹적이다. 나는 지금 신약성경 전문가 입장으로 이야기하지만, 신학자들이 새로운 범주를 개척하며 새로운 맥락에서 새로운 생각을 추구하는 것이 이따금 부러울 때가 있다. 그들은 **진리를 더 분명히 확신하고 더 깊이 그것을 느끼기 위해서** 그렇게 한다. 카파도키아 교부들과 아우구스티누스부터 블라디미르 로스키(Vladimir Lossky), 위르겐 몰트만(Jürgen Moltmann), 새라 코클

---

6 Brian Harris, "What Do Theologians Do?", January 8, 2019, https://brianharrisauthor.com/what-do-theologians-do/.

7 J. I. Packer, *Knowing God*, 20th anniversary ed. (Downers Grove, IL: InterVarsity Press, 1993). 『하나님을 아는 지식』(IVP).

리, 캐서린 손더레거에 이르기까지 위대한 신학자들의 글을 읽을 때 발견이 낳는 흥분을 경험하기를 갈망하게 된다. 내 생각을 그대로 말하자면 이는 또한 성서학의 고귀한 부르심이기도 하다. 성서학 역시 진리를 알기 위해 신적 대화의 세계로 들어가는 일이기 때문이다.

그러고 나면 유혹은 다양한 방향에서 작동한다. 이것은 (성서학에 관한 이야기이듯) 조직신학에 관한 이야기다. 신학 논의의 역사는 그 역사 가운데 있었던 사람들만 중요하다고 생각하도록 유혹한다. 곧 신학의 전통적 역사 안으로 들어가는 것은 다양성을 제거하거나 지우거나 억제한다는 의미다. 동방 정교회에서는 그들의 전통에 속한 마크리나(Macrina)에 대해 말할 테고 서방 교회에서는 그들의 전통에 있는 아빌라의 테레사(Teresa of Ávila)에 대해 말할 테지만, 여성에 관해 짧게 언급한다고 해서 이 문제가 해결되지는 않는다. 이제 미국과 유럽 바깥의 목소리(그리고 이는 또 다른 방식들로도 말해질 수 있다)가 급증함에 따라 문제는 더욱 복잡해졌고, 우리가 신학에 대해 말할 때 다른 사람들과 함께 생각하는 법을 배워야 한다는 매우 심각한 도전에 직면하게 되었다.[8] 이렇게 다양한 목소리를 배제한 신학의 역사는 다른 목소리를 포함하려는 지향성을 오히려 더 중요하게 만든다. 이 부분에서 나 자신도 종종 실패를 경험해 왔음을 안다. 이 책이 그러한 실패를 완전히 바로잡지는 못하겠지만, 여기서 더 많은 목소리를 들으려고 시도할 것이다. 이 책을 쓰면서 이따금 글

---

8   Robert Chao Romero, *Brown Church: Five Centuries of Latina/o Social Justice, Theology, and Identity* (Downers Grove, IL: IVP Academic, 2020).

쓰기를 멈추고 내가 말하는 다섯 가지 요점이 혹시 백인 남성이 논의하려는 다섯 가지 주제는 아닌지 스스로에게 물었다.

조직신학의 유혹은 또 다른 영역에서도 펼쳐지는데, 그것은 바로 옳든 그르든 총체적(systemic) 생각이 낳는 명확성, 모든 것을 하나로 묶는 사고 체계의 명확성이다. 예를 들어 슐라이어마허(F. D. E. Schleiermacher)는 미래 종말론에 관한 모든 이야기를 가치 없는 지식으로 여겼고, 오늘날 많은 이가 (슬프게도) 이 독일 신학자의 생각을 받아들였다.[9] 이러한 거부는 장례 예배에서 목회자들로 하여금 거짓말이나 진부한 위로를 하게 만들었다. 또 다른 예는 삼위일체론이다. 3-4세기에는 삼위일체 사고에 대한 합의를 이끌어 내기 위해 끝없는 시간과 토론과 회의가 (그리고 죽음이) 필요했고, (일설에 따르면) 이는 서방보다 동방에서 더 강하게 나타났다. 보편적으로 받아들여지는 이야기에 따르면, 삼위일체 신학은 결정적으로 칼 바르트의 『교회 교의학』(Church Dogmatics)에서 힘을 얻어 침투하기 시작했다. 바르트 이후로 로버트 젠슨을 포함해서 점점 더 많은 신학자가 삼위일체적으로 사고하는 법을 배웠다.[10] 삼위일체적 사고는 그

---

9 Friedrich Schleiermacher, *Christian Faith: A New Translation and Critical Edition*, trans. Edwina Lawler, Terrence N. Tice, and Catherine L. Kelsey, ed. Terrence N. Tice and Catherine L. Kelsey (Louisville, KY: Westminster John Knox, 2016), 2: pp. 992-998. 『기독교 신앙』(한길사).

10 젠슨의 신학에 대한 흥미로운 연구는 Lincoln Harvey, *Jesus in the Trinity: A Beginner's Guide to the Theology of Robert Jenson* (London: SCM Press, 2020)을 보라. 그의 삼위일체적 사고에 대한 비평은 Scott R. Swain, *The God of the Gospel: Robert Jenson's Trinitarian Theology* (Downers Grove, IL: IVP Academic, 2013); Katherine Sonderegger, *Systematic Theology: The Doctrine of God*, vol. 1 (Minneapolis: Fortress, 2015)을 보라.

자체로 도취하게 만들고 매혹적일 수 있다. 하나님의 형상을 논할 때 젠슨은 '첼렘'(tselem, 형상)과 '데무트'(demuth, 모양)가 고대 근동에서 어떤 의미였는지를 탐구하는 대신 바르트의 관계 이론에 근거해서 해당 개념을 연구했다. 그래서 젠슨은 '하나님의 형상'이, 인간이 서로에게 말할 뿐 아니라 하나님의 말씀을 듣고 하나님께 응답할 수도 있다는 사실을 의미한다고 생각하게 되었다. 그의 논의는 사람들을 매료시켰는데, 성서학자들이 수십 년간 알았던 것과는 거리가 멀었다. '첼렘'이라는 단어는 (적어도) 하나님의 말씀에 반응하는 우리의 능력이 아니라, **지상에서 하나님을 대신해 하나님의 통치가 모든 창조 세계에서 이루어지게 하는 우리의 사명과 임무**를 가리킨다. 이 말이 젠슨의 말-반응 이론(speech-response theory)이 신학적으로 건전하거나 좋은 생각을 자아내는 설명이 아니라는 뜻은 아니다. '하나님의 형상'이라는 표현이 당시 맥락에서는 그런 의미가 아니었다는 말이다. 젠슨은 삼위일체에 몰입했기 때문에 "'하나님의 형상'이 당대 맥락에서 어떤 의미였으며 어떤 신학을 형성할 수 있는가?"가 아니라 "어떻게 삼위일체로 '하나님의 형상'을 설명할 수 있는가?"를 물었다.[11] 일단 누구든지 자신의 체계에 심취하면, 그 사람은

---

[11] Robert W. Jenson, *Systematic Theology* (New York: Oxford University Press, 1997), 2: pp. 53-72. 최근 연구는 J. Richard Middleton, *The Liberating Image: The Imago Dei in Genesis 1* (Grand Rapids, MI: Brazos, 2005, 『해방의 형상』, SFC출판부); Ryan S. Peterson, *Imago Dei as Human Identity*, Journal of Theological Interpretation Supplement 14 (Winona Lake, IN: Eisenbrauns, 2016)를 보라. 이것은 젠슨이 그의 책이 출간된 이후의 사정을 알아야 했다고 이야기하는 게 아니다. 미들턴과 피터슨은 젠슨이 활용할 수도 있었던 많은 연구를 요약한다. 그러나 피터슨도 젠슨이 *Systematic Theology* 2: pp. 53-72에서 하나님의 형상을 논한 내용과 소통하고 있다고 생각하지는 않는다. 그랬을 수도 있었는데 말이다.

모든 곳에서 그 체계를 보려는 경향이 있다.

    약간 꼬아서 표현해 보자면, 조직신학의 **유혹**은 그것이 주해 훈련 및 이에 수반되는 인내에 비해 편하다는 데 있다. 나는 지난 50년간 수많은 신학자의 책을 읽었기 때문에 신학자들의 훈련에 필요한 학문적 장치와 조직신학자가 되기 위해 요구되는 강도 높은 연구에 관해 매우 잘 알고 있다. 하지만 내 경험상 신학 자체는 성경신학이나 주경신학보다 더 자연스럽게, 어떤 면에서는 더 쉽게 다가오는 것 같다. 신학은 성경의 소리를 듣는 데 방해가 될 수 있다. 직설적으로 말하자면 누구나 대부분의 주제에 대해 신학적 견해를 제시할 수 있겠지만, '피스티스 크리스투'(pistis Christou)가 목적격적 속격인지 주격적 속격인지(혹은 또 다른 용법인지)를 제대로 말하려면 이를 위한 훈련과 실천 그리고 지식을 쌓는 일이 필요하다. 이는 주해 대 신학이라는 대결에서 우리 편 입장으로 이야기하는 것이긴 하지만, 지난 40년간 학생들을 가르치면서 경험한 바이기도 하다. 만약 내가 속죄에 관한 의견을 묻는다면, 많은 이가 자신의 의견을 제시할 것이다. 그러나 속죄에 대한 그들의 의견을 예수나 히브리서에 근거해 더 자세히 입증해 보라고 한다면, 그들 대부분은 제대로 대답하지 못할 것이다. 만약 내가 '하나님의 의'가 무엇을 의미하는지 묻는다면, 특히나 이사야서에 기록된 하나님의 의에 관해서 물어보면 대부분 침묵할 것이다. 신학이 전문적 주해보다 먼저 다가오는 듯 보인다. 여기에 이에 관한 유대, 로마, 그리스의 역사적 배경과 역사적 논의를 덧붙이면, 많은 이에게는 경기장이 갑자기 너무 커진 느낌일 것이다. 이건 진심인데 신학자의 글을 읽는 것이 히브리어와 아람어와 그리스어를 정복하고, 유대교와 그리스-로마 세계의 고대 자료들을 샅샅이 뒤지고, 그다음에 신약성경의 각 구절을 두고 지난 2천 년 동안 벌어진 대화와 논쟁에 관여하고, **이 모든 과정을 마친 뒤에야 뭔가 새로운 의견을 말하는 것**보다 쉽다. 신학자들이 자기 분야를 이해하고 정복하는 데 어려움이 없다고 말하려는 게 아니다. 내 말의 요점은 우리는 모두 맨 처음에 본능적으로 조직신학 같은 것을 가지고 연구하는 것이다. 하지만 마태복음이나 히브리서에 대해서만 따로 생각해 보라는 요청은 우리를 본능적인 사고 유형에서 벗어나 교회에서는 전혀 흔치 않은 다른 사고 유형으로 이끌어 간다. 학생들이 성경 저자나 본문을 더 넓은 신학적 질문과 진리 물음의 틀에서 이해하게 하는 것보다 성경의 특정 저자나 본문에 관해서 생각하게 하는 데 성서학 교수들은 더 큰 어려움을 겪는다. 마가복음과 비교해서 마태복음에서 말하는 **하나님 왕국**(kingdom of God, 통상 '하나님 나라'로 번역하는 단어이지만, 저자의 의도를 따라 하나님 왕국으로 옮겼다—옮긴이)이 어떤 특징을 갖는지는 대다수 젊은 학생들에게 생각해 볼 만한 (혹은 심지어 관심을 가질 만한) 물음이 전혀 아니다. 그러나 그들은 아마도 (거의 늘) **하나님 왕국**이 무엇인지에 대한 의견을 가지고 있을 것이다. 그리고 이와 관련된 성경 본문을 공부하지 않았기 때문에 그들은 예수 시대에 하나님 나라가 어떤 의미였는지를 알면 놀랄 수도 있다.[12]

예전에 한 신학자와 대화를 나누면서, 이번 기획에 관해 이렇게

---

12 Scot McKnight, *Kingdom Conspiracy: Returning to the Radical Mission of the Local Church* (Grand Rapids, MI: Brazos, 2014). 『하나님 나라의 비밀』(새물결플러스).

말했다. "이 기획에 대해 충분히 오래 경솔하게 말하고 돌아다녔으니 이제 실제로 뭔가를 글로 써내야겠습니다." 그러면서 신학의 길에 들어선 사람들을 가볍게 비판하기란 쉽고 신학자들이 알았으면 하는, 대개 그들의 신학에 널리 퍼졌으면 하는 몇 가지 중요한 생각을 구성하기란 그보다 어렵다는 것을 깨달았다. 나는 베스 펠커 존스처럼 균형을 잘 유지하는 수많은 신학자의 글을 읽었지만, 나를 민망하게 만드는 글도 접했다. 이 책은 격론을 벌이기보다는 다섯 가지 주제를 거닐어 보는 글이 될 것이다. 이따금 비판을 제기하고자(신학자들을 향해서만 비판하는 것은 아니다) 멈추기도 할 것이다. 본격적인 이야기를 하기 전에 몇 가지 토대, 곧 좋은 신학에서 작동하는 가정들을 다루려 한다. 아주 간단하게나마 이들 가운데 몇 가지를 언급해 보겠다.

신학 연구에 암시된 가정들

성서학이든 조직신학이든, 참된 신학은 **하나님을 아는 일**, 혹은 하나님에게 알려지는 일이다. 또한 조금 더 하나님의 아들과 같이 되기 위해 성령의 은혜로운 활동을 통해 하나님에게 알려지는 것을 받아들이는 일이다. 우리가 아는 것과 우리가 알게 되는 방법을 형성하는 데 성경이 중요한 역할을 하지만, 좋은 신학에서는 결국 그것도 어느 정도 제한적임을 인정한다. 하나님에게 우리가 알려짐으로써 우리가 하나님을 알게 된다는 것은 신적 광대함 가운데 찍힌 작은 점에 불과하지만, 우리는 하나님의 말씀이신 그리스도를 통해 그리고 그 말씀에 관한 하나님의 말씀인 성경을 통해 하나님이 자신을 계시하신다고 확신한다. 어떤 신학자들은 우리가 모른다는 사실을 강하게 밀어붙이면서 과연 우리가 하나님을 조금이라도 알 수 있는지에 대해 의문을 던지게 만드는 경향이 있다.[13] 그러므로 나는 한 가지를 못 박아 두고 싶다. 모든 신학은 주해 단계에서 시작해야 한다. 때때로 신학자들은 성경이 그들의 신학을 형성하게 하기보다는 자신들의 신학을 장식하기 위해 가볍게 성경을 인용하며 논하기도 한다. 그래서 현명하게도 케빈 밴후저와 대니얼 트라이어(Daniel Treier)는 '성경의 거울'에 대해 이야기하는데, 이 표현의 주요 의미를 따라 그들이 말하려는 바는 우리의 언어가 성경의 언어를 그대로 반영해야 한다는 것이다.[14]

모든 신학은 **지혜**다. 성경에는 지혜의 풍부한 역사가 담겨 있다. 이는 소위 지혜 문학이라 불리는 구약성경 일부에만 국한될 수 없다. 그 역사가 성경에만 머물러 있는 것도 아니다. 정경이 아닌 문헌에서도 찾을 수 있다. 일단 우리가 신학이 지혜라는 사실을 인정한다면, 성경 전체가 지혜가 된다. 찾고 발견하며 분명하게 말하고 살아가는 지혜 말이다. 만약 우리가 지혜를 하나님의 방식으로 하나님

---

13 예를 들어, Sarah Coakley, *God, Sexuality, and the Self: An Essay "On the Trinity"* (Cambridge: Cambridge University Press, 2013), pp. 45-46를 보라. 코클리는 "모르는 가운데 알기"(knowing in unknowing)에 관해 말한다. 비슷한 주장으로는 Benjamin Myers, "Exegetical Mysticism: Scripture, *Paideia*, and the Spiritual Senses", in *Sarah Coakley and the Future of Systematic Theology*, ed. Janice McRandal (Minneapolis: Fortress, 2016), pp. 1-14를 보라.
14 Kevin J. Vanhoozer and Daniel J. Treier, *Theology and the Mirror of Scripture: A Mere Evangelical Account* (Downers Grove, IL: IVP Academic, 2015).

의 세계에서 살아가는 것, 곧 그리스도를-따르는-것(Christoformity)이라고 정의한다면 모든 신학은 결국 지혜라는 말로 요약되어야 한다. 성서학자와 조직신학자 모두가 신학을 역사학이나 철학으로 바꿔 버리고, 신학이 하나님, 지혜, 하나님을 아는 것 그리고 하나님에게 우리가 알려지는 것에 관한 것임을 망각해 버린다면 이는 불행한 일이다. 그래서 이런 종류의 지혜 추구는 진정한 지혜를 알기 위한 재료들을 고려하지 않는 일반적인 관행을 두려워한다. 특히 기독교 신앙은 한결같이 삼위일체 하나님을 고백하는데, 이것은 신학이 삼위일체적이어야 한다는 의미다.

지혜는 교회로부터 나오는 신학으로 생생하게 발현된다. 그러므로 모든 좋은 신학은 **교회적**(ecclesial)이다. 그러나 우리는 우리가 고백하는 신경 속의 교회가 아니라 분열된 교회에서 살아간다. 그래서 우리의 신학은 편파적으로 혹은 그와 비슷하게 되며, 그때 우리는 글쓰기를 시작한다. 실제가 그렇듯 교회는 그런 모습 그대로 존재하고, 그렇게 '있는 것'(is-ness)이 진정한 기독교 신학을 구체적으로 형성한다. 신학은 객관적인 방식으로 간단하게 표현되는 사상이 아니라, 교회의 삶이라는 맥락에서 구현되는 사상이다. 이 말은—여기서 우리 분파 사람들은 주저할 텐데—우리의 신학이 교회의 위대한 전통에 의해 제한되고 점검되며 도전받아야 한다는 의미다. 이는 니케아 신경과 함께 시작한다는 말이다. 그렇다면 성경 연구 또한 최소한 우리가 속한 교파의 신학을 따라 재형성되고 조정될 필요가 있다. 신학이 교회적이라는 내 말의 의미는 부분적으로 이렇다.

새라 코클리가 종종 강조하는 바는 모든 신학이 **기도와 같다**는 점이다. 그녀는 이 말을 수덕적(asceticial, 덕을 닦음—옮긴이)이라고 부르거나 관상(contemplation), 관상 기도 그리고 더 고독한 영적 훈련을 가리킬 때 사용하기도 한다. 코클리가 더욱 개인주의적인 것에 관심을 두는 듯 보이지만 그녀는 기본적으로 성공회에 속해 있으며, 이는 코클리가 최소한 "공동 기도서"(the Book of Common Prayer)의 기도 모음을 포함한 교회의 위대한 기도 전통에 경의를 표한다는 의미다.[15] 그러므로 신학은 예배적이고 개인적이면서도, 공동체적이고 교회적이다.[16] 코클리에 대한 말은 캐서린 손더레거의 신학에 대해서도 할 수 있는 말이다. 손더레거의 글은 이따금 서정적인 예배로 분출된다.[17]

앞서 넌지시 이야기했던 내용으로 돌아가면, 모든 신학은 **문화적**이다. 모든 신학자는 특정 문화에 관해, 그 문화를 향해 그리고 그 문화를 위해 말한다. 신학은 (특정 문화에) 자리를 잡는다. 이는 남성, 여성, 민족, 인종, 나이와 종파가 전부 신학이 형성되고 구체화되는 방

---

15 Coakley, *God, Sexuality, and the Self*, p. 88. 코클리의 접근법 및 그러한 접근이 갖는 약점에 대한 좋은 설명은 다음을 보라. Myles Werntz, "The Body and the Body of the Church: Coakley, Yoder, and the Imitation of Christ", in McRandal, *Sarah Coakley and the Future*, pp. 99-114.
16 코클리의 첫 책에서 눈에 띄는 약점은 그녀의 삼위일체적 황홀경 이론에 교회론이 부재한다는 점이다. 교회는 욕망하는가? 코클리 신학에 대한 다양한 반응은 McRandal, *Sarah Coakley and the Future*를 보라. 교회론의 부재에 관해서는 Werntz, "Body", p. 105를 보라. 그녀는 로마서 8장에 초점을 맞추면서도 로마서 8장에서 작동하는 교회론에 주목하지는 못한다(롬 8:18의 "우리"; 8:19의 "하나님의 아들들"과 8:21의 "하나님의 자녀들"; 8:23의 "우리"와 "우리 몸의 속량"; 8:24의 "우리"; 8:27의 "성도"; 8:28의 "하나님을 사랑하는 자"; 물론 8:29-30도). 이 모든 구절은 성령이 일으키시는 탄식의 기도가 교회와 같은 집단을 위한 것이라는 사실을 가리킨다.
17 Sonderegger, *Systematic Theology*.

식에 영향을 미친다는 말이다. 단번에 완성된 신학 같은 것은 없다. 코클리가 반복해서 환기해 주듯이 해결되지 않은 욕망이 패권을 장악하려는 움직임과 그 실제적 구현 뒤에 있고, 이것이 하나님을 알고 하나님에게 알려지기를 추구하면서 진정한 기독교적 연합을 성취하지 못하게 막는다.[18] 그러나 신학자 존 웹스터(John Webster)는 신학이 오직 문화적인 것만은 아님을 우리에게 상기시킨다. 신학은 또한 문화를 생성하고, 이렇게 만들어진 문화가 하나님의 계획대로 번영하기를 요구하기 때문이다. 그래서 이 서론을 웹스터의 말로 마무리하려 한다. 그의 말은 앞으로 이어질 내용의 논조를 설정해 준다.

기독교 신학을 갱신하기 위해 성경을 비롯해 여타 고전적인 기독교 문헌을 경외심을 가지고 읽도록 장려하는 일보다 더 필수적인 것은 거의 없다. 그야말로 수많은 현대 기독교 사상은 기독교 신앙의 문화를 유지해 온 전통, 곧 정경과 이를 풀이하고 주석하는 전통이 동반하는 신비로움을 깨뜨리는 사고방식을 받아들여 왔기 때문이다. 앞서 말했듯이 읽고 해석하는 실천과 이를 둘러싼 교육적이고 정치적인 전략은 기독교 신학을 육성하는 환경을 만드는 작업의 중심에 있다.[19]

나는 성경이 하나님의 말씀이며 신성한 문서라는 사실을 중요하게 생각하기 때문에, '우리가 상대방이 알기를 원하는 것'에 관한 물음

---

18 Coakley, *God, Sexuality, and the Self*, pp. 51-52.
19 John Webster, *The Culture of Theology*, ed. Ivor J. Davidson and Alden C. McCray (Grand Rapids, MI: Baker Academic, 2019), p. 45.

을 가지고 이렇게 두 권의 책으로 접근하는 기획의 한편을 맡았다. 이에 대한 근본적인 시작점이 있는데, 우리 성서학 동료들은 조직신학자들이 이따금 성경과 너무 멀어진다고 생각한다는 것이다. 그래서 나는 이제 막 길에 들어선 신학자가 연구를 수행하면서 곁에 두고 생각했으면 하는 다섯 가지 주제를 탐구하고자 한다. (1) 신학은 끊임없이 성경으로 돌아가야 한다. (2) 신학이 성서학에 영향을 주고 있음을 알아야 한다. (3) 신학은 역사에 기반한 성서학을 알아야 한다. (4) 신학은 더 많은 서사를 필요로 한다. (5) 신학은 살아 낸 신학이 되어야 한다.

1장

신학은 끊임없이 성경으로 돌아가야 한다

나는 성서학과 조직신학이 서로 다르다는 관찰로 이야기를 시작했다. 아마 가장 극심한 차이는 방법론에 있을 것이다. 철저하게 대조해 보면 성서학은 성경과 함께 시작하고, 조직신학은 어떤 다른 것과 함께 시작한다. 오랜 경험에 비추어 보면 이 점이 내가 성서학자들에게 흔히 들었던 불만이다. 우리는 조직신학자들이 종종 성경 본문을 이용한다고 생각하는 반면, 우리는 그렇게 하지 않는다고 생각한다. 혹은 사실대로 말하자면 최소한 그렇게 하지 않으려고 노력한다고 고백한다. 당연히 이 말에는 과장이 섞여 있지만, 이 지점에서 이야기를 시작하고 싶다. 우리 성서학 동료들이 (이따금) 이런 방식으로 조직신학자들에 대해 이야기하기 때문이다. 특히 그들이 우리 앞에 있지 않을 때 그렇게 한다.

성서학자들은 몇 가지 방법론으로 성경 각 권을 연구한다.[1] 어떤 이들은 역사에 극도로 집중하기 때문에, 성경 저자와 신적 저작에 관한 이야기는 어떤 일이 실제로 벌어졌는지에 대한 역사적 재구성 뒤로 사라져 버린다. 또 다른 이들은 성경 본문 자체의 의미를 더 정확히 드러내고자 성경을 그 본래의 역사적 맥락에 위치시키려 노력한다. 어떤 부류의 사람들은 가령 마가복음과 같은 성경 문서를 해석하면서 역사와 배경에 대해 크게 관심을 두지 않고, 해석을 위한 전후 맥락과 같은 단서로써 성경의 재구성된 서사에 몰두한다. 또 다른 사람들은 본문 자체의 문법과 구문론에 매우 열중하기 때문에, 배경과

---

1 Michael J. Gorman, *Elements of Biblical Exegesis*, rev. ed. (Grand Rapids, MI: Baker Academic, 2010)가 좋은 예다. 『성서 석의 입문』(CH북스).

서사를 거의 활용하지 않는다. 당연히 미묘한 차이가 덧붙을 수 있겠지만, 이것이 우리가 성서학이라고 말할 때 의미하는 바의 전부다.[2]

최근 어떤 사람들은 티슬턴(A. C. Thiselton)이 포괄적으로 사회-화용론(socio-pragmatics)이라고 묘사하는 것(그런데 요즘은 자주 정치신학 또는 해방신학이라고 통용되는 것)을 향해서 옮겨 갔다. 두 가지 이유로 이 전환은 언급할 가치가 있다.[3] (1) 이런 신학은 꿰뚫어 침투하는 가치를 가진다. (2) 이 접근법은 실천가들을 위해 고전적 조직신학을 변화시킨다. 아프리카계 미국인들, 라틴계 미국인들, 한국계 미국인들, 미국에 사는 인디언들, 아시아인들, 페미니스트들과 여성주의자들 그리고 마르크스주의자들 가운데 누구든, 해방신학적 성경 읽기는 그들에게 주어진 세계에 토대를 두면서 그러한 세계로부터 그리고 그러한 세계를 위해서 성경을 해석한다.[4] 이러한 해석으로 제대로 드러난 지점이 하나 있는데, 우리 각각은 특정 세계에 발을 딛고 서 있으며 거기서 성경을 해석한다는 사실이다. 우리는 일상에 발을 깊게 담그는 이와 같은 성경 해석 방식을 피할 길이 없다. 또 성경에 대한 이런 접근 방식이 가져다주는 예리한 관점을 무시할 수도 없다. 그러나 이와 같은 접근법들의 가장 명백한 예시, 곧 구스

---

2 주요 흐름에 관한 더 최근 연구는 Markus Bockmuehl, *Seeing the Word: Refocusing New Testament Study*, Studies in Theological Interpretation (Grand Rapids, MI: Baker Academic, 2006), pp. 13-74를 참고하라.
3 Anthony C. Thiselton, *New Horizons in Hermeneutics* (Grand Rapids, MI: Zondervan, 1992). 『해석의 새로운 지평』(SFC출판부).
4 Mary M. Veeneman, *Introducing Theological Method: A Survey of Contemporary Theologians and Approaches* (Grand Rapids, MI: Baker Academic, 2017), pp. 111-167.

타보 구티에레스(Gustavo Gutiérrez), 브라이언 블런트(Brian Blount), 엘사 타메즈(Elsa Támez)와 같은 이들의 연구에서 발견할 수 있는 내용을 읽을 때 때로는 이런 의문을 제기할 수밖에 없다. 성경이 해석되기보다는 **이용되는** 것은 아닌가? 이와 같은 접근법이 때로는 성경이 말하려는 바를 압도하는 것은 아닌가? 성경이 말하는 내용 가운데 중요한 요소가 무시당하는 것은 아닌가? 다시 말하지만, 우리는 모두 각자가 선 맥락과 특정한 입장에 있지만, 성서학자들이 강조하려는 점은 **만약 성경이 제 역할을 한다면, 성경은 우리가 자리하고 있는 세계에 도전을 주어야 한다**는 것이다. 이는 모두 애정을 가지고 성경을 경청하는 일과 관련이 있는데, 이에 관해서는 차후에 더 이야기할 것이다.[5]

그런데 어떻게 사랑하는 마음으로 성경 본문을 경청할 수 있을까?[6] 어떻게 성경 본문에 대한 믿을 만하고 정확한 해석을 얻을 수 있을까? 어떻게 성서학자들은 성경에 대한 조직신학자들의 접근법 혹은 정치적 접근법에 이의를 제기할 수 있을까? 나는 신학 연구 모델들에 존재하는 두 종류의 강한 경향성(impulses)을 제시하고

---

5 Gustavo Gutiérrez, *A Theology of Liberation: History, Politics, and Salvation*, rev. ed. (Maryknoll, NY: Orbis Books, 1988, 『해방신학』, 분도); Gutiérrez, *We Drink from Our Own Wells: The Spiritual Journey of a People* (Maryknoll, NY: Orbis Books, 2010, 『우리의 우물에서 생수를 마시련다』, 한국신학연구소); Brian K. Blount, *Then the Whisper Put on Flesh: New Testament Ethics in an African American Context* (Nashville: Abingdon, 2001); Elsa Támez, *The Scandalous Message of James: Faith Without Works Is Dead*, rev. ed. (New York: Herder & Herder, 2002); Alan Jacobs, *A Theology of Reading: The Hermeneutics of Love* (Boulder, CO: Westview, 2001).

6 Jacobs, *Theology of Reading*.

자 한다. 이 둘 각각의 독특한 기여를 보여 주기 위해 그것들을 단순화했다. 그 경향성들이란 바로 회귀 모델(retrieval model)과 확장 모델(expansive model)이다.[7] 이 두 모델은 각각 성경과 이를 크게 확장한 신학 사이의 스펙트럼 양극단에 놓여 있다. 회귀 모델은 조직신학과 사회-화용론 모두에 저항하는 경향이 있고, 확장 모델은 정도의 차이는 있으나 두 가지 모두를 수용하는 경향이 있다. 이 두 모델에 관한 대략적 설명을 끝내면, 나는 각각의 모델에서 최고의 장점을 취해서 통합 모델을 제안하려 한다.[8] 내가 생각하기에 극히 소수 학자의 방식을 제외하면 대부분의 방법론은 이 두 경향성을 조금씩 다르게 결합한 것이다. 신학적 방법론에 대한 메리 비네먼(Mary Veeneman)의 좋은 입문서는 이를 모두 분명하게 보여 준다.[9]

이 두 모델에 관해 논의한 후에 성경적 해석과 신학적 해석 모두에서 발견되는 두 가지 중요한 논제로 눈길을 돌릴 것이다. 곧 (1) 성경을 먼저 의존하는 일의 최우선성과 (2) 신학이 반드시 성경을 고수해야 한다고 믿는 사람들의 주변을 맴돌고 있는 성경주의(biblicism)라는 의혹에 관해 이야기할 것이다.

---

7 이와 비슷한 대조는 Markus Bockmuehl, "Bible Versus Theology: Is 'Theological Interpretation' the Answer?," *Nova et Vetera* 9, no. 1 (2011)의 pp. 27-47에서도 볼 수 있다.
8 나는 다른 책에서 이 세 가지 모델의 접근법을 다른 용어로 제안했다. 그 셋은 회귀를 위한 해석, 전통을 통한 해석 그리고 전통과 함께하는 해석이다. Scot McKnight, *The Blue Parakeet: Rethinking How You Read the Bible*, rev. ed. (Grand Rapids, MI: Zondervan, 2016), pp. 25-36를 보라. 『파란 앵무새』(성서유니온).
9 Veeneman, *Introducing Theological Method*.

모델, 경향성 그리고 통합

이 두 모델은 간략하게 다음과 같이 설명될 수 있을 것이다. 회귀 모델은 조직신학이나 구성신학(constructive theology)에서 연구되는 모든 것이 분명한 성경 주해와 본문에 뿌리를 두고 있어야 한다고 생각한다. 반면 확장 모델은 조직신학이 성경과 함께 시작하기는 하지만, 시간이 흐르면서 하나님과 진리와 신학에 대한 우리의 지식이 진보함에 따라 상당히 확장되어 왔다고 생각한다. 첫 번째 모델은 다시 돌아가려 하고, 두 번째 모델은 더 많이 탐구하려 한다. 첫 번째 모델은 성경신학에 대해 더 많이 말하고, 두 번째 모델은 신경적·교의적·신앙고백적·체계적 범주들에 대해서 더 많이 말한다.[10]

각 모델은 신학적 진리 주장의 다섯 가지 영역과 밀접하게 얽혀 있다. 이 다섯은 서로 구분되지만, 통합 가능하고 상호 연결된다.

1. 성경
2. 신경
3. 교파적 신앙고백과 교리적 진술
4. 조직신학을 형성한 주요 신학자들
5. 교회 역사의 매우 구체적인 때와 장소에서 끊임없이 일어난 수많은 신학적 탐구

---

[10] 대표적인 복음주의 신학에 관한 간단한 설명은 Veeneman, *Introducing Theological Method*, pp. 81-110를 참고하라.

그래서 우리는 다음의 것들을 가지고 있다. (1) 성경 (2) 니케아-콘스탄티노플 신경 (예를 들어) (3) 아우크스부르크 신앙고백 (4) 칼 바르트의 『교회 교의학』 그리고 (5) 미로슬라브 볼프(Miroslav Volf)의 훌륭한 책 『배제와 포용』(Exclusion and Embrace)[11] 또는 (다섯 번째 영역에서 하나 더 예시를 든다면) 자체적 교리 문답서와 공동 기도서를 만든 북아메리카 성공회 신자들의 몇 가지 결정(두 가지 모두 영향력 있었던 특정 신학자들이 만든 것이다). 신학은 항상 이처럼 복잡하게 연결된 다섯 가지 영역과 얽혀 있었고, 앞으로도 그럴 것이다.

이제 두 모델을 설명할 차례다.

회귀 모델 회귀 모델은 성경으로 돌아가려는 **강한 경향성**을 가진다. '솔라 스크립투라'(sola Scriptura)는 여기서 '오직 성경'을 의미하지 않을 수도 있다. 다만 이 모델에서 '솔라 스크립투라'는 분명히 '프리마 스크립투라'(prima Scriptura), 곧 '성경 먼저'를 의미할 것이다.[12] 이 모델에 따르면 모든 신경, 각종 교파적 신앙고백이나 믿음의 진술, 모든 신학자 그리고 신학적 진리 주장을 만들어 내는 각종 탐구는 모두 성경에 호소하여 자신들의 주장을 정당화해야 한다. 심지어 **'호소하여'** 라는 말은 여기서 (단지 느슨하게) 그들의 주장을 성경 구절에 걸쳐 놓는 것이 아니라 "성경이 실제로 가르치는 것이어야만

---

[11] Miroslav Volf, *Exclusion and Embrace: A Theological Exploration of Identity, Otherness, and Reconciliation*, rev. ed. (Nashville: Abingdon, 2019). 『배제와 포용』(IVP).

[12] N. Clayton Croy, *Prima Scriptura: An Introduction to New Testament Interpretation* (Grand Rapids, MI: Baker Academic, 2011).

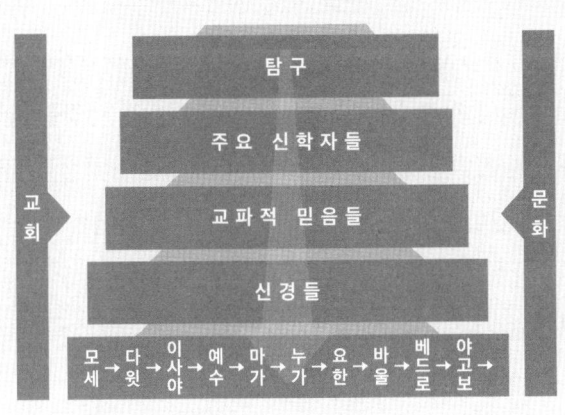

도표 1.1. 회귀 모델

한다"는 것을 의미한다.[13]

회귀 모델은 **신학의 근본적 형태가 성경에 대한 주석과 설교에 담긴 성경 해석**이라고 주장한다. 만약 하나님이 성경 안에서 우리에게 말씀하시기로 하셨다면, 성경은 모든 구속적 진리를 위한 확실한 기반이 된다. 일단 누군가 이런 주장 혹은 이와 비슷한 주장을 받아들인다면 신학은 성경에 담긴 복음의 충만함에 비추어 성경을 주해하고, 주석하고, 해설하는 것이 된다. 그렇다면 신학 연구의 가장 근본적인 형태 중 하나는 성경을 가지고 하나님의 백성들에게 설교하

---

13 이 접근법에 가장 크게 연관된 운동은 스톤-캠벨 운동(Stone-Campbell movement)이나 회복 교회(Restoration churches), 곧 그리스도의 교회(Churches of Christ)와 기독교적 교회(the Christian Church)다. 이에 관한 좋은 역사 연구로는 Richard T. Hughes, *Reviving the Ancient Faith: The Story of Churches of Christ in America*, 2nd ed. (Abilene, TX: Abilene Christian University Press, 2008)를 보라.

고 그들을 가르치는 일이 된다. 이는 신학자가 몇몇 성경 구절을 곳곳에 인용하고 있는지를 회귀 모델이 살핀다는 의미가 아니다. 그게 아니라 일단 성경 본문 자체의 통일성 안에서 성경을 탐구하는 게 맞다면, 학계의 동향을 인지하고 신학적 질문을 지향하는 주해를 기대한다는 말이다. 어떤 신학자들은 이렇게 말은 하지만, 실제로는 이러한 방식으로 신학을 연구하지 않는다. 또 어떤 신학자들은 그들의 신학이 '오직 성경'이라고 주장하지만, 사실은 교파주의자들이어서 그들의 교파 신학으로 모든 것을 해석하기도 한다.

회귀 모델은 **신학이 항상 개혁되어야** 하고 **성경 연구가 끊임없이 다시 이루어져야** 한다고 주장한다. 이것은 신학 연구와 성경 연구 모두에 적용되는 개혁교회 전통의 '셈페르 레포르만다'(*semper reformanda*, 끊임없이 개혁되어야 한다)라는 원리다. 그러므로 항상 근원으로 돌아가야 한다(*ad fontes*). 우리의 생각을 재고하기 위해 근원으로 돌아가려는 이러한 경향성을 자극하는 것은 하나님의 진리가 우리가 이해할 수 있는 것보다 항상 더 크고, 더 낫고, 더 위대하다는 실재를 마주하는 일이다. 어떤 이도 완전히 올바르게 진리를 이해하지 못한다. 신학 안에서 모든 것이 이해되지만, 결코 최종적 이해는 아니다. 그러므로 회귀 모델은 성경 연구가 본질적으로 전복시키는 힘이 있음을 안다. 이러한 연구는 우리가 복음과 함께 사고하게 함으로써 우리의 생각을 전복시킨다. 멜기세덱처럼 성경은 여전히 말하고 있다.

회귀 모델은 그리스도 안에 나타나신 하나님이라는 신약성경의 계시가 성경의 메시지를 이해하는 데 선명한 패러다임이 되도록 **성**

경 안에 존재하는 어떤 움직임과 같이 작동한다. 어떤 이들에게 이 것은 언약신학적 접근일 것이고, 어떤 이들에게는 세대주의적 접근일 것이다. 또 다른 이들에게는 구속사적 (혹은 점진적) 접근일 것이다.[14] 곧 하나님은 모세부터 예수의 때에 이르기까지 사도들을 통해 점진적인 방식으로 진리를 드러내신다. 더 넓은 의미에서 우리는 이를 성경에 대한 서사적 접근으로 부를 수도 있을 것이다.

회귀 모델은 **특정 시간에 얽매인 성경 표현의 다양성에 대해 알고 있다.** 모세의 말은 다윗의 말과 다르고, 다윗의 말은 이사야의 말과 다르고, 이사야의 말은 예수의 말씀과 다르고, 예수의 말씀은 마가의 말과 다르고, 마가의 말은 누가의 말과 다르고, 누가의 말은 요한의 말과 다르고, 요한의 말은 바울의 말과 다르고, 바울의 말은 베드로의 말과 다르고, 베드로의 말은 야고보의 말과 다르다. 그런데도 후대의 각 저자가 말하는 바는 어느 정도 그 전 시대 저자가 말했던 것과 연결되고, 많은 점에서 후대의 각 저자가 말한 내용은 그 전 시대 저자가 말했던 것과 조화를 이룬다. 게다가 각 저자는 자신이 처한 위치에서 그들에게 주어진 청중에게 하나님의 진리를 구체화하고, 자기 생각을 표현한다. 회귀 모델을 지지하는 많은 사람은 성경의 다양성을 기꺼이 받아들이면서, 이사야서를 이사야의 언어로,

---

14 Geerhardus Vos, *Biblical Theology: Old and New Testaments* (Grand Rapids, MI: Eerdmans, 1948, 『성경신학』, CH북스); Craig Alan Blaising and Darrell L. Bock, *Expansive Dispensationalism* (Grand Rapids, MI: Baker, 2000, 『점진적 세대주의』, CLC); William J. Webb, *Slaves, Women and Homosexuals: Exploring the Hermeneutics of Cultural Analysis* (Downers Grove, IL: InterVarsity Press, 2001).

히브리서를 히브리서의 언어로 설교할 수 있다. 그리고 이들을 섞어 하나의 체계적 형태로 만드는 일에 크게 불안해하지 않는다. 이와 같은 접근법은 그리스도인 성경 독자들이 중요한 주제에 관해 이야기하는 다양한 목소리의 가치를 인정하게 한다. 동시에 어떤 이들은 다른 목소리보다 어떤 목소리를 선호하고(예수, 바울, 요한의 목소리들이 다른 목소리들을 지배하는 주된 목소리다), 그래서 다른 목소리를 무시하거나 강제로 자신들이 선호하는 목소리의 형태로 만들어 버리기도 한다. 특별히 오늘날 사람들이 예수의 신학 혹은 바울의 신학을 사용하는 방식에서 나는 이런 점을 발견한다.

여기에 우리 성서학 동료들이 강조하고 싶은 핵심이 있다. 역사적 맥락에서 생겨난 성경 저자들의 다양함 때문에, 조직신학에 대한 편협한 접근법만 사용하는 이들은 자주 성경의 다양성을 약화시키는 게 필요하다고 생각했다. 그래서 그들의 요구는 성경 자체에 존재하는 여타의 목소리들을 침묵하게 만든다. 내가 공부했던 신학자 중 극소수만이 예수의 하나님 왕국 비전을 사도 바울의 구원론적이고 교회적인 비전과 잘 통합시키거나 이 둘 모두를 명료하게 잘 설명한다. 그리고 이러한 사실은 히브리서의 신학과 같은 것이 사실상 조직신학에서 거의 완전히 부재하는 현상과 나란히 놓인다. 나는 지금 학자들의 글 곳곳에서 히브리서 성경 구절을, 특히 구원론과 관련된 성경 구절을 인용하는 문제에 대해 말하는 게 아니다. **히브리서 저자의 전체 신학을 구성하는** 히브리서의 우주적·영적·목회적 비전에 대해 이야기하는 것이다.

회귀 모델은 **교회가 이 전 과정에 영향을 미친다는 것을 인정한**

다. 위에 있는 도표 1.1의 왼쪽을 보면 '교회'가 있는데, 이것은 모든 과정에서 교회가 영향을 미치고 있다는 사실에 우리의 관심을 집중시킨다. 그리고 이는 또한 성경을 해석하는 일이 바로 '교회'가 성경을 해석하는 것임을 의미한다. 교회를 기반으로 만들어진 성서 해석은 결국 신학의 전체 역사를 형성한다. '솔라 스크립투라' 접근법을 지지하는 어떤 이들은 실제로 성경이, 혹은 성경만이 자신들의 신경이 된다고 믿고 말하지만, 사실 이는 공상에 가깝다. 성경에 집중한다는 것이 고상하기는 하지만 말이다. 게다가 지나치게 개인주의적인 성경에 대한 접근 방식은 (이스라엘에 있던 믿음의 공동체와 그 후 교회의 상황에서) 성경이 실제로 열매를 맺은 방식과 다르고 또한 성경에 대한 발전된 가르침(고전적 신경의 정통)이 형성된 방식과도 다르다. 마치 단지 '나와 하나님'만 있는 듯 생각하면서 거기에 도달하려는 것은 성경 본문 자체와 상충한다.

회귀 모델은 성경이 말하는 내용으로 **복음 진리에 대한 확장된 이해와 모든 발전에 대해 검증하려 한다.** 아타나시우스(Athanasius)의 말, 아우구스티누스의 말, 루터의 말, 칼뱅의 말, 웨슬리의 말, 에드워즈의 말, 하지의 말, 슈메만의 말, 바르트의 말, 러틀리지의 말, 손더레거의 말, 블런트의 말 그리고 또 다른 누군가의 말은 가치와 의미가 있지만, 이들 위대한 신학자 모두에게 회귀 모델이 던지는 질문은 이렇다. 이는 성경적인 생각인가, 아닌가? 만약 그 생각이 성경적이지 않다고 해서 반드시 폐기되지는 않겠지만, 이를 확고히 하는 데는 도전을 받을 것이다. 언젠가 로버트 젠슨은 이렇게 말했다. "쟁점은 교회가 정경을 가지고 있는가가 아니라 정경이 교회를 승인하는가다."¹⁵ 다른 방식으로 표현하면 쟁점은 신학적 체계가 성경을 승인하는가가 아니라 성경이 그 신학적 체계를 승인하는가다.

회귀 모델은 (보통) **문화가 모든 진리 주장, 모든 설명, 모든 신학에 영향을 끼친다는 것을 인정한다.** 모세부터 사도들까지 모든 성경 저자와 인물은 하나님에 관한 진리 주장을 구체화했는데, 그 진리 주장은 역사적 맥락에 의해 그리고 역사적 맥락을 위해 형성되었다. 나는 이러한 것들을 하나님의 참된 이야기에 관한 '위키-스토리들'(wiki-stories)이라고 부른다. 다만 각각의 위키-스토리는 하나의 참된 이야기에 대한 한 가지 접근일 뿐이고, 어떤 위키-스토리도 전체 이야기를 다 포괄할 수는 없다.¹⁶ 신경에도, 교파적 표현에도, 주요 신학자들의 신학에도, 수많은 신학적 탐구에도 같은 원리가 적용된다. 각각은 역사적 맥락과 연결되고 구체적 위치를 갖는다. 거기서 특정 저자는 하나님에 관한 진리 주장을 탐구하는 방법들을 발견한다. 문화적 영향을 인정하는 것은 성경 전문가들에게 성경 각 장과 절 그리고 성경의 저자를 각각의 역사적 맥락에 놓도록 요구하고, 이 때문에 성서학 분과에는 유대적 배경 또는 그리스-로마적 배경과 성경 본문을 연결하는 연구가 수없이 많다. 20세기와 21세기에 생겨난 이런 역사적 맥락 연구의 열매는 아마 성서학자들이 만들어 낸 가장 중요한 기여일 것이다.¹⁷ 이로써 자주 비판받지만 동시에

---

15 Robert W. Jenson, *Systematic Theology* (New York: Oxford University Press, 1997), 1: p. 30.
16 McKnight, *Blue Parakeet*.
17 이에 대한 세 가지 간단한 예는 다음과 같다. Peter Lampe, *From Paul to Valentinus: Christians at Rome in the First Two Centuries*, ed. Marshall D. Johnson, trans.

불가피하고 필수적인 역사비평 방법은 완전히 정당화된다.[18] 성령은 그때도 말씀하셨고 우리에게도 말씀하신다. 같은 성령이고 같은 사람들(교회)이기 때문이다.

회귀 모델은 **신학의 성장, 발전, 진보가 오직 성경의 진리 주장을 보존할 때 그리고 모든 발전이 성경 본래의 증언에 유기적으로 연결될 때 일어난다고 믿는다.** 이것은 회귀 모델의 본성이다. 이는 과거에 존재한 최고의 것을 **보존하는 것**(conseving)을 의미한다. 교회사에서, 사실은 지성사 그 자체에서 사상가들은 비망록이라 불린 책들을 저술했는데, 그들은 독서 중에 발견한 최고의 통찰력, 표현, 진술을 일상적으로 기록했다. 누군가는 앤 모스(Ann Moss)의 『출판된 비망록』(*Printed Commonplace-Books*)이나 하버드 대학 출판사에서 나온 아이 태티 르네상스 라이브러리 시리즈(I Tatti Renaissance Library)와 같은 책들을 단순히 부분적으로 읽거나, 오늘날 비망록을 잘 활용한 앨런 제이콥스(Alan Jacobs)와 같은 사람들의 글을 읽으면서, 이와 같은 사상가들이 어떻게 제일가는 사상가라 불렸던 사람들의 최고의 생각을 최선을 다해 보존해 왔는지를 본다.[19]

그러므로 보수적(consevative)이라는 것은 변화에 저항한다는 말

Michael Steinhauser (Minneapolis: Fortress, 2003); John H. Walton, *Genesis 1 as Ancient Cosmology* (Winona Lake, IN: Eisenbrauns, 2011, 『창세기 1장과 고대 근동 우주론』, 새물결플러스); E. P. Sanders, *Judaism: Practice and Belief, 63 BCE-66 CE* (Minneapolis: Fortress, 2016).

18 Jenson, *Systematic Theology*, 2: pp. 278-279.
19 Ann Moss, *Printed Commonplace-Books and the Structuring of Renaissance Thought* (New York: Clarendon, 1996); Alan Jacobs, *Looking Before and After: Testimony and the Christian Life*, Stob Lectures (Grand Rapids, MI: Eerdmans, 2008).

이 아니다. 오히려 '보수적'이라는 용어 자체는 변화에 관한 한 가지 이론이다. 변화를 위한 변화가 아니라, **과거에 존재한 최고의 것과의 유기적 연결에 기초한 변화다.**[20] 회귀 모델에 대한 지지는 전통의 전수자['트라덴트'(tradent)]가 되어 의도적으로 독창적이거나 창의적이지 않게 되는 것을 의미한다. 성경의 언어를 빌려 표현하면 성경의 '지혜'가 이런 의미다. 그러나 회귀 모델은 성경에 담긴 진리 주장 안에서 회귀 모델 자체를 정당화하고자 신학적 탐구를 요구함으로써 이러한 탐구에 상당한 제한을 가한다. 더글러스 캠벨의 주장에서 어떤 점이 얼마나 급진적인가와 관계없이, 그가 인식론에 대한 묵시적 접근을 분명하게 말하는 것은 회귀 모델의 사고방식이다. 모든 진리는 한 가지 기준으로 판단되어야 하는데, 그 기준이란 바로 (바울이 분명히 이야기했듯이) 그리스도 안에서 드러난 삼위일체 하나님의 계시다.

그러므로 회귀 모델의 중심 주장은 (1) 성경으로 돌아가서 (2) 성경으로 모든 진리 주장을 평가하고 (3) 성경의 언어가 신학의 형태를 결정하게 하는 것이다. 이러한 접근법을 가장 열렬히 지지하는 사람들은 이제부터 소개할 확장 모델을 달가워하지 않는다.

확장 모델 회귀 모델을 반대로 뒤집어 보라. 그러면 확장 모델을 발견

---

20 이 부분은 로저 스크러턴(Roger Scruton)이 발전시킨 보수주의에 관한 이론에 의존하고 있다. Scruton, *The Meaning of Conservatism*, 3rd ed. (South Bend, IN: St. Augustine's Press, 2014); Scruton, *How to Be a Conservative* (London: Continuum, 2014)를 보라.

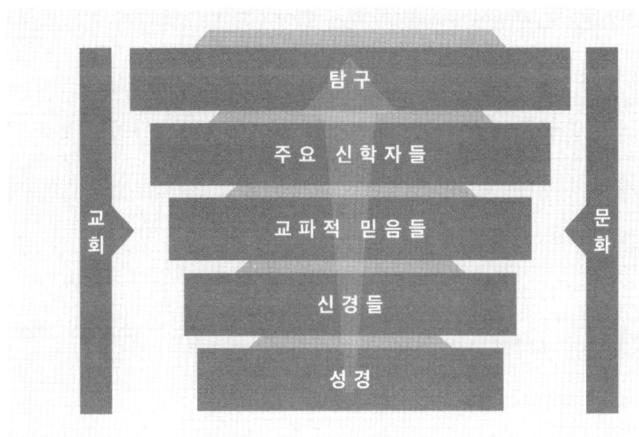

도표 1.2. 확장 모델

할 수 있는데, 여기서는 신학적 구성물들이 성경 위에 위태롭게 자리하는 듯 보이고 누군가는 성경이 그러한 체계를 모두 떠받칠 수 있는지 물을지도 모른다. 양쪽 어디든 무게 중심이 지나치게 쏠리면, 전체가 기울어지고 넘어진다. 그런데 이것이 신학적 구성물들의 현실이다. 신학에는 항상 성경의 진리 주장이 있으며 신학은 항상 이 진리 주장을 확장할 것이다. 이는 단순히 성경을 자세히 설명하는 게 아니다. 성경에 **관한** 모든 설명은 사실 성경을 **확장하거나 확대한다.**

확장 모델은 **성경과 함께 시작하지만 성경이 말하는 바를 확장한다.** 내가 출석하는 성공회 교회(일리노이 하이우드에 위치한 리디머 교회)에서 우리는 매주 일요일 니케아 신경을 소리 내어 고백한다. 고린도전서 15장에 담긴 핵심 복음은 니케아 신경의 기초다. (예수께서 고난당하셨고, 무덤에 묻히셨고, 다시 일어나셨고 결국 다시 오실 것이라는 내용 말이다.) 그러나 니케아 신경은 고린도전서 15장에 담긴 사도들의 더 단순한 복음에 대한 확증을 넘어선다. 하나님의 아들에 대해 니케아 신경(더 엄밀하게 말하면 니케아-콘스탄티노플 신경-옮긴이)이 확증하는 바는 다음과 같다.

우리는 한 분이신 주님, 예수 그리스도를 믿습니다.
그분은 하나님의 유일한 아들이시며,
영원으로부터 성부에게서 나셨으며,
하나님으로부터 나신 하나님이시며, 빛으로부터 나신 빛이시며,
참 하나님으로부터 나신 참 하나님이시며,
창조된 것이 아니라 탄생하셨으며,
성부와 같은 존재이십니다.
그분을 통해 모든 것이 창조되었습니다.
우리와 우리의 구원을 위해,
그분은 하늘로부터 내려오셨으며,
성령에 의해 동정녀 마리아로부터 땅에서 태어나셨으며,
참 인간이 되셨습니다.
우리를 위해 본디오 빌라도의 치하에서 십자가에 못 박히셨습니다.
그분은 죽음을 경험하셨고 무덤에 묻히셨습니다.
성경에 기록된 그대로
3일째 되던 날 그분은 다시 살아나셨습니다.
하늘로 승천하셨고

성부의 우편에 앉으셨습니다.

그분은 영광 가운데 다시 오셔서

살아 있는 자와 죽은 자를 심판하실 것이며,

그분의 왕국은 영원할 것입니다.

나는 이 신경이 충분히 성경의 지지를 받는다고 기꺼이 말하고 싶다. 하지만 몇 가지 표현("빛으로부터 나신 빛"이나 "성부와 같은 존재")은 다른 시간, 다른 역사적 맥락에서 왔고, 그러한 맥락을 향해서 그리고 그러한 맥락에서 말해진 것이다. 신학은 본질적으로 성경이 확증한 바를 탐구하고 확장하지만, 확장 모델에서는 성경이 그 출발점이다. 어떤 신학적 탐구의 결론은 성경을 훨씬 넘어서기도 하고 혹은 성경을 지나치게 넘어가 버리기도 한다. 때때로 신학자들은 언뜻 보기에 성경을 **전제하는** 듯 보이지만, 성경의 방향을 거의 존중하지 않기도 한다. 성서학자로서 나는 조직신학자들보다 훨씬 생생하게 그리고 확실히 훨씬 더 자주 이런 현상을 목격한다. 하지만 성경이 모든 기독교 신학의 출발점이라는 사실은 강조되어야 한다. 오늘날 전통적 그리스도인들 가운데 급격한 진일보가 있었는데, 그것은 고전 신경들뿐 아니라 그 당시에 작동했던 세계관도 수용한 것이다.[21]

---

21 D. H. Williams, *Evangelicals and Tradition: The Formative Influence of the Early Church* (Grand Rapids, MI: Baker Academic, 2005); Hans Boersma, *Violence, Hospitality, and the Cross: Reappropriating the Atonement Tradition* (Grand Rapids, MI: Baker Academic, 2004); Boersma, *Sacramental Preaching: Sermons on the Hidden Presence of Christ* (Grand Rapids, MI: Baker Academic, 2016); Boersma, *Scripture as Real Presence: Sacramental Exegesis in the Early Church* (Grand Rapids, MI: Baker Academic, 2017); Gavin Ortlund, *Theological*

확장 모델은 기독교의 성경 전통과 신학 전통을 계속 밀고 나감으로써 새로운 사고의 영역을 탐구하려는 강한 경향성을 갖는다. 그러므로 성장이 확장 모델의 경향이다. 다른 말로 표현하면, 그것은 진보다. 루이스 에이러스(Lewis Ayres)에 의해 충분히 (아니 그 이상으로 잘) 설명된 3-4세기의 삼위일체 논쟁은 신학을 성경에 뿌리내리게 하려는 시도였으며, **하나임**을 보존하면서도 **셋이라는 사실**을 분명히 하는 방식으로 성부, 성자, 성령의 상호 관계를 설명하고자 했다.[22] 교회의 구원론은 성막과 성전의 희생 제의에서 전형적으로 발견되는 용어와 구조를 갖는다. 하지만 종교개혁 시대의 보충 설명과 교회 신학 안에서 다양한 속죄 이론의 기원이 된 것은 바로 바울의 설명, 특히 로마서에서 **칭의**, **구속**, **화해**, **속죄**와 같은 단어를 사용한 설명이었다. 그러나 오늘날 우리가 믿는 것처럼 이중 전가, 안셀무스로부터 발전한 만족설 또는 다양한 속죄 이론을 성경이 명료하게 가르치고 있다고 가정하지는 말자.[23] 오늘날 많은 이가 최고의 속죄 이론으로 생각하는 설명은 보통 그들이 처음으로 긍정한 복음 설교에서 작동했던 대속 모델에서 파생된 것이다.[24]

Retrieval for Evangelicals: Why We Need Our Past to Have a Future (Wheaton, IL: Crossway, 2019). 오늘날 고전 신경의 수용사에 관해서 훌륭하게 다룬 Carl R. Trueman, *The Creedal Imperative* (Wheaton, IL: Crossway, 2012)를 보라. 『교리와 신앙』(지평서원).

22 Lewis Ayres, *Nicaea and Its Legacy: An Approach to Fourth-Century Theology* (New York: Oxford University Press, 2004).

23 Boersma, *Violence, Hospitality, and the Cross*; Scot McKnight, *A Community Called Atonement* (Nashville: Abingdon, 2007).

24 예를 들어 희생양 속죄 이론은 René Girard, *I See Satan Fall Like Lightning*, trans. James G. Williams (Maryknoll, NY: Orbis, 2001)에서 발견된다. 『나는 사탄이 번개

확장 모델은 흔히 '뜻풀이의 이단'(heresy of paraphrase, 문학 이론에서 시를 산문체로 설명할 수 없음을 의미하는 용어-옮긴이)으로 불리는 유혹에 끊임없이 직면하거나, 신학의 새로운 제안이 성경이 말한 바를 대체하거나 개선한다는 가정이나 실제 관행에 직면하기도 한다. 이런 논의에서 성경을 지지하는 사람들은 확고부동한 태도를 취한다. 그렇다. 신학은 성경이 말하는 바를 명료하게 하고 체계화하기 때문에, 이를 확장하고 확대한다고 말할 수 있다. 그러나 때로 우리 성서학 동료들은 신학자들이 마치 그들의 백미러만으로 성경을 보면서 계속 전진해 왔다고 생각한다. 그래서 어떤 신학은 성경 자체보다는 루터, 칼뱅, 웨슬리, 에드워즈, 바르트, 코클리에 뿌리를 둔 것으로 보인다.[25]

확장 모델은 **성령이 각 시대 하나님의 백성들에게 새로운 빛을 비추어 주신다는 완전히 성경적인 개념과 함께 작동한다.** 어떤 이는 무엇이든 그가 원하는 것을 위해서 성령을 주장할 수도 있지만, 다음과 같은 진리는 변하지 않는다. 이스라엘에서, 예수 안에서, 초기 교회에서 그리고 성경 안에서 활동하신 성령은 과거와 현재의 교회에서 활동하시는 성령과 같은 분이다. 바로 이 개념을 성경에 단단히 고정해 주는 대표 구절이 요한복음 16:13이다. "그러나 진리의 성령이 오시면 그가 너희를 모든 진리 가운데로 인도하시리니 그가 스스

처럼 떨어지는 것을 본다』(문학과지성사).
25 '뜻풀이의 이단'에 관해서는 다음을 보라. John Webster, *The Culture of Theology*, ed. Ivor J. Davidson and Alden C. McCray (Grand Rapids, MI: Baker Academic, 2019), p. 77.

로 말하지 않고 오직 들은 것을 말하며 장래 일을 너희에게 알리시리라." 예수께서는 자기 사람들에게 성령이 "너희를 모든 진리 가운데로 인도하[신다]"라고 말씀하신다. 확실히 어떤 이들은 거짓을 진리로 주장하지만, 어리석은 주장이 성령을 제거할 수는 없다. 각 시대와 각 지역의 교회에 존재하는 모든 신학적 맥락은 성령의 인도가 필요하고, 성령의 인도를 활용한다. 신학의 발전, 노예제의 폐지, 여성의 권리와 같은 것들이 좋은 예다.[26] 사람들은 신학의 발전이 성령의 인도하심에 단단히 닻을 내린 것임을 생각해야만 한다.[27]

확장 모델은 **성경이 지닌 다양성과 서사적 발전이 새로운 신학적 설명에 관한 패러다임이라 믿는다**. 회귀 모델은 정확한 용어들로 신학적 일치를 추구하는 경향이 있지만, 확장 모델에는 성경의 다양한 신학을 교회의 신학적 다양성을 위한 패러다임으로 만들 기회가 있다. 따라서 확장 모델은 신학의 역사에서 다양한 목소리를 배제한 것을 후회하면서 의도적으로 다양한 목소리를 신학적 논의에 불러들인다. 이것은 "내가 얼마나 깨어 있는 사상가인가"라고 말하면서 자화자찬하기 위함이 아니라, 신학 자체에 귀 기울이고 이를 배우고 변화시키고 개혁하기 위함이다.

확장 모델은 성경이 신학적 진리 주장을 위한 구성적 틀의 역할을 한다는 사실을 확증하면서도, **각 세대의 신학적 표현이 특정 시**

---

[26] I. Howard Marshall, *Beyond the Bible: Moving from Scripture to Theology* (Grand Rapids, MI: Baker Academic, 2004). 케빈 밴후저와 스탠리 포터(Stanley E. Porter)도 이 책에 기고했다.

[27] Kevin J. Vanhoozer and Daniel J. Treier, *Theology and the Mirror of Scripture: A Mere Evangelical Account* (Downers Grove, IL: IVP Academic, 2015), p. 116.

간과 장소와 사람들을 위해 역사적 맥락과 교회로부터 형성되었음을 안다. (개신교도들이 보는 것처럼) 종교개혁을 생각해 보자. 어떤 일이 일어났는가? 한 가지 해석은 다음과 같다. 마르틴 루터와 그 후 장 칼뱅 그리고 (종종 무시되었던) 조금 더 후대의 재세례파는 로마의 권력과 신학의 구조적 강요에 저항했고, '솔라 스크립투라' 정신에 모두 뿌리내린 **오직 믿음으로** 얻는 칭의와 거기에 담긴 **오직-은혜**의 놀라운 힘을 재발견했다.[28] 종교개혁 신학자나 목회자나 교회가 있다는 게 아니다. 여기서 나는 **종교개혁**이 무엇을 의미하는지에 대한 조감도를 그린 것이다. 종교개혁은 이러한 사상들에 기반해서 작동하는 게 아니다. 다만 이들 각각은 하나의 역사적 맥락 안에서 그리고 그 맥락을 위해 형성되었고, 그 맥락은 각각의 개념을 형성했다. 신학은 시간이 지남에 따라 확장되지만, 이러한 성장은 정말로 분별이 필요한 구체적 맥락에서 자주 그 절정의 움직임을 만들어 낸다. 때때로 이와 같은 시의적절한 분별은 시간을 초월하기도 하고, 또 어떤 때는 시간에 제약받기도 한다.

확장 모델은 **이전 세기의 체계적 비전을 기반으로 유기적으로 발전하고, 동시에 그것과 분열하기도 하며 발전한다.** 칼뱅이 그의 시대를 위해 했던 말이 우리 시대를 위해 우리의 방식으로 말해져야 하는 것은 아니다. 우리 세대를 위해 우리 시대에 적합한 메시지를 명확히 말했던 내 생애 동안의 몇몇 주요 신학자들의 이름을 나열해

---

[28] Kevin J. Vanhoozer, *Biblical Authority After Babel: Retrieving the Solas in the Spirit of Mere Protestant Christianity* (Grand Rapids, MI: Brazos, 2016).

보고 싶다. 당연히 성서학자와 조직신학자를 포함하지만, 그들이 우리 시대의 대표자들이라고 말하려는 의도는 전혀 없다. 칼 바르트, 디트리히 본회퍼(Dietrich Bonhoeffer), 새라 앤 코클리, 베스 펠커 존스, 브라이언 블런트, 에보니 마셜 터만(Eboni Marshall Turman), 숭찬 라(Soong Chan Rah), 그레이스 시준 김(Grace Si-Jun Kim), 라이트 (N. T. Wright), 리처드 헤이스(Richard Hays), 베벌리 가벤타, 플레밍 러틀리지와 같은 이들이다. 이들 각각의 목소리는 교회의 신학적 전통과의 유기적 관계를 보여 주지만 이들은 또한 전통과 분열하기도, 신선한 생각을 보태기도, 비평적 명료성을 가지고 오래된 관점에 도전하기도 한다. 신학은 자주 유럽 중심의 분과로 보이지만, 실제로는 전 세계적 현실이다.

확장 모델은 **누구도 '오직 성경의 세계'(the Bible-only world)로 되돌아갈 수 없다고 전제한다. 왜냐하면 지식, 심지어 성경에 대한 지식도 누적되면서 발전하기 때문이다.** 아우구스티누스, 또는 루터와 칼뱅, 또는 바르트와 구티에레스나 메리 데일리(Mary Daly), 로즈메리 래드퍼드 류터(Rosemary Radford Ruether)를 회피한다면, 누구도 책임 있는 신학자가 될 수 없다. 교회에서 일어나는 모든 신학적 숙고의 기반을 형성하는 성서학에서도, 누구도 샌더스(E. P. Sanders)나 유대교 학자 제이컵 뉴스너(Jacob Neusner)와 쉐이 코언(Shaye Cohen)과 같은 이들의 중대한 연구를 피할 수 없다. 교회 공동체들의 신경과 신학적 확증뿐 아니라 이처럼 중대한 사상가들도 패러다임을 만들어 왔고, 우리는 이런 패러다임과 떨어져서 사고할 수 없다. 할 수 있다면 시도해 보라. 그것은 불가능할 것이다. 심지어 아우구스티누스나 루터나 에드워즈의 글을 전혀 읽어 보지 않은 사람들도 시간이 지남에 따라 저들의 영향을 받으며 그들의 생각을 형성할 것이다. 많은 이가 그들이 하는 일의 전부가 그저 성경을 읽는 것이라 생각할지도 모른다. 그러나 그렇지 않다. 그들은 중재된(mediated) 성경을 읽는다. 그러므로 이는 이따금 운동이라 불리는 것, 곧 성경에 대한 신학적 해석이다.[29] 일단 우리의 신학이 성경에 대한 중재임을 인정한다면, 우리는 어느 정도 확장 모델에 발을 디딘 것이다.

이것들이 신학 연구에 존재하는 주요한 두 가지 강한 경향성이다. 바로 과거로 회귀하는 것 또는 우리의 과거를 현재와 미래로 확장하는 것이다.

통합 모델 자, 그러면 무엇을 이야기할 차례인가? 이 이야기가 신학 탐구에 두 모델이 모두 필요하고, 사실 신학 탐구에 두 모델이 항상 저마다의 역할을 한다는 사실을 깨닫기에 충분했기를 바란다. 그러나 성서학 전문가로서 나는 성경에는 **형성할** 뿐 아니라 **권위 있기**도 한 무언가가 있다고 주장하고 싶다. 그리스도인들은 성경이 다른 책들과 다르다고 주장한다.

기독교 신학 연구를 위한 모델은 성경과 함께 시작되는데, 우리는 이것을 '프리마 스크립투라'(prima Scriptura)라고 부를 수 있다.

---

[29] "성경에 대한 신학적 해석"이라고 언급된 이 운동은 내게는 상당히 흥미롭지만, 정의 내리기 쉽지 않다. 성경 해석자인 나에게 이 운동이 어떤 의미인지는 그저 확실하지 않다.

그러나 신학 연구는 필연적으로 성경이 말한 바를 확장한다. 확장하지 않는 신학은 할 수 있는 것이 단 한 가지로 제한된다. 바로 성경을 읽고 성경의 말을 최대한 비슷하게 반복하는 것이다. 성경의 각 장에는 서사가 있는데, 이 서사는 창조부터 하나님 왕국까지의 이야기를 분명히 할 뿐 아니라 이전 장들에서 말해진 바를 확장하고, 수정하여 다시 표현한다. 그러므로 성경 자체가 합당하게 확장 모델이라 부를 만한 패러다임을 제공한다.

그러나 신학 안에서 진보와 확장은 성경의 중심이 되는 신학적 진리 주장과 유기적으로 연결되어야 할 필요가 있다. 그러므로 말씀으로 돌아가려는 회귀 모델의 경향성은 확장 모델의 확장하려는 경향성만큼이나 정당화된다. 그들은 서로를 무효로 만들지 않고, 오히려 변증법적 관계를 형성한다. 오직 그 닻이 성경에 고정되어 있다면 말이다. 지혜는 신경과 우리의 신앙고백에 그리고 심지어 우리 세상에 빛을 비추는 신학자들에게 깊은 경의를 표해야 한다고 명하지만, 그 닻이 성경 자체와 연결되어 있을 때만 그렇다. 우리는 회귀하면서 전진하기를 반복한다. 그래서 이것을 통합 모델이라고 부를 수 있고, 이후의 장들에서 이 모델에 대해 더 자세히 다룰 것이다. 마르쿠스 복뮐(Markus Bockmuehl)은 다음의 사실을 확실히 상기해 준다. "교회는 거룩한 성경을 수용하고 인정하며 가르친다. 그러나 통일성과 다양성 안에서 교회는 하나님의 말씀으로 그리고 이에 반응하면서 세워진다. 그 반대보다는 말이다."[30]

---

30 Bockmuehl, "Bible Versus Theology," p. 35.

도표 1.3. 통합 모델

이 통합 모델은 성경에서 현대 신학적 설명으로 **나아가고 후퇴하기를 변증법적으로** 지속한다. 성경을 연구하는 사람들이 성경에 있는 내용으로 신학적 발전에 제한을 걸고자 할 때 현대의 신학적 설명은 성경에 의해 도전받는다. 동시에 신학자들은 성경의 감춰진 내용을 계속해서 드러내고 그것을 새로운 사고의 영역으로 가져간다. 여기서 다시 반복할 수도 있겠지만, 이 모든 내용은 위에서 다 말했기 때문에 그럴 필요는 없을 것 같다.

통합 모델은 다른 변증법과도 친밀하다. 곧 성경에서 말씀하시는 하나님은 인간을 통해서 말씀하시는 삼위일체 하나님이시다. 우리는 하나님이 말씀하시기에 성경을 **가졌지만**, 또한 이 성경에서 그리스도 안에 드러나는 성부의 얼굴을 알아보도록 하나님의 영이 교회를 인도하셨기 때문에 성경을 갖게 되었다. 그러나 하나님의 말씀을 전달하는 통로인 성경은 인간 저자에 의해 쓰였다. 우리는 역대지 상·하가 하나님의 영감을 받았다고 강력히 주장할 수 있다. 하지만 그렇다고 해서 역대지 저자가 완전히 독특한 개성을 가진 사상가, 곧 그의 시대에 성전 재건을 경험하면서 유다 왕국의 이야기를 성전 예배라는 방식을 통해 전달했던 사람이라는 사실을 부정할 수는 없다. 그러므로 신적 저작에 호소하면서 인간 저자를 평가 절하하는 것은 우리가 가지고 있고 알고 있는 성경에 부합하지 않는다. 누군가는 요한의 독특한 단어와 구문 사용을 통해 요한을 알듯이, 누군가는 바울을 오해한 것으로 보이는 내용에 대한 야고보의 불만을 통해 야고보를 알게 된다. 그래서 이 같은 양극단 중 하나를 선택해서 성경을 읽는다면, 이는 성경을 잘못 이해하는 것이고 신학 연구의 방향을 미끄러운 길이 난 곳으로 설정하는 것과 같다. 하나님께서 먼저 오셨고 이스라엘과 교회 모두 하나님의 피조물로서 그분에게서 영향받는다는 사실은 기독교적 신념과 신학의 핵심이며, 그래서 하나님은 교회의 산물이 아님을 안다. 그러므로 하나님은, 하나님의 말씀이 이스라엘을 창조한다고 할 정도로 이스라엘에게 말씀하시지는 않고, 이는 교회에도 똑같이 적용된다. 교회에도 똑같이 적용된다. 그러나 하나님은 이스라엘과 교회에 유일한 목소리(the Voice) 가운데 존재하는 한 목소리(a voice)를 주기로 하셨다.[31]

---

31 그러므로 때로 양극단의 한쪽 끝을 과장한 것은 Webster, *Culture of Theology*, pp. 70-72, 119-123이고, 다른 쪽 끝을 과장한 것은 Marcus Borg, *Reading the Bible Again for the First Time: Taking the Bible Seriously but Not Literally*, rev. ed. (San Francisco: HarperSanFrancisco, 2002)이다. 『성서 제대로 다시 읽기』(동연).

만약 통합 모델이 의식적으로 완전하게 작동한다면, 이 모델은 **신학에서 성경의 영역이 근본적이지만 (보이는 것만큼) 최종적이지는 않음을 인지한다**. 성경과 함께 시작한다는 것은 성경과 함께 끝낸다는 것을 의미하지는 않는다. 성경주의자들은 종종 그러겠지만 말이다(아래를 보라). 통합 모델은 주석적 정교함을 가지고 성경에서 시작한다. 그러나 신학이 거기서 시작할지라도 새로운 생각, 변화하는 맥락, 다양한 역사 때문에 새로운 방향으로 발전해 나가리라는 사실을 인정한다.

이제 논쟁적인 사안이 남았다. 통합 모델은 **성경이 비옥한 땅과 같아서** 저자의 의도에만 제한될 필요가 없음을 안다. 예언자들은 이전 세대 예언자들의 글을 읽었고, 예수께서는 예언자들의 글을 읽었으며 바울과 히브리서 저자, 베드로와 요한은 그들의 성경을 읽었다. 성경은 약동하는 가능성들과 함께 살아 숨 쉬며 활기 넘치기 때문에 그들은 이전에는 보이지 않았던 것을 보았다. 이 점을 데이비드 스타인메츠보다 더 도발적이고 유창하게 말했던 사람은 없다. 그는 자신의 에세이 "전-비평적 주해의 우수성"(The Superiority of Pre-critical Exegesis)의 마지막 부분에서 이렇게 말한다.

한 본문이 단일한 의미만을 가진다는 이론을 지지했던 사람들은 보통, 성경에 대한 중세식 접근법이 당시 기독교 공동체의 종교적 필요를 충족해 주기는 했지만, 성경 본문에 폭력을 행사하는 용납할 수 없는 대가를 치르면서 그렇게 했다는 의견에 동의한다. 200년 후의 역사비평 방법론은 그와 같은 종교 공동체에서 매우 위태로운 기반 이상이 되는 데 어려움을 겪고 있는데, 이런 일은 일반적으로 기독교 평신도들의 무지와 보수주의 그리고 목사들의 나태나 도덕적 비겁함 때문이라고 여겨진다.

나는 다른 가설을 제안해 보고 싶다. 성경 본문에 있는 다양한 층위의 의미에 관한 중세식 이론은 분명한 단점들이 있음에도 번창했다. 왜냐하면 그것이 진실이기 때문이다. 반면 단일한 의미를 추구하는 현대 이론은 명증한 장점이 있음에도 불구하고 번창하지 못했다. 왜냐하면 이는 거짓이기 때문이다. 역사비평 방법론이 그 자체의 이론적 기반에 대해 비평적이게 되기 전까지 그리고 해석의 대상이 되는 본문의 본성에 적합한 해석학 이론을 발전시키기까지, 당연하게도 이 비평은 진리 물음을 끝없이 유예해 버린 특정 모임과 학계에서만 제한적으로 받아들여진 채로 남을 것이다.[32]

그의 요점은 몇 년 전에 읽은 마이클 피시베인(Michael Fishbane)의 글에서 절실히 공감한 내용과 같았다.[33] 나는 신약성경 본문을 꼼꼼히 읽으면서, 성경에 대한 어떤 이론이 우리에게 필요하지는 않을까 하고 생각했다. 그 이론이란 '성경적인 것'이라는 표현이 역사적이면서도 신선한 해석 방식을 암시함을 인정하는 것이다. 어쨌든 성경 저자의 의도를 찾고 그 이상으로 나아가면서, 당신이 전에는 전혀 보지

---

32 David Steinmetz, *Taking the Long View: Christian Theology in Historical Perspective* (New York: Oxford University Press, 2011), p. 14.
33 Michael Fishbane, *Biblical Interpretation in Ancient Israel* (Oxford: Clarendon, 1985).

못했던 무언가에 마음이 열리더라도 부디 놀라지 않기를 바란다.

따라서 통합 모델은 지속적이고 끝이 없지만, 풍성한 성경 해석에 거한다.

프리마 스크립투라: 모든 신학 작업은 성경에서 시작해야 한다

우리는 성경에 대해서만 다음과 같이 말한다. "모든 성경은 **하나님의 감동으로 된** 것으로 교훈과 책망과 바르게 함과 의로 교육하기에 유익하니 이는 하나님의 사람으로 온전하게 하며 모든 선한 일을 행할 능력을 갖추게 하려 함이라"(딤후 3:16-17). "**감동으로 된**"이 의미하는 바에 대해서 논쟁할 수도 있겠지만, 기본적으로 이를 가리키는 헬라어 단어는 '테오프뉴스토스'(*theopneustos*)이고 이를 좀 더 직역하면 '하나님의 영이 활동하는' 또는 '하나님의 숨결이 있는'이라는 의미다. 이와 비슷한 내용이 베드로후서 1:21에서도 발견된다. "예언은 언제든지 사람의 뜻으로 낸 것이 아니요, 오직 성령의 감동하심을 받은 사람들이 하나님께 받아 말한 것임이라." 그리스도인들이 이와 같은 진술에 기초하여 주장했던 내용은, 하나님이 그분의 백성을 위해 하나님의 예언자 중 한 사람을 통해 만든 책이 성경이라는 것이다.

'권위가 있다'는 말은 성경이 유일무이하다는 의미이고, 성경은 그분의 백성들 가운데서 행하시는 하나님과 저자 사이의 상호 협력으로 빚어졌다는 의미다. 그래서 그렇게 만들어진 내용은 하나님에게서 오는 메시지가 된다. 성경은 고대 이스라엘을 위해서, 예수를 위해서, 사도들을 위해서 그리고 교회와 그 역사를 위해서 하나님에게서 오는 계시로서 기능했다. 맞다, 정말로 그렇다! 물론 성경은 읽히고 해석되며 명료하게 설명되어야 하는데, 이러한 설명이 성경 자체는 아니다. 요한복음 16:13로 다시 돌아가서 이렇게 말하고 싶다. 우리는 성경에 대한 우리의 명료한 설명이 정확하지 않을 수도 있음을 겸손하게 인정해야만 하고, 동시에 하나님은 충분히 선하시며 성령은 우리 구원의 핵심이 무엇인지를 분명하게 하신다고 단언해야만 한다. 존중해야 할 주의 사항이 있다. 신학에는 성경과 같은 것은 없다는 점이다. 성경은 단지 길게 나열된 말에서 첫 번째 단어 같은 것이 아니다. 성경은 케빈 밴후저가 "궁극적 규범"(norming norm)이라고 부르는 것이다.[34] 모든 말 위에 있는 말이다. 그러므로 이러한 텍스트는 올바른 독자들에게 수용적 경의를 요구한다. 하나님의 말씀을 읽는 독자의 자세는 통달하려는 태도가 아니라 사랑으로 듣고, 배우고자 들으며, 살아가려고 듣는 태도다. 우리는 신뢰하고 들으며 살아가고, 사랑하기 때문에 우리는 살아가고 들으며 신뢰한다.[35]

성경에 관한 많은 논의의 중심에는 두 용어, **무류성**(infallibility)과 **무오성**(inerrancy)이 있다. 둘은 모두 본래 좋은 용어이지만, 경계 설정을 무시하지 않으려는 논쟁과 과장, 해석학적 함의를 가득 담고

---

34 Kevin J. Vanhoozer, *The Drama of Doctrine: A Canonical-Linguistic Approach to Christian Theology* (Louisville, KY: Westminster John Knox, 2005). 『교리의 드라마』(부흥과개혁사).
35 Jacobs, *Theology of Reading*. 성경에 대한 이와 같은 경의는 Katherine Sonderegger, *Systematic Theology: The Doctrine of God* (Minneapolis: Fortress, 2015), 1: pp. xvi, 9, 13, 66-77에서도 계속 찾아볼 수 있다.

있다. 나는 개인적으로 이 두 용어보다 확고한 성경적 용어, 곧 **진리**(truth)라는 말을 더 선호한다. 히브리어로 **진리**는 대부분의 경우 '에무나'(emunah) 또는 '에메트'(emet)다.

> 진리의 말씀이 내 입에서 조금도 떠나지 말게 하소서.
>   내가 주의 규례를 바랐음이니이다.…
> 주의 의는 영원한 의요,
>   주의 율법은 진리로소이다.…
> 주의 말씀의 강령은 진리이오니,
>   주의 의로운 모든 규례들은 영원하리이다. (시 119:43, 142, 160)

여기에 쓰인 용어들이 전달하는 느낌은 신뢰성, 신실함, 진리와 관련이 있다. 첫 번째 구절에서 말씀은 진리로 정의된다. 두 번째 구절에서 율법/토라는 진리다. 세 번째 구절은 이 모든 것을 다음과 같이 요약한다. 하나님 말씀의 '로쉬'(rosh, "강령") 또는 '머리'는 진리다.

우리는 오직 하나님의 말씀, 곧 하나님의 계시적 행동만을 진리로 주장한다. 이런 이유로 우리는 예수에 대해 그분이 "길이요, 진리요, 생명이니"(요 14:6) 하고 말한다. 일단 이러한 관찰을 받아들이면, 다음의 굳건한 기반에 발을 올린 것이다. 그것은 바로 **성경**이 진리이므로 '프리마 스크립투라'라는 말 자체가 확고해진다는 것이다. 그러므로 모든 신학은 하나님의 진리 계시인 성경으로 시작해야 한다. 이사야는 하나님에 관해 "나 여호와는 의를 말하고"(사 45:19, 원문이 인용한 NRSV 성경에서는 "의"가 "truth"다―옮긴이)라고 이야기하고,

심지어 느부갓네살왕은 이스라엘의 하나님에 관해 "그의 일이 다 진실하고"(단 4:37, for all his works are truth, NRSV-옮긴이)라고 이야기한다. 누가는 "사실(truth, NRSV-옮긴이)임을 아시게" 하려고 복음서를 썼음을 데오빌로에게 확신시키면서 자신의 복음서를 시작한다(눅 1:4, 새번역). 요한은 한계를 모른다. 예수, 곧 하나님의 말씀은 "은혜와 진리가 충만"하고(요 1:14) "율법은 모세를 통해 주어진 것이요, 은혜와 진리는 예수 그리스도로 말미암아 온 것"이다(요 1:17). 진리이신 분은 진리 안에서 알려지시며 그 "진리가 너희를 자유롭게 [할]" 것이다(요 8:32). 그리고 진리는 성령을 통해 우리에게 주어진다(요 14:17; 15:26; 16:13). 예수는 "아버지의 말씀은 진리니이다" 하고 말씀하신다(요 17:17). 바울은 자신의 설교를 진리에 관한 것으로 생각한다(고후 4:2; 12:6; 13:8; 갈 2:5, 14; 4:16; 엡 1:13; 4:21; 골 1:5; 살후 2:13; 딤전 2:4, 7; 3:15; 4:13; 딤후 2:15, 25; 3:7; 딛 1:1). 바울만 이렇게 말하는 것이 아니다. 야고보도 진리에 대해 말하고(약 1:18; 5:19) 베드로(벧전 1:22; 벧후 1:12)와 요한(요일 1:8; 3:19; 4:6; 요이 2, 4; 요삼 3, 4, 8, 12)도 그렇게 말한다.

그러므로 하나님에 관한 진리를 추구하는 신학은 그리스도 안에 계시된 복음의 진리가 진리의 원천임을 안다. 이러한 이유로 우리는 신학적 방법론 안에서 '프리마 스크립투라'를 확증하고, 마찬가지로 실천적 측면에서도 그렇게 한다. 어떤 신학자들은 '프리마 스크립투라'를 주장하지만, 그들의 실제 신학 연구는 거기에 미치지 못한다. 존 웹스터가 쓴 『신학의 문화』(The Culture of Theology)가 그 한 가지 예다. 그의 책은 넓게 보면 방법론에 관한 것이며 그는 성경을 확증하고 신학이 성경에 대한 주석이 되어야 한다고 주장한다. 그러나 그 책을 읽었을 때, 나는 성경에 대한 주석은 고사하고 성경과 상호 작용하는 부분들을 거의 발견하지 못했다. 이건 내가 성서학자이기에 만들어진 편견일 수도 있다. 만약 그렇다고 해도 어쩔 수 없다. 이것이 내가 웹스터의 책을 읽으면서 경험한 바다. 아일랜드의 신학자 패트릭 미첼(Patrick Mitchel)의 훌륭한 책을 읽으면서는 그런 경험을 하지 않았다. 본보기가 될 만한 사랑에 관한 그의 연구에서 그는 신학적인 만큼 성경적이기도 하다.[36] 신학자인 베스 펠커 존스는 "기독교 신학은 성경에 관한 대화이고, 어떻게 성경을 더 잘 읽고 해석할지와 어떻게 성경을 전체적으로 이해할 것인지 그리고 어떻게 있는 그대로의 하나님 말씀에 대해 신실한 삶의 방식을 상상할지에 관한 대화다"라고 말하면서, 모두가 이렇게 하지는 않는다고 말한다.[37] 존스에게 신학이 성경에 관한 대화라는 사실에 주목해 보라. '프리마 스크립투라.' 그녀의 책은 바로 이것을 드러낸다.

신학은 확장한다는 점에서 분명히 진보적이며 진리를 추구하도록 부르심을 받았다. 이는 신학이 유일한 길과 진리와 생명 안에 계시된 유일하고 참되신 하나님에 대한 성경의 증언에 단단하게 닻을 내리도록 요구한다. 신학에 대한 이런 접근법은 증거 본문 찾기 같은 형태가 아니라 모든 신경, 신앙고백, 교의적 진술, 탐구가 세워지

---

[36] Patrick Mitchel, *The Message of Love: The Only Thing That Counts* (London: Inter-Varsity Press, 2019).
[37] Beth Felker Jones, *Practicing Christian Doctrine: An Introduction to Thinking and Living Theologically* (Grand Rapids, MI: Baker Academic, 2014), p. 2. Vanhoozer and Treier, *Theology and the Mirror*, p. 106도 참고하라.

는 확고한 기반을 추구한다. 다만 성경과 함께 시작된 대화는 지속된다. 존스는 또한 이를 다음과 같이 설명한다. "신학은 우리를 향한 하나님의 계시적 말씀과 함께 시작된다. 이것은 우리가 말로써 반응하면서 지속된다. 우리의 말이란 하나님께 드리는 말과 서로에게 하는 말이다." 그녀는 "이를 가장 잘 수행하는 사람은 항상 하나님의 말씀으로 도전받고 변화될 준비가 되어 있다"라는 사실을 우리에게 상기해 준다.[38] 이러한 회귀와 전진의 반복 그리고 위에서 제시된 도표에서의 올라감과 내려옴의 반복은, 정확히 좋은 신학이 무엇인지를 말해 준다. 이것이 통합 모델의 한 부분이다.

성경주의라는 의혹

지금까지 좋은 신학은 성경으로 끊임없이 돌아갈 필요가 있음을 강조했지만, 성경으로 돌아간다는 것은 그 자체로 지나치게 멀리가 버리거나 '오직 성경'이 그 참된 방법론인 양 굳게 만들 수도 있다. 그래서 정당한 근거로 성경 중심의 신학자들은 때로 성경주의(biblicism)로 의심받기도 한다. 이제부터 이 용어에 대해 논의하면서 다음 장의 주제, 곧 우리는 먼저 성경으로 돌아가야 할 뿐 아니라 조직신학자들의 지혜에도 관심을 기울여야 한다는 내용을 미리 담으려 한다. 일단 이 의혹에 대해 알아보자. **성경주의**와 같은 말에는 빈정거림이 가득하고 경멸의 어감도 담겨 있다. 성경주의에 대한 비난을 아

---

[38] Jones, *Practicing Christian Doctrine*, pp. 12, 17.

주 가까이에서 살펴보면, 이는 수사학적으로 그리 미묘하지 않다. 대놓고 "누구도 이와 같이 잘못하기를 원치 않아. 그렇지?" 하고 묻는 것과 같다. 성경주의보다 훨씬 더 나쁜 '성경에 대한 광신'(bibliolatry)에 가해진 비난은 이보다 더하다. 이에 대해 성경 전문가들은 "조직신학자" 또는 "교의학자"나 "비성경적" 또는 "서론만 잔뜩 쓰는 것"(prolegomena-ism)과 같은 말을 사용하면서 응수한다.³⁹ 마르쿠스 복뮬은 성경주의자들 열의 아홉은 조금 더 완곡한 신학적 접근을 한다고 주장한다.⁴⁰

성경주의란 무엇인가? 기존의 논의를 따라가 보면, 이 용어에는 두 가지 사용법이 있음을 알 수 있다.⁴¹ 그래서 나는 여기서 이 둘을 구분하고자 한다. 케빈 밴후저와 대니얼 트라이어는 성경주의를 "성경의 최고 권위"라고 정의 내린다.⁴² 그들은 복음주의의 의미에 관한 전문가인 데이비드 베빙턴(David Bebbington)이 사용한 매우 유

---

39 누군가의 신나는 서문은 다른 누군가가 "그것을 가지고 그것을 시작해 보자" 하고 말하는 것과 같다. 예를 들어, Sarah Coakley, *God, Sexuality, and the Self: An Essay "On the Trinity"* (Cambridge: Cambridge University Press, 2013), pp. 1-99를 참조하라.
40 Bockmuehl, "Bible Versus Theology," p. 32.
41 하나 더 덧붙이면, 성경주의(biblicism)는 "성경적 학자"(biblical scholars)와 동의어다. Sarah Emanuel, *Humor, Resistance, and Jewish Cultural Persistence in the Book of Revelation: Roasting Rome* (New York: Cambridge University Press, 2020)의 여러 곳, 예를 들어 p. 75를 보라.
42 Vanhoozer and Treier, *Theology and the Mirror*, p. 12. p. 102에서 그들은 "솔로 스크립투라"(*solo Scriptura*, 단지 성경만—옮긴이)가 아니라 "솔라 스크립투라"를 옹호한다. 그들은 (성경주의의 몇 가지 형태에 대해서 말하면서) 첫 번째 용어를 복음주의의 아류라고 부르지만, 그들이 말한 "솔로 스크립투라"를 이 책에서 성경주의라고 부를 것이다. 그렇다면 그들과 나는 조금 더 비슷한 입장을 가졌다고 봐도 좋을 것이다.

명한 범주들을 긍정한다.[43] 베빙턴은 복음주의를 네 가지 중심 논제로 특징짓는다. (1) 성경주의, (2) 십자가 중심주의(crucicentrism), (3) 회심주의 그리고 (4) 행동주의다.[44] 만약 누군가 성경주의를 단지 성경의 최고 권위나 심지어 '프리마 스크립투라'와 같은 것으로 사용한다면, 나는 괜찮다고 말하고 싶고 이것이 베빙턴이 의도한 바이기도 하다. 그런데 '주의'(ism)라는 표현의 사용이 이와 같은 의미를 분명하게 해 주는지는 잘 모르겠다. 그가 사용한 **주의**는 '주의'보다는 '중심성'(centricities)에 더 가깝다. 이제 **성경주의**라는 용어의 두 번째 사용법을 살펴보려 한다. 이 책에서 성경주의는 의도적으로 신학 전통을 고려 대상에서 제외한 것으로 보기 때문에 '누다 스크립투라'(nuda Scriptura, 오로지 성경만—옮긴이)라고 부르거나 '솔로'(solo)의 의미에서 '솔라 스크립투라'로 부를 수도 있을 것이다. 그것은 곧 '성경과 단지 성경만'(the Bible and the Bible alone)이거나 '신경 말고 성경'이라는 의미다. 밴후저와 트라이어의 책으로 다시 돌아가면, 위의 인용 부분 다음 장에서 그들은 "최초의 신학에 대한 복음주의적 설명은 권위의 범위를 훨씬 확장해서, 교회에서 행해진 성경 해석을 포함해야 한다고 믿는다"라고 말한다. 그렇다면 그들은 더 이상 (이 책에서 사용하는 의미에서의) 성경주의자는 아닐 것이다.[45]

---

43 David W. Bebbington, *The Dominance of Evangelicalism: The Age of Spurgeon and Moody* (Downers Grove, IL: IVP Academic, 2005). 『복음주의 전성기』(CLC).
44 나는 오랫동안 복음주의와 관련된 학계에 몸담아 왔다. 베빙턴의 정의는 다른 어떤 것보다 더 광범위하게 수용되지만, 나는 이를 정의하는 것이 더는 하나의 합의에 이르게 한다고 생각하지 않는다. 그리고 미국 담론에서 '**복음주의적**'이라는 용어가 쓰임새가 많다고 보지도 않는다.
45 Vanhoozer and Treier, *Theology and the Mirror*, p. 13.

성경주의자는 '성경과 단지 성경에만' 집중하기를 원한다. 이를 위해 성경주의자는 방법론적으로 그리고 의도적으로 신학자들이 사용하는 범주들을 고려 대상에서 제외한다. 신학자 친구에게 **성경주의**가 무엇인지 물었더니, 그는 "성경주의=성경의 권위와 해석에 문자적으로 접근해서, 의도적으로 교회의 신학과 성경 본문의 바탕이 되는 고대의 (문화적) 맥락을 무시하는 것"이라고 썼다.[46] 또 다른 신학자는 더 자세한 정의를 내놓았다.

기독교 신앙과 실천을 형성하는 데 성경을 유일한 원천으로 여기는 접근법이며, 역사적 배경의 필요성을 노골적으로 거부하며 더 넓은 전통에서 지혜를 얻는 것, 사람들의 문화적 위치가 갖는 영향력을 인정하는 것 그리고 외부 공동체의 관점에서 통찰력을 얻는 것도 거부한다. 심지어 성경주의는 무의식적으로 역사적 배경을 존경받는 역사적 인물로 대체해 버림으로써, 자신의 전통을 반복하고 특정 문화적 가치만을 실현하며 내집단의 경계를 강화한다.[47]

이제 이를 비유를 통해 말해 보려 한다. 내가 책을 읽을 때 앉는 의자 옆 꽃사과나무에서 렌 하우스(사람들이 나무로 만든 전형적인 작은 새집-옮긴이)라 부르기도 하는 작은 새집을 쇠박새가 발견했다. 이 쇠박새 부부는 그 새집과 나무 위아래를 점검한 후 새집 안에 둥지

---

[46] 2020년 5월 6일 제프 홀스크로(Geoff Holsclaw)와의 대화에서 가져옴.
[47] 2020년 5월 6일 마이크 버드(Mike Bird)와의 대화에서 가져옴. 몇몇 다른 이도 이와 상당히 비슷한 정의를 지지했다.

를 만들기 시작했다. 나는 그들이 어떤 재료를 사용해서 둥지를 만드는지 그 모든 과정을 일일이 관찰하지는 못했다. 그러나 알을 품고, 새끼들을 돌보고, 살아가는 데 필요한 것들을 새끼 쇠박새들에게 가르치는 모든 과정을 끝내고 난 뒤, 나는 그제야 그 새집을 열어 보았고 그들이 어떤 재료를 사용했는지 볼 수 있었다. 나는 거기서 털, 머리카락, 이끼, 깃털, 끈 같이 생긴 섬유 물질들을 발견했다. 이렇게 집을 지은 첫해에 이 모든 과정을 끝내고 얼마 되지 않아, 못된 집굴뚝새가 다가와 궁금한 듯 둥지에 머리를 들이밀고 코를 킁킁거렸고 이내 둥지 전체를 해체하기 시작했다. 둥지의 재료를 물어다가 출입구로 가서 그것을 밀어 땅에 떨어뜨렸다. 머지않아 쇠박새가 둥지로 돌아와서 분노했다. 그날 저녁에 친구 쇠박새들이 들려서 전화선 위에 앉아 함께 분노를 표했다. 그들이 집굴뚝새에게 다시는 그러지 말라고 경고하는 듯 보였다. 새집 이야기로 다시 돌아가면, 다음 해에 쇠박새들은 똑같은 일을 반복했고 세 번째 해에는 전에 만든 둥지를 개조해서 사용했다. 무언가를 조금씩 빼기도, 더하기도 했다. 그리고 얼마 후 그들의 집에는 새끼들이 생겼다.

   한 해가 더 지나 내가 이번 장의 초고를 작성하고 있을 때, 집굴뚝새가 꽃사과나무에 날아들었다. 그리고 그 새는 우리 집에 있는 작은 새집을 맴돌면서 사방으로 그것을 조사했다. 새집 안팎으로 머리를 들이밀어 뒤, 위, 양쪽과 밑바닥을 조사하면서 날아다니더니 다시 입구로 돌아왔다. 얼마 뒤 그 집굴뚝새는 둥지로 들어가 새집에 지난해부터 남아 있던 것들을 예전처럼 빠르게 해체하기 시작했다. 그 새는 부리를 둥지에 집어넣고, 재빨리 부드러운 재료들을 입에 한 움큼 물어서 그것들을 땅에 쌓아 놓기만 했다. 일이 마무리될 때까지 그 일을 계속해서 반복했다. 그리고는 자신이 알을 낳기에 충분히 편안하다고 느낄 때까지 집을 깨끗이 청소하려고 했다.

이것이 성경주의다. 이전 (신학적) 둥지들의 모든 흔적을 깨끗이 집에서 치워 버리고, 그렇게 해서 자기만의 신학적 둥지를 만드는 것이다. 성경주의자들은 집굴뚝새와 같다.

이 책에서 사용하는 성경주의라는 말은 교회의 신학적 전통을 고려하지 않거나 거부하고, 완전히 성경으로 다시 돌아가 모든 것을 처음부터 다시 시작하려는 태도를 의미한다. 성경주의자가 되는 것은 신학적 무정부주의자가 되는 것이다.[48] 이것은 교회의 신학 전통을 제거해 버린다. 이는 신학적으로, 인식론적으로, 교회론적으로 순진한 태도이지만 실제로 존재한다. 성경주의는 신학이나 교의가 된 교회의 역사적 해석들을 의도적으로 무시한다.

그래서 성경주의라는 의혹은 어느 정도 생명력이 있다. 일부, 아니 어쩌면 많은 성서학자는 신학, 특히 신경이나 신앙고백을 통해 형성된 신학에는 관심이 없다. 이 같은 학자들에게는 사일로 효과(siloing effect, 대화나 교류가 없이 단절된 상황—옮긴이)가 나타나고, 여기에는 불안하고 취약한 점이 있다. 많은 성경 전문가는 스스로 고립된 무인도와 같다. 그들은 그들 자신을 위해 성경을 연구한다. 그

---

48 신학적 무정부주의의 경향성에 대한 좋은 예는 Alan Hirsch and Michael Frost, *The Shaping of Things to Come: Innovation and Mission for the Twenty-First-Century Church*, rev. ed. (Grand Rapids, MI: Baker Books, 2013)에서 찾을 수 있다. 『새로운 교회가 온다』(IVP).

렇기에 자신들의 주장에 전적으로 동의하는 사람들은 그들이 가르친 (소수의) 학생들뿐이다. 그들은 고립되어 살아간다. 개인 연구와 발견에서 오는 강렬함은 많은 경우 학자들이 다른 사람들의 것이 아닌 자기만의 결론, 때로는 완전히 독특한 결론에 이르게 한다. 이들은 목회자들이 무지하고 조직신학자들은 고리타분하다고 생각하기 때문에 교회로 인해 좌절한다. 단 한 가지 면에서 그들의 생각은 옳다. 만약 이 같은 학자가 최종 판단의 기준이 된다면, 목회자와 조직신학자들은 그들의 말을 듣지 않을 것이다. 왜 그들이 그래야 하는가? 이것이 성경주의 또는 신학적 무정부주의가 만들어 내는 한 가지 결과다. 이는 성경에 대한 개인적 연구를 절대화하는 것이다. (내가 이것을 경험해 본 것처럼 독자들에게 들릴지도 모르겠는데, 실은 실제로 그런 경험이 있다.) 그들이 가장 좋아하는 성경 구절은 아마도 요한1서 2:27일 것이다. "너희는 주께 받은바 기름부음이 너희 안에 거하나니 **아무도 너희를 가르칠 필요가 없고** 오직 그의 기름부음이 모든 것을 너희에게 가르치며 또 참되고 거짓이 없으니 너희를 가르치신 그대로 주 안에 거하라." 당연히 이 태도가 이 구절이 말하려는 바는 아니지만, 이는 많은 성경주의자의 행동을 그대로 반영한다.

성경주의에 대한 폭로 노스캐롤라이나 대학교에서 가르치다가 지금은 노터데임 대학교에서 가르치는 사회학자 크리스천 스미스(Christian Smith)는 최근에 성경주의가 두 번째, 곧 신학적 무정부주의의 측면에서 스스로를 무너뜨린다고 다소 강하게 주장했다. '**단지 성경만**'은 스미스가 "만연한 해석적 다원성"이라고 명명한 문제를 양산한다.[49] 이제부터 그의 요지를 요약하겠다. 성경주의는 은사주의 기독교와 오순절 기독교뿐 아니라 복음주의에도 포괄적으로 적용된다. 성경의 배타적 권위, 무류성 또는 무오성, 명확성, 독립성, 일관성, 보편성, 자명한 의미―확실히 수도 없이 많은 용어다―는 성경을 선포하고 가르치며 읽고 이해하고 체화하는 그들의 방식에 만연하게 스며들어 있다. 그렇다면 스미스는 성경주의를 어떻게 정의하는가? 보면 알겠지만, 조심스럽게 정의한다. 누군가에게는 지나치게 조심스러운 듯 보일 수 있고, 다른 누군가에게는 지나치게 포괄적으로 보일 수도 있다. 그는 성경주의의 열 가지 요소를 나열한다. 각각의 핵심을 보여 주기 위해 그의 간단한 설명을 다음과 같이 더 짧게 요약했다.[50]

1. 신적인 글: 성경은 하나님의 말씀과 동일시된다.
2. 완전한 대표성: 성경은 하나님의 입장에서 우리가 알았으면 하는 내용이고, 우리를 향한 신의 뜻을 전달하는 데 우리가 알았으면 하는 모든 것이다.
3. 완전한 포괄성: 기독교적 삶과 관련된 모든 것이 성경에 있다.
4. 평등한 명료성: 이성적인 사람이라면 누구든 자기 언어로 성경을 읽고, 본문의 단순한 의미를 바르게 이해할 수 있다.
5. 상식적 해석학: 단순한 의미가 거기에 있어서, 그저 읽기만 하

---

49 Christian Smith, *The Bible Made Impossible: Why Biblicism Is Not a Truly Evangelical Reading of Scripture* (Grand Rapids, MI: Brazos, 2011).
50 Smith, *Bible Made Impossible*, pp. 4-5.

면 된다.
6. 성경 단독('솔라'가 아니라 '솔로'): 신경, 신앙고백 또는 역사적 교회 전통(또는 조직신학!)의 도움 없이도 성경을 읽을 수 있다.
7. 내적 조화: 주어진 주제와 관련된 모든 성경 구절은 톱니바퀴처럼 서로 맞물린다.
8. 보편적 적용 가능성: 성경은 언제 어디서나 모든 그리스도인에게 보편적으로 유효하다.
9. 귀납적 방법론: 앉아서 읽고 조합하면 된다.
10. 안내서 모델: 하나님은 성경을 그리스도인의 삶을 위한 안내서 또는 교과서로 만드셨다.

스미스는 이 범주들을 가지고 활동하는 성경주의자들에게 "만연한 해석적 다원성"에 대한 책임이 있다고 주장한다. 성경이 말하는 바에 대한 다원적 해석의 몇 가지 예시는 다음의 내용을 포함하는데, 스미스가 제시한 것에 내가 몇 개를 덧붙였다. 밑에서 열거하는 각 관점을 선의로 지지하는 사람들은 이것을 성경이 가르친 것으로 믿는다는 점을 주목해서 보아야 한다.

- 교회 조직: 장로교, 성공회, 자유교회, 침례교, 로마 가톨릭?
- 세례: 침례, 삼중 침례, 물 붓기, 물 뿌리기? 성인 또는 유아?
- 전쟁: 정의로운 전쟁, 평화주의, 비폭력, 십자군 논리?
- 속죄 이론: 고전적 이론, 총괄갱신(recapitulation), 형벌 대속, 단순 대속, 상징적 대표, '크리스투스 빅토르'(Christus victor, 승리

자 그리스도―옮긴이), 만족, 속죄양, 도덕적 감화, 통치설?

물론, 각 사람은 당연히 모든 주제에 대한 각각의 범주에서 각자 자신의 신념을 옹호하고, 때때로 이 신념은 패러다임을 전환시키기에 충분하다. 그러나, 그러나 말이다! 이러한 일들이 어떻게 벌어지는지를 안다면, 우리는 시간이 지나면서 흘러가고 변화한다는 사실을 인정할 것이다. 또 어떤 시대나 한 집단에서 설득력 있었던 입장이, 다른 시대나 다른 집단에서는 그렇지 않을 수도 있다. 스미스의 주장은 설득력 있다. '단지 성경만'이나 성경주의는 충분한 합의를 끌어내지 못하고, 해석적 다원성을 만들어 낸다.[51]

어떻게 이를 피해 갈 수 있을까? 때때로 이에 대한 반응으로 확장 모델의 더 급진적 형태인 자유주의 같은 태도를 취하기도 하지만, 스미스는 자유주의가 해결책은 아니라고 주장한다. 왜냐하면 자유주의는 성경주의 반대편으로 이동한 것이고, 현대성이라는 범주

---

[51] 밴후저와 트라이어는 스미스의 논의에 끼어들어, 그가 묘사하는 내용을 "순진한 (복음주의의 아류 같은) 성경주의"라고 부른다(*Theology and the Mirror*, p. 85). 이는 이 각주 다음에 나오는 본문에서 스미스의 "1."이 지칭하는 바다. 나는 밴후저와 트라이어가 다원성의 문제를 충분히 직면하지 않았다고 생각한다. 왜냐하면 스미스 자신도 사람들이 상당 부분 합의에 다다른 내용을 부정하는 것이 아니라, 성경주의자들에게 작동하는 해석 이론을 부정하는 것이기 때문이다. 이 두 저자는 원기 왕성한 신학자들이기에 성경주의가 던지는 도전을 무게감 있게 느끼지 못한다. 나도 이것을 순진하다고 말하고 싶지만, 이 말은 곧 매주 모이는 회중 가운데 상당한 순진함이 있다고 말하는 것이고, 이는 다시 스미스의 이야기로 돌아가게 한다. 밴후저와 트라이어의 해결책은 스미스의 해결책과 그리 다르지 않다. 그 해결책이란 바로 우리의 성경 해석을 제한하고 형성하는, 신학적으로 정교한 신학이다. 차이가 있다면 스미스는 가톨릭 신자이고 신학자는 아니지만, 그들은 신학과 주해를 훈련받은, 그래서 이에 탁월한 '순진한' 복음주의자들이라는 점이다. 또한 그들 모두 성경주의자가 설교하는 교회를 다니지 않는다.

로 성경을 다시 읽으려 함으로써 성경의 명료함뿐 아니라 교회의 신학적 정통까지 약화시키기 때문이다.[52] 열성적인 성경주의자들은 만연한 해석적 다원성의 문제에 어떻게 반응할까? 스미스는 여섯 가지의 답변을 예상하는데, 나는 그 가운데 네 가지만 여기서 언급하려 한다.

1. 만연한 해석적 다원성은 성경 독자의 부족한 능력 때문이다. 우리가 서로 동의하지 못하는 이유는 어떤 이들의 주장이 그저 틀렸기 때문이다. 만약 우리가 더 나은 해석 능력을 갖춘다면, 우리는 (모두) 더 많은 합의에 이를 것이다.
2. 아우구스티누스식 방식을 따라 지적으로 손상된 해석자들의 탓으로 비난할 수 있다. 인간의 마음은 타락했고, 이런 타락 때문에 우리는 다원성을 갖는다.
3. (사실상) 하나님 때문이다. 하나님은 오직 소수의 사람만 완전히 알기를 원하신다. (신학자들의 이야기를 들어 보라. 그들은 가끔 실제로 이런 내용들을 말한다. 간접적이더라도 이런 식이다. '오직 소수의 사람만 복음의 충만함을 기꺼이 받아들이고자 한다', 등등.) 또는 사탄이 진리를 보지 못하도록 인간의 눈을 멀게 만들었다.
4. 모호성을 받아들이려 하지 않는 인간 때문이다. 이 관점에는 포괄적으로 더 큰 종합이 있으며 이런 종합의 다원성은 진리

---

52 Roger E. Olson, *The Journey of Modern Theology: From Reconstruction to Deconstruction* (Downers Grove, IL: IVP Academic, 2013). 『현대 신학이란 무엇인가』(IVP).

를 반영한다. 그리고 이 진리는 많은 사람의 이해보다 훨씬 더 충만하고 높다.

그러나 스미스의 해결책은 성경을 그리스도 중심적(Christocentric) 혹은 그리스도 성취적(Christotelic)으로 해석하는 것이다. 모든 것은 그리스도에게 이끌려 가고, 그 외 다른 모든 것은 서서히 줄어들어 부차적인 것이 된다. 그의 관점은 일종의 바르트주의 가톨릭 신학의 기미가 보이고, 이것으로 모두를 만족시킬 수는 없다. 다른 이들은 다른 신학적 방향을 선호할 것이다.

성경주의에 대한 옹호와 그 실패 스미스를 가장 크게 비평한 사람 가운데 하나는 존 프레임(John Frame)인데, 그가 똑같은 (신학적) 해석학을 사용한다는 점은 아이러니하다.[53] 스미스를 반박하고 성경주의를 옹호하지만, 프레임은 성경주의자가 아니다. 그는 개혁파 신학자인데 개혁파의 신학적 전통은 성경주의의 많은 문제점을 부적절하다고 제시하기 때문이다. 그는 성경에 대해 신경적이고 신앙고백적인 접근 방식(creed-and-confession approach)을 사용한다.[54] 교회에는 세 가지 주요 신학적 전통으로 동방 정교회, 가톨릭, 개신교가 있다. 이 각각의 전통은 독자들이 성경 본문을 분명하게 보도록 돕는 신학

---

53 John M. Frame, "Is Biblicism Impossible? A Review Article," *Reformed Faith & Practice* (September 2016), https://journal.rts.edu/article/is-biblicism-impossible-a-review-article/.
54 다시 Trueman, *Creedal Imperative*를 보라.

적 전통과 함께 작동한다. 말하자면 이러한 각각의 전통에 속한 해석자들은 성경주의의 신학적 무정부주의적 경향성을 멀리한다. 프레임의 독자들에게는 다른 어떤 전통도 개혁파 전통보다 더 완전하거나 강력하지 못해서, 프레임이 성경주의를 옹호하거나 성경주의에 대한 스미스의 의혹을 반박할 때는 오직 그가 성경주의자가 아니기 때문에 그렇게 할 수 있는 것이다. 이런 논의에는 속임수가 있다. 그것은 바로 하나의 강한 신학적 전통 안에 있는 사람에게 성경주의라는 용어가 주어지면, 그 의미가 바뀐다는 점이다.[55]

프레임은 스미스가 제시한 성경주의의 열 가지 요소 중 몇몇에 의문을 표하지만, 더 큰 그림을 놓친 것 같다. 스미스는 성경주의자들이 성경에 대해 믿는 것 가운데 대체로 많이 공유된 특징들을 모았다. 누구도 프레임의 차별화된 신학에 성경주의의 잘못이 담겼다고 생각해서는 안 되고, 정치에 관한 웨인 그루뎀(Wayne Grudem)의 긴 분량의 책에 그런 잘못이 담겨 있다고 봐야 한다.[56] 프레임은 건전한 복음주의자들이 그런 일들을 해서는 안 된다고 주장하고 싶어하고, 대부분 올바르게 그렇게 주장한다. 다만 문제는 대중적 복음주의에서는 스미스가 묘사한 바가 살아 숨 쉬는 현실이라는 점이다. 수많은 건전하지 않은 신학들이 있는데, 스미스는 이런 것들에 대해

---

55 케빈 드영(Kevin DeYoung)은 또 다른 예다. 스미스에 대한 그의 비평은 다음을 보라. DeYoung, "Those Tricksy Biblicists," Gospel Coalition, September 1, 2011, www.thegospelcoalition.org/blogs/kevin-deyoung/those-tricksy-biblicists/.
56 Wayne A. Grudem, *Politics—According to the Bible: A Comprehensive Resource for Understanding Modern Political Issues in Light of Scripture* (Grand Rapids, MI: Zondervan Academic, 2010).

이야기한 것이다. 프레임이 그 특징들에 대한 표현을 바꾸고 약간 수정한다고 해도 그러한 움직임을 제거할 수는 없다.

그래서 프레임은 만연한 해석적 다원성에 대한 스미스의 논의와 교류하면서 당혹스러운 다양성을 대체로 많이 인정하고, 스미스가 무시한 내용을 논의의 장으로 끌어온다. 스미스가 무시한 내용이란 바로 교회 안에 신학적으로 광범위한 합의가 존재한다는 것이다. 하지만 그러고 나서 프레임은 이런 다양성이 하나님이 교회를 인도하기 위해서 취하신 방법 때문에 발생한다고 설명한다. 이 지점에서 그가 이렇게 말하는 이유는 **오직 이 설명이 자신이 속한 개혁파 전통의 상당히 중요한 가르침들을 위협하지 않기 때문이다.** 정말이다. 복음주의자들에게 세례에 대해 논쟁하게 해 보라. 그러면 프레임은 자신의 전통 안에서 유아 세례를 말할 것이다. 프레임이 스미스에게 이렇게 양보하는 이유는 그가 성경주의를 약화시키고 피해 가려는 전통에서 활동하고 있기 때문이다. 이 점에 대해 내가 틀렸을 수도 있지만, 존 프레임의 글에서 내가 보기에 성경주의 같은 어떤 것도 발견하지 못했다. 그는 신학적으로 잘 훈련 받은 성경 해석자이고, 이런 신학적 훈련이 **성경주의를 벗어나서 규정될 수 있는** 전통을 형성한다. 프레임이 웨스트민스터 신앙고백을 통해 성경을 읽고, 그가 성경 안에서 보는 것을 볼 수 있는 이유는 부분적으로는 이 전통 덕분이다. 문제를 아무리 복잡하게 얽히게 한다고 해도 성경 해석에 대한 이런 접근은 성경주의가 아니다.

나는 여기서 존 웹스터와 의견을 같이한다. "신학은 성경 주해에 자신의 중앙 통제소를 둔다. 성경은 하나님의 말씀이다. 하나님의 말씀은 충실한 해석으로 우리를 초대한다."[57] 그러나 충실한 해석은 교회의 신학적 지혜를 따라 형성되고, 신학적 무정부주의와는 관련이 없다. 이러한 내용은 다음 장의 주제로 이어진다.

---

57 Webster, *Culture of Theology*, p. 65.

2장

신학이 성서학에 영향을 주고 있음을 알아야 한다

20세기 말과 21세기 초에 성서학계는 학제 간 연구를 하는 분과가 되었다. 역사, 고고학, 지리학, 사회학, 문학비평, 미학, 고대 예술과 그림 등과 같은 것에 관심을 두는 학자들을 흔히 발견할 수 있다. 어떤 학자도 이 모든 것을 다 이해할 수는 없지만, 성경에 담긴 대부분의 말씀이 다중적 학제 간 연구의 대상이 된다는 사실은 어렵지 않게 알 수 있다. 심지어 신학자들이 다중적 학제 간 연구를 더 많이 하고 있는데, 오늘날의 가장 대표적인 학자 가운데 한 사람은 새라 코클리다. 그녀는 젠더 이론, 페미니스트 비평, 고전 신학, 역사, 예술 그리고 심지어 현대 교회 생활에 관한 현장 연구도 한다. 이러한 것들이 모두 신학의 주요 주제에 영향을 주기 때문이다. 이 모든 것은 기도와 관상 또는 그녀가 수덕주의(asceticism)라 부르는 것을 통해, 신학—특히 삼위일체—을 탐구하려는 그녀의 성향으로 통합된다. 새라 코클리의 방법론은 그녀의 표현대로 말하면 **포괄적 신학**(théologie totale)이다. 가치 있는 것이라면 무엇이든 가져온다. 다만 그녀의 출발점은 신적 욕망, 하나님에 대한 인간의 갈망 그리고 타자에게서 받는 사랑으로, 이것들은 성적 욕망과 무관하지 않고 이런 이유로 그녀는 많은 분과의 서랍장들을 뒤지게 되었다.[1]

---

1   신적 욕망과 하나님에 대한 인간의 갈망은 필히 슐라이어마허(Schleiermacher)의 의존 감정과 연결된다. 이 둘의 중요한 관련성에 대해서는 다음을 보라. Nicola Hoggard Creegan, "The Winnowing and Hallowing of Doctrine: Extending the Program of the Father of Modern Theology?," in *Sarah Coakley and the Future of Systematic Theology*, ed. Janice McRandal (Minneapolis: Fortress, 2016), pp. 115-137.
    찬양 인도자들 사이에 실랑이가 있었는데, "예수는 나의 남자친구/연인" 또는 "하나님은 나의 연인"과 같은 노래들의 발전이 진지한 신학과 어울리지 않는다는 것이었다. 누군가는 이러한 인도자들이 호세아서를 읽어 보았는지 혹은 아가서가 기독교와 유대교 안에서 어떻게 다루어졌는지에 관한 풍부하고 긴 역사를 알고 있는지를 궁금해

이처럼 다중적 학제 간 연구가 유행하지만, 한 가지 매우 눈에 띄는 예외가 있다. 성서학자들은 조직신학이 성서학으로 침투해 들어오는 것에 경기를 일으킨다. 그래서 성서학자들에게 신학과 협업하기를 고려하게 만드는 것은 맨발로 기름칠이 된 오르막길을 오르는 것만큼이나 어려울 수 있다. 구약이나 신약에 전문가인 성서학자들은 조직신학자들과 끝없는 긴장 관계를 유지한다. 우리 성서학자들은 또한 우리가 생각하는 모든 것을 성경 본문에 기반하도록 안내하는 우리 분과의 방법론을 가지고 있다. 성서학 방법론의 또 다른 원리는 주어진 성경 본문을 통해 저자가 그 당시 세계에서 의도했던 바를 설명하는 것이다. 가령, 유대 세계에서 '왕국'이라는 용어를 사용하면서 예수가 의도했던 바는 무엇인가? 우리 성서학자들은 아브라함 카이퍼(Abraham Kuyper)의 방식으로 왕국에 대해 생각하기를 멀리하고, 헤롯 안디바가 통치하던 1세기에 '왕국'이 유대인, 특별히 갈릴리의 유대인들에게 어떤 의미였는지를 묻는다. 우리는 유대적 배경을 가진 바울이 어떤 의미로 '믿음'이나 '교회'라는 단어를 사용했는지 묻는다. 그의 배경이란 이렇다. 다소는 지식인이 많은 마을이었고, 바울은 예루살렘에서 바리새파 전통으로 교육받았으며 다마스쿠스로 향하는 길에서 그리스도를 만났다. 그리고 이방인을 위한 선교를 사명으로 받았고, 디아스포라 지역에서 대부분의 사역을

할 수 있다. 코클리는 피상적인 말을 용인하지 않으면서 현재 그런 논쟁을 종결시켰다. 나는 그녀의 책 여섯 번째 장을 먼저 읽어 보라고 권하고 싶다. 그 장은 그녀의 전체 주장의 범주들과 중심 내용을 제공한다. Sarah Coakley, *God, Sexuality, and the Self: An Essay "On the Trinity"* (Cambridge: Cambridge University Press, 2013)를 보라.

수행했으며 고향 예루살렘으로 돌아왔을 때 몇몇 유대 그리스도인은 그가 이방인 개종자들에게 기대했던 것, 혹은 기대하지 않았던 것을 달가워하지 않았다. 성서학계에서 활동하는 내 많은 친구는 스스로를 신학자보다는 훨씬 더 역사가에 가깝다고 생각한다.

그래서 다음의 질문들은 모든 성서학자에게 물어볼 필요가 있다. 역사적 맥락으로 본 성경 저자에 대한 우리의 묘사는 얼마나 기독교적인가? 우리가 발견했다고 생각하는 바를 모든 이가 믿기를 기대하는가? 성서학자인 우리들은 우리의 작업을 완수할 때까지는 교회의 신경, 신앙 선언문, 신앙고백 들을 고려 대상에서 제외시켜야 한다고 생각하는가? 우리는 언제 신학을 시작할 수 있을까? 어디서부터 시작해야 할까? 역사적 맥락에서 성경 본문을 설명하는 것이 신학 연구에 충분한가?[2]

이번 장은 다음의 한 가지 핵심 결론으로 마무리할 것이다. 성서학자들은 그들의 성경 연구에서 교회의 신앙을 경청하지 않고서는 교회의 신앙에 다가갈 수 없다. 여기서 내가 인정하고 고백하고 싶은 것은 성서학자들에게 신학자들이 필요하다는 사실이다. 성서학자들이 교회를 위해 성경을 잘 해석하고 싶다면 말이다. 이를 위해 20세기부터 21세기 초의 뛰어난 학자들이 수행한, 그러나 아직은 충분치 않아 보이는 기독론 연구들을 보여 주고자 한다. 그런 뒤에 다른 학자들에게도 눈을 돌릴 텐데, 이들은 교회에 귀를 기울이면서 남들이

---

2   Dale B. Martin, *Pedagogy of the Bible: An Analysis and Proposal* (Louisville, KY: Westminster John Knox, 2008)를 보라.

발견하지 못했던 신약성경 기독론의 새로운 측면을 발견했던 사람들이다. 그러나 가장 먼저 교회의 신앙을 떠올려 보자.

신경에 경청하기

여기 간단하게 교회가 믿는 바를 상기해 주는 것이 있다. (최소한) 우리 중 몇몇은 매주 일요일에 교제와 예배를 위해 모여서 소리 내어 다음과 같이 공개적으로 고백할 것이다.

>우리는 한 분이신 주님, 예수 그리스도를 믿습니다.
>그분은 하나님의 유일한 아들이시며,
>영원으로부터 성부에게서 나셨으며,
>하나님으로부터 나신 하나님이시며, 빛으로부터 나신 빛이시며,
>참 하나님으로부터 나신 참 하나님이시며,
>창조된 것이 아니라 탄생하셨으며,
>성부와 같은 존재이십니다.
>그분을 통해 모든 것이 창조되었습니다.
>우리와 우리의 구원을 위해,
>그분은 하늘로부터 내려오셨으며,
>성령에 의해 동정녀 마리아로부터 땅에서 태어나셨으며,
>참 인간이 되셨습니다.
>우리를 위해 본디오 빌라도의 치하에서 십자가에 못 박히셨습니다.
>그분은 죽음을 경험하셨고 무덤에 묻히셨습니다.

성경에 기록된 그대로
3일째 되던 날 그분은 다시 살아나셨습니다.
하늘로 승천하셨고
성부의 우편에 앉으셨습니다.
그분은 영광 가운데 다시 오셔서
    살아 있는 자와 죽은 자를 심판하실 것이며,
그분의 왕국은 영원할 것입니다.

후에 칼케돈 공의회는 이 니케아 신경에 신약성경을 넘어선 그리스도에 관한 이해를 덧붙인다. 그러나 이번 장에서는 이러한 범주들이 사도들이 실제로 도달했던 지점을 우리가 이해하도록 돕는지에 대해 묻고 싶다.

그러므로 거룩한 교부들을 따라 우리는 모두 한마음으로 동일하신 한 분 예수 그리스도를 인정하도록 사람들에게 가르친다. 그분은 하나님의 아들이시고 우리 주님이시며, 완전한 신성을 가지신 동시에 완전한 인성을 가지신다. 그분은 참 하나님이시자 또한 이성적 영혼과 육체를 가지신 참 인간이시다. 그분의 신성은 성부와 동일본질(*homoousios*)이시고, 동시에 그분의 인성은 우리와 동일본질이시다. 그분은 모든 면에서 우리와 같으시지만, 죄는 없으시다. 그분의 신성을 따라서는 모든 것이 존재하기 전에 성부에게서 나셨고, 인성을 따라서는 우리 사람들과 우리의 구원을 위해 하나님의 어머니(성모) 동정녀 마리아에게서 나셨다. 한 분이시고 동일한 그리스도이시며 아들이시고 주님이시며 독생자이시고 혼동 없이, 변함없이, 나뉨 없이, 분리됨 없이 두 가지 본성으로 인정되신다. 두 본성의 차이는 연합으로 인해 폐기되지 않으며, 각 본성의 개별적 특징은 보존되고 한 인격과 하나의 실재를 형성한다. 그분은 두 인격으로 나누어지시거나 갈라지시지 않고, 여전히 한 분이면서 동일한 아들이시고 하나님의 독생자이신 말씀, 곧 주님 예수 그리스도시다. 가장 초기의 고대 예언자들도 그분에 대해 이렇게 예언했고 우리 주님 예수 그리스도께서 직접 이렇게 가르쳐 주셨으며, 교부들의 신경도 이와 같이 우리에게 전수되었다. (칼케돈 공의회, 주후 451년, Act V, 공동 기도서에서 발췌)

신약성경에서 칼케돈 신경까지 도달한 과정은 멀고 험난했다. 우리가 교회에서 있었던 이러한 신경의 형성 과정에 더 주의 깊게 귀 기울이고 그들의 생각을 통해 새로운 발견법(heuristics, 경험, 직관, 시행착오 등의 간편한 추론으로 만족스러운 해답을 찾는 과정 혹은 그 전략―편집자)이 주어진다면, 그와 같은 거리감은 줄어들지 않을까 생각한다. 로버트 젠슨의 말, "역사적 정직성은 교회가 그 자체의 교의에 비추어 성경을 해석하도록 요구한다"를 지지한다면, 이는 정말로 스스로에게 정직하지 않은 것일까?[3] 바로 이 질문에 대해 생각해 볼 차례다. (달리 말하면, 교회의 교의 없이 성경을 해석하는 것이 가능하기나 한지를 묻는 것이다. 쉽게 '예'라고 대답하기도 하겠지만, 그리 쉬운 문제는 아니다.)

---

3   Robert W. Jenson, *Systematic Theology* (New York: Oxford University Press, 1997), 2: p. 281.

유일한 목소리를 줄어들게 만드는 접근들

제임스 던 제임스 던의 논쟁적인 신간 『기독론의 형성』(Christology in the Making) 한 권을 내게 보냈을 때, 나는 던의 학생이 되려고 그에게 가던 중이었다.[4] 던은 존 힉(John Hick)과 함께 당시 화약고 같은 신학 주제, 곧 예수는 신적 존재였는지 그리고 신약성경 저자들은 예수가 선재했음을 믿었는지와 같은 주제를 고찰하면서, 성경 저자들이 성육신을 긍정했는지를 알아보고자 신약성경에 나타난 주요 기독론적 범주들을 조사했다. 이를 통해 성육신 신학의 기원을 탐구했다. 여기서 제임스 던의 책을 빈틈없이 살펴보기란 불가능하고, 다행히도 그런 작업이 지금 하려는 일에 필요하지도 않다. 이 책을 간단히 요약하자면 이런 기독론적 범주들은 없었다가 점진적으로 생겨났다는 것이다.

이제 제임스 던의 주 저서인 저 책을 요약해 보자.[5] 이 책은 1세기 유대교의 중심에 유일신 사상이 있었다는 가정으로 시작한다. 유대인이 된다는 것은 한 분 하나님을 믿는 것이었고, 기독교적 유대인(Christian Jew)이 되는 것도 한 분 하나님을 믿는 것이었다. 그래서 유일신론을 유지하면서도 예수가 얼마나 높임을 받을 수 있는가에 관한 긴장이 생겼다. 첫째로, 제임스 던은 유대 세계와 그리스-

---

4   James D. G. Dunn, *Christology in the Making: A New Testament Inquiry into the Origins of the Doctrine of the Incarnation*, 2nd ed. (Philadelphia: Westminster John Knox, 1989).
5   다음의 내용은 모두 두 번째 판에 기초하고, 어떤 내용은 첫 번째 판에는 없다.

로마 세계의 어떤 증거 자료도 하나님, 천사, 신들 또는 소위 말하는 그 어떤 중재하는 존재가 인간의 구원을 위해 인간이 되리라는 믿음을 보여 주지 않았다고 결론 내린다. 둘째로, 예수는 자신을 하나님의 성육신으로 생각하지는 않았지만, 신적 아들(a Son)이 성부(Father)와 갖는 관계처럼 하나님과 특별한 친밀함을 가졌다고 생각했다. 다만 던은 성육신 사상이 복음서 가장 초기 단계에서 발견되는 무언가는 아니라고 주장한다. 셋째로, 1세대 기독교는 예수의 부활에 대한 신앙으로 재구성되었고, 이는 초기 그리스도인들이 구약성경에 나오는 아담, 지혜(Wisdom), 다니엘 7장의 인자와 같은 주요 인물들에 비추어 예수를 이해하도록 만들었다. 던은 예수에 대한 다양한 이해(두 번째 아담 예수, 지혜자 예수, 인자 예수)가 선재성이나 성육신의 증거가 되지는 못한다고 주장했다. 그러나 그는 (요한복음같이) 비교적 후기에 쓰인 신약성경 문헌이 그 이후 삼위일체적 사고의 발전을 위한 전조를 만들었다고 결론짓는다. 그래서 요한복음, 히브리서 더 나아가 마태복음에서 성육신과 선재성 교리를 볼 수 있다는 것이다. 던은 1세기 후반에 이런 교리가 기독교에 나타났고, 특히 오직 요한복음에서 완전히 만개했다고 결론 내린다.

알아 둘 것이 있다. 던은 초기 기독교의 기독론적 사고의 시기와 층위를 결정하는 역사적 방법론에 기반해서 세심하게 재구성된 역사의 한 단면을 보여 주고, 이를 통해 성육신이 가장 후기 단계의 신약성경 문헌에서만 나타난다고 주장한다. 신약성경은 당연히 니케아 신경에 나타난 기독론이 아니라 (이렇게 말해도 괜찮다면) 그보다 더 적은 것과 그보다 더 다양한 것을 가르친다. 우리는 예수로 시작해서 요한복음으로 이어지는 역사적 궤적을 발견할 수 있지만, 그 것은 단지 누군가가 추적하기로 선택한 여러 가지의 궤적 가운데 하나다. 전통주의자들이 던을 비평하자 그는 다음의 두 가지 주요한 발상에 호소했다. 그는 우리가 "의미의 역사적 맥락"을 추구해야 하고, "과도기적 개념"을 인정해야 한다고 확신한다. 던의 방법론은 역사비평적 방식의 일환인 역사적 해석이고, 그의 결론은 신경을 믿는 그리스도인들에게 신약성경이 발전하면서 실제로 무엇을 가르치고 있는지를 재고해 보도록 도전한다. 그러므로 그의 결론은 신학의 확장 모델을 긍정한다.

그러나 제임스 던은 여기서 논의를 끝내지 않고, 유대적 유일신론에 얽매인 역사적 맥락 안에서 기독론의 점진적 변화를 자세하고 구체적으로 설명해 나간다.[6] 던이 이렇게 구체적이고 자세한 설명을 할 때, 또 다른 신약학 전문가 래리 허타도(Larry Hurtado)는 그의 주장에 강하게 반대하면서 매우 초기에 유대 그리스도인들이 (성부) 하나님과 함께 예수를 예배했다고 주장한다. 던과 허타도의 논쟁은 던의 주도 아래서 『첫 그리스도인들은 예수를 예배했는가?』(*Did the First Christians Worship Jesus?*)라는 책으로 출판되었다.[7] 이 책에서 제임스 던은 우상 숭배에 대한 고대 예언자들의 경고를 패러디해

---

[6] James D. G. Dunn, *The Theology of Paul the Apostle* (Grand Rapids, MI: Eerdmans, 1998, 『바울신학』, CH북스), pp. 266-293; Dunn, *The Partings of the Ways: Between Christianity and Judaism and Their Significance for the Character of Christianity* (Philadelphia: Trinity Press International, 1991).

[7] James D. G. Dunn, *Did the First Christians Worship Jesus? The New Testament Evidence* (Louisville, KY: Westminster John Knox, 2010). 『첫 그리스도인들은 예수를 예배했는가?』(좋은씨앗).

"예수-숭배"(Jesus-olatry)를 경고한다. 그는 초기 기독교 예배가 그리스도 **안에서** 그리고 그리스도를 **통해서** 이루어졌으며 예수를 예배하는 일이 그렇게 흔하지는 않았다고 주장한다. 참된 기독교 예배는 우리 주 예수 그리스도의 아버지에 대한 예배이고, 이는 성령 안에서 드려지며 그리스도 안에 나타난 그 하나님에 관한 계시를 통해서 드려진다.

제임스 던의 결론은 우리를 어디로 이끄는가? 니케아 신경보다 더 적은 것, 교회의 신앙보다 더 적은 것으로 이끈다. 내가 이 책을 쓰는 중에 던은 작고했는데, 그는 매주 감리교인으로서 니케아 신경을 고백했다. 이 신경이 명백히 진술하는 내용과 교회의 신학자들이 기독교 신학의 발전에 대한 확장 모델의 일환으로 수 세기 동안 확증했던 내용을 이해하면서 그렇게 고백했다. 그는 저런 신학을 거부하지는 않지만, 그의 방법론은 그 범주들을 고려 대상에서 제외하면서 이런 것들이 성경에 존재하지 않는다고 결론 맺는다. 그렇다면 우리도 이런 방식으로 신학을 연구해야만 하는가?

래리 허타도 최근에 작고한 허타도는 세계에서 가장 중요한 초기 교회 "기독론 연구가"다. 『유일한 하나님, 그리고 예수』(One God, One Lord)부터 『주 예수 그리스도』(Lord Jesus Christ)에 이르기까지, 그리고 그의 모든 작품을 작은 책으로 요약한 『아들을 경배함』(Honoring the Son, 이레서원)에서, 래리 허타도는 일련의 독특한 주장을 한다. 가장 초기의 그리스도인들은 하나님과 함께 예수를 예배했다는 것이다.[8] 기독론적 질문, 곧 '예수는 어느 정도로 신적인 인물인가?'에 대한 그의 접근법은 초기 그리스도인들의 경험과 예배에 기반한다. 허타도는 이 논의를 확실히 발전시켰고, 예수를 동시대의 어떤 인물보다 더 높은 위치로 격상시켰다. 그러나 던처럼 그도 삼위일체적 신학을 성취하지 못했다는 점에서 정통 신경에 도달하지는 못했다.

래리 허타도는 예수가 성부 하나님과 함께 예배의 대상이 되었음을 가리키는 초기 기독교 예배의 여섯 가지 특징을 다양한 곳에서 다른 순서로 보여 준다. 그리고 그는 이것이 그가 종종 "이위일체"(binitarian)라고 부르기도 하는 유일신론의 변이와 딱 들어맞는다고 본다.9 간략하게 허타도의 각 요점을 요약해 보겠다. 첫 번째, 기도는 예수의 이름으로 그리고 그를 통해 드려졌는데 허타도가 감지한 이 사실은 고대 세계 다른 어디에서도 발견되지 않았다.

> 나는 먼저 여러분 모두의 일로, **예수 그리스도를 통하여** 나의 하나님께 감사를 드립니다. 그것은 여러분의 믿음에 대한 소문이 온 세상에 퍼지고 있기 때문입니다. (롬 1:8, 새번역)

---

8   Larry W. Hurtado, *One God, One Lord*, 3rd ed. (New York: Bloomsbury T&T Clark, 2015, 『유일한 하나님, 그리고 예수』, 베드로서원); Hurtado, *At the Origins of Christian Worship: The Context and Character of Earliest Christian Devotion* (Grand Rapids, MI: Eerdmans, 1999); Hurtado, *Lord Jesus Christ: Devotion to Jesus in Earliest Christianity* (Grand Rapids, MI: Eerdmans, 2003, 『주 예수 그리스도』, 새물결플러스); Hurtado, *How on Earth Did Jesus Become a God?: Historical Questions About Earliest Devotion to Jesus* (Grand Rapids, MI: Eerdmans, 2005); Hurtado, *Ancient Jewish Monotheism and Early Christian Jesus-Devotion: The Context and Character of Christological Faith* (Waco, TX: Baylor University Press, 2017).
9   Hurtado, *At the Origins*, pp. 70-97. 앞으로의 내용은 이 책의 pp. 70-97에 나온다.

그날에는 너희가 아무것도 내게 묻지 아니하리라. 내가 진실로 진실
로 너희에게 이르노니 너희가 무엇이든지 아버지께 구하는 것을 내
이름으로 주시리라. 지금까지는 너희가 **내 이름으로** 아무것도 구하지
아니하였으나 구하라. 그리하면 받으리니 너희 기쁨이 충만하리라.
(요 16:23-24)

다음으로 그는 초기 그리스도인들이 '주'라는 용어를 지속적으로 성
부가 아닌, 예수에게 사용했다는 사실을 인지했다. 데살로니가전서
3:11-13("하나님 우리 아버지**와 우리 주 예수**는 우리 길을 너희에게로 갈 수
있게 하시오며 또 **주께서**…넘치게 하사 [**그분이**] 너희 마음을 굳건하게 하시
고")과 같은 본문에서 예수는 기도의 대상이 될 수 있는 듯 보이고,
더 나아가 고린도후서 12:8-9("이것이 내게서 떠나가게 하기 위하여 내
가 세 번 **주께** 간구하였더니 나에게 이르시기를, 내 은혜가 네게 족하도다 이
는 내 능력이 약한 데서 온전하여짐이라 하신지라. 그러므로 도리어 크게 기
뻐함으로 나의 여러 약한 것들에 대하여 자랑하리니 이는 그리스도의 능력이
내게 머물게 하려 함이라")에서는 확실히 예수가 직접적인 기도의 대상
이 된다. 여기에 스데반의 기도를 담은 사도행전 7:59-60("**주여**, 이 죄
를 그들에게 돌리지 마옵소서")을 덧붙이면서, 예수에게 드리는 기도가
있었음을 알려 준다(행 13:2도 보라). 두 번째, 초기 기독교의 청원 기
도와 신앙고백은 그리스도를 향해 초점이 맞추어져 있다. 허타도가
수많은 맥락에서 연구한 대표적 예시는 '마라나타'(*maranatha*, 고전
16:22)다. 이 말은 주[아람어 '마르'(*mar*)] 그리스도가 지금 함께하시기
를 혹은 미래에 곧 오시기를 청원하는 기도다. 다시 말해서 이 용어

는 유대인들 사이에서 오직 하나님에게만 쓰였지만, 예배 모임에서는 예수에게 쓰인 것이다. 이와 함께 허타도는 로마서 10:9-13에 나오는 예수를 주로 고백하는 내용을 우리에게 상기해 준다. 이 말씀은 "주의 이름을 인정"한다는 구약의 표현이 예수에게도 적절했음을 보여 준다(고전 12:3; 빌 2:11을 보라). 그리고 이는 다시 한번 가장 엄격하게 유일신을 믿는 자들의 등골이 오싹해지는 전례와 예배 상황이다. 또한 고린도전서 5:4에서 "**주 예수의 이름으로** 너희가 내 영과 함께 모[였을 때]"(CEB)라는 내용을 볼 수 있는데, 이 말씀을 통해 우리는 주 예수라는 틀로 형성된 예배 모임과 조우한다.[10]

허타도는 그리스도가 틀이 되시는 초기 기독교 예배의 세 번째 예시로 세례를 드는데, 우리는 여기서 초기 세례가 '예수의 이름으로' 행해졌음을 쉽게 관찰할 수 있다(행 2:38; 8:16; 10:48). 유대교의 어떤 세례 관습도 이처럼 사람의 이름으로 행해진 의례를 갖지는 않았다. 이와 같은 의례적 표현은 예수를 구원의 중개자로 나타낸다(갈 3:27과 롬 6:3도 보라). 바울이 말하기를 이런 사람들은 "그리스도로 옷 입[은]" 자들이다(갈 3:27). 오늘날 너무 많은 교회에서 이런 세례 예식이 축소되면서 이 표현의 놀라운 본질이 약해지기도 했지만, 본래 세례는 한 사람을 그리스도가 창조하신 구원 세계 안으로 뛰어들어가게 하고 그리스도에 대한 예배의 자리로 밀어 넣는다.

네 번째, 허타도는 어떻게 초기 기독교 모임에서 주의 만찬이 그리스도에게 집중되었는지를 보여 준다. 이 만찬은 단지 일상적이

---

10 NRSV와 NIV는 모두 여기서 CEB만큼 분명하지 않다.

고 흔한 식사가 아니라 제의였다. 이에 대한 허타도의 강조는 우리의 현실에도 재현될 필요가 있다. 성만찬은 일상적 식사가 아니었다. 그것은 "주의" 만찬이고 "주의 잔"(고전 10:21; 11:20)이었기 때문이다. 그래서 이 만찬은 단지 회상하는 행동 혹은 묘하게 주와 연결되는 것이 아니었고, 다만 구원에 대한 축하 만찬이었다. 허타도는 이를 이렇게 표현한다. "요약하면 기독교 공동체의 제의적 만찬에서 주 예수가 이방 종교의 신들이나 하나님과 명백히 비슷한 역할을 하고 있다는 사실이 여기서 강조되어야 한다! 이 만찬은 단순히 죽은 영웅을 기념하는 축제가 아니다. 이 만찬에서 예수는 신앙인들이 교제하는 신처럼 교제의 대상으로 묘사된다."[11] 이전 세 가지 영역에서 그랬듯이 허타도는 또한 주의 만찬에서 그리스도인들이 행한 것이 유대교에서는 전례 없었던 일이라고 결론짓는다.

초기 그리스도인들의 기독론에 관한 가장 놀라운 점은 허타도가 제시한 초기 기독교 예배의 다섯 번째 범주다. 바로 그리스도에 대한 찬가다. 예수의 초기 추종자들은 함께 찬양했다(행 16:25; 고전 14:26; 엡 5:18-20; 골 3:16-17을 보라). 그러나 이 찬양들을 기독론 안에서 한 단계 더 진전시킨 것은 바로 바울 서신에 수록된 초기 그리스도인들의 찬양과 찬가의 발견이었다. 우리는 여기서 빌립보서 2:6-11과 골로새서 1:15-20에 관해 이야기지만, 여기에 허타도는 요한복음 1:1-18, 에베소서 5:14, 디모데전서 3:16도 포함시킨다.[12] 이런 찬양은 하나님(성

---

11 Hurtado, *At the Origins*, p. 85.
12 Matthew E. Gordley, *The Colossian Hymn in Context: An Exegesis in Light of Jewish and Greco-Roman Hymnic and Epistolary Conventions*, Wissenschaftliche

부)이 아니라 그리스도(성자)가 행하신 일을 기리며, 의심의 여지 없이 찬양으로서 시편의 공적 사용과 잇닿는다. 허타도가 제안하듯 이와 같은 시편의 사용 자체가 초기 신앙인들이 이스라엘의 찬양집에서 그리스도를 보도록 만들었을 것이다. 그래서 허타도는 누가복음 1:46-55, 67-79; 2:29-32, 요한계시록 5:9-11처럼 도처에서 발견되는 찬가를 증거로 제시한다. 회중 모임의 찬가에서 그리스도에게 맞춰진 초점은 그리스도인들을 고대 세계에서 모든 다른 공동체와 구별되게 만들었고, 그 중심에는 그리스도에 대한 고양(exaltation)이 있다. 빌립보서 2:6-11에서 보듯 예수에 대한 모든 만물의 경배는 유일신론의 강력한 경계에 균열을 낸 것과 같기 때문이다. 허타도의 표현을 빌리자면, 예수는 하나님과 함께 경배받는다. 허타도의 마지막 범주는 초기 기독교의 예언이다. 이는 다시 한번 구약성경의 흔한 표현, 곧 "주의 말씀"이나 "주께서 말씀하시기를"과 연결되는데, 기독교 예언가들은 이런 표현을 주 예수에게 사용한다. 그는 사도행전 9:10-17과 잘 알려진 요한계시록의 일곱 교회에 보내는 예언의 말씀(계 2-3장)을 살펴보라고 말한다.[13]

이런 이야기는 우리를 어디로 이끄는가? 주의 깊은 학문 연구와 사회적 현실에 대한 깊은 관심이 매력적으로 드러난다는 점을 차치

Untersuchungen zum Neuen Testament 2/228 (Tübingen: Mohr Siebeck, 2007); Gordley, *Teaching Through Song in Antiquity: Didactic Hymnody Among Greeks, Romans, Jews, and Christians*, Wissenschaftliche Untersuchungen zum Neuen Testament 2/302 (Tübingen: Mohr Siebeck, 2011); Gordley, *New Testament Christological Hymns: Exploring Texts, Contexts, and Significance* (Downers Grove, IL: IVP Academic, 2018).

13　그는 고전 14:37-38; 고후 12:9; 살전 4:2, 15-17; 살후 3:6, 12을 덧붙인다.

면 허타도의 글은 (성부와 성자의) 이위일체론(binitarianism)과 여전히 "배타적 유일신론"인 무언가 이상으로 우리를 데려가지는 못한다.[14] 이 점에서 허타도는 제임스 던을 넘어서지만 정통 신경에 이르지는 못한다. 누군가는 후기 삼위일체적 범주를 배제하는 것이 역사가들로 하여금 초기 교회에 있었던 삼위일체적 사고의 패턴을 보지 못하게 막는 것은 아닌지 물을 것이다. 던처럼 허타도에게도 그리스도에 대한 고양은 궁극적으로 그와 같은 역할을 그리스도에게 부과하는 행위다. 예수는 하나님에게 임명받은 주님이다. 이런 고백은 유일신론의 변이이지만 여전히 집요하게 유일신론에 머물러 있다. 허타도는 『주 예수 그리스도』에서 자신의 방대한 주장을 요약하면서, 이전에 그가 쓰던 표현인 "변이"(mutation)를 "유일신론의 독특한 변종(variant)"이라는 말로 바꾼다.[15]

그런데도 허타도는 하나님 담론의 "삼위적"(triadic) 형태라 부를 수 있는 것이 신약성경에 있음을 명시적으로 인정하고, 그 담론이 최초 그리스도인들의 경험을 반영한다고 말한다.[16] 이런 발전에 관한 허타도의 몇 가지 관찰을 이야기해 볼 수 있을 것이다. 신약성경의 하나님을 이야기하면서 예수에 대해 이야기하지 않는 것은(조금 덜하지만 성령에 관해서 이야기하지 않는 것도) 불가능하다. 그러나 조금

---

14 Hurtado, *At the Origins*, p. 95.
15 Hurtado, *Lord Jesus Christ*, p. 50. 그러나 그는 다시 "변이"라는 표현을 Larry W. Hurtado, *God in New Testament Theology* (Nashville: Abingdon, 2010)에서 사용한다.
16 Hurtado, *God in New Testament Theology*, pp. 99-110. 이제부터 나올 내용은 이 책의 pp. 99-110에 나온다.

더 후기에 있었던 고전 신경에 쓰인 표현을 가지고 이에 대해 이야기한다면, 이것은 시대착오적일 수 있다. 하지만 초기 그리스도인들의 언어가 위격이나 본질과 같은 그 이후의 신학적 범주로 이어지는 현상은 "피할 수 없는" 것이었다고 허타도는 말한다.[17] 그의 관점에서 신약성경의 언어는 단향적 성향을 띤다. 곧 성부는 보내시고 성자는 복종하시며 성령은 보냄을 받으신다. 성자가 보내시지는 않고, 성령도 보내시지 않는다. 성부가 복종하시거나 보냄을 받으시지는 않는다. 그런데도 나는 삼위일체적 사고를 낳은 것이 하나님 곧 성부, 성자, 성령에 대한 초기 기독교 담론과 그리스도인들의 체험이라고 믿는다. 이런 1세기 그리스도인들의 체험이 없었다면, 그 이후의 신학적 발전은 일어나지 않았을 것이다. 던의 생각처럼 신약성경은 후대의 삼위일체 신학으로 향하는 길에 있었던 하나의 이정표다. 그래서 허타도가 보기에 초기 그리스도인들의 하나님 담론에 삼위-스러운-것(three-ish-ness)이 있었고, 이 삼위-스러운-것은 강한 이일위체(binitarian)만이 아니라 성부 중심적 형태를 가지고 있었다. 그러나 내가 이미 말했듯이 이는 정통 신경에 미치지 못한다.

여기서 허타도의 생각을 모두 자세히 살펴보기는 불가능하다. 그는 유일신론에 관한 던의 관점을 반대로 밀어붙이면서 유일신론에 침범해 들어갔다. 다만 나는 그의 작업이 고전 신경의 내용에 어떻게 미치지 못했는지와 그 작업이 초기 기독론을 이해하는 데 어떻게 독창적으로 기여했는지를 보여 줄 만큼은 충분히 그의 생각을 전

---

17 Hurtado, *God in New Testament Theology*, p. 100.

해 주었다고 생각한다. 그렇다면 다시 묻고 싶다. 이것이 그리스도인들이 신학을 연구하는 방법이 되어야만 하는가? 우리는 초기 그리스도인들의 이위일체적 사고를 설교하고 가르쳐야 하는가, 아니면 또 다른 방식이 존재하는가?

리처드 보컴 리처드 보컴(Richard Bauckham)은 그리스도의 신성, 더 섬세하게 표현해 보면 예수와 사도들의 신학에서 그리스도가 얼마나 신적인 존재였는가에 대한 논의에 다른 관점으로 접근한다. 그는 신적 정체성이라는 범주를 이용하는데, 예수가 일종의 신적 정체성을 가진 분으로 여겨졌는지를 묻는다. 보컴도 던과 허타도처럼 유대적 유일신론 범주에서 시작해서 이런 연구를 한다.[18] 허타도의 연구와 보컴의 연구는 상당 부분 겹치기 때문에, 조금 더 빨리 보컴의 생각을 요약해도 괜찮을 것 같다. 둘 다 그리스도의 신성을 가리키는 요소들을 조사한다. 허타도는 예배의 경험과 관련된 요소들을 탐구했다면, 보컴은 예수에 대한 주장과 관련된 요소들을 탐구한다.

보컴은 다음의 요소들을 나열한다. (1) 예수를 가리키고자 시편 110:1을 사용하는 것("주님께서 내 주님께 말씀하시기를", 새번역; 참고. 히 1:13), (2) 만물에 대한 예수의 통치권(예. 고전 15:27-28), (3) 예수가 모든 통치 권세를 넘어서는 하나님의 고양된 지위를 공유하는 것(엡

---

18 Richard Bauckham, *Jesus and the God of Israel: God Crucified and Other Studies on the New Testament's Christology of Divine Identity* (Grand Rapids, MI: Eerdmans, 2008). 『예수와 이스라엘의 하나님』(새물결플러스). 위 요약은 이 책 (특히 pp. 18-59)에서 가져온 것이다.

1:21-22), (4) 예수가 신적인 이름을 수여 받는 것(빌 2:9), (5) 요한계시록 5장에 나타난 예수에 대한 예배, (6) 선재하신 그리스도가 창조하셨던 것(요 1:1-5; 고전 8:6). 보컴이 보기에 유대교는 한 분 하나님을 믿었고(유일신론), 하나님을 독특한 존재로 구별되게 하는 것은 모든 만물을 창조하시고 통치하시는 그분의 차별성이었다. 그리고 이런 하나님의 독특한 정체성은 유대인들로 하여금 바로 그 한 분 하나님을 예배하도록 만들었다. 허타도의 연구와 유사하게 강조되는 하나님에 대한 그리스도인들의 예배는 여기서도 모든 중재하는 존재에 관한 유대인들의 믿음과 구분된다. 하나님의 말씀(Word)과 지혜(Wisdom)는 하나님의 창조와 통치에 모두 참여하고, 하나님의 독특한 정체성의 중요한 일부가 된다. 이것은 말씀과 지혜인 예수에 대한 초기 그리스도인들의 믿음을 위한 초석이 된다. 보컴은 유대적 유일신론이 예수가 독특한 신적 정체성에 참여할 가능성을 만들었다는 사실을 보여 주고자 했다. 이는 뒤에서 살펴볼 웨슬리 힐(Wesley Hill)의 주장의 전조가 된다. 그래서 보컴은 "신적 정체성의 기독론"(Christology of divine identity)을 이야기한다.[19]

그러나 그는 **땅 위의 예수**에 기반해서 **하나님이 누구이신지**를 자세히 말함으로써 허타도보다 한 걸음 더 나아가려 했다. 곧 삶을 살다가 죽은 이가 신적 정체성의 일부이고, 그가 이 신적 정체성을 드러낸다는 것이다. 보컴에 따르면 "겸손과 고양의 기독론적 패턴

---

19 Bauckham, *Jesus and the God*, p. 32.

은 하나님을 드러내는 것으로 인식될 수 있다."[20] 또한 그는 초기 그리스도인들이 이사야 40-55장과 고난당하는 종 모티프를 기독론을 위한 전형으로 사용한 것을 보면서 자기 입장을 드러낸다. 다른 신학을 반박하고자 하나님은 숨어 계시지 않고, **하나님이 누구이신지를 보여 주기 위해** 십자가에서 계시하신다. 곧 하나님은 십자가에 못 박히심으로 자신의 신성을 계시하신다. 그분은 십자가에 못 박히신 하나님이다.

허타도와 보컴의 주장에 주목할 점이 있다. 던은 고기독론(high Christology)이 신약성경의 후기 층위, 특히 대부분 요한복음과 관련된 자료가 나타나기 전까지는 형성되지 않았다고 본다. 하지만 허타도와 보컴은 초기 기독론을 매우 초기의 것으로, 던의 허용 범위보다 훨씬 더 이전의 것으로 받아들인다. 더 나아가 보컴은 기독론과 삼위일체적 사고의 발전 모델에 결함이 있다고 주장한다. 오히려 모든 것은 이미 존재하고 있었다는 것이다. 고전 정통주의는 유대적 유일신론에 헬레니즘 사고를 부과한 것이 아니다. 대신 그는 이렇게 주장한다.

유대적 범주에서 헬라적 범주로 이동하는 개념 전환은 신적 정체성에 초점이 맞추어진 범주—하나님은 누구이신가—에서 신적 본질 혹은 본성에 초점이 맞추어진 범주—하나님은 무엇이신가—로였다. 니케아 신학과 신경의 슬로건은 '호모우시온'(*homoousion*, 그리스도

---

20 Bauckham, *Jesus and the God*, p. 33.

가 성부와 같은 본질이시다라는 것)이었고, 이는 언뜻 보기에 헬라적 범주에 완전히 자리를 내준 듯 보일 수도 있다. 그러나 만약 우리가 이 개념의 기능을 니케아 신경과 니케아-콘스탄티노플 신경에 담긴 삼위일체적이고 서사적인 맥락에서 이해한다면, 이런 인상은 달라질 수 있다. 이 맥락은 하나님을 성부, 성자, 성령과 동일시하고 예수의 공생애에 관한 서사로부터 하나님의 정체성을 확인한다. 이와 같은 맥락에서 '호모우시온'은 이러한 신적 정체성이 참으로 유일한 하나님의 정체성임을 확실하게 하는 기능을 한다. 이 단어는 본질적으로 신약성경의 기독론적 유일신론을 표현한 것이다.[21]

그런데도 보컴—조직신학자들에 대해 알고 있고 그들에게 도전하기도 하는 진짜 성경 전문가—은 십자가에 못 박히신 하나님에 관한 초기 그리스도인들이 지닌 신학의 충만함을 고전 신경들이 모두 담아내지는 못했다고 주장한다. "빌립보서 2:6-11과 요한복음에서 관찰할 수 있듯이 신약성경에 담긴 기독론에 대한 가장 깊은 통찰을 신학적으로 적절하게 전용한 사람은 마르틴 루터가 처음이었으며, 바르트와 더 최근 십자가 신학을 연구하는 사람들도 여기에 해당한다."[22]

내가 왜 이런 이야기를 하는가? 당신이 느보산 정상에 있다고 생각해 보라. 우리는 거기서 약속의 땅을 볼 수 있고, 요단강을 볼

---

21 Bauckham, *Jesus and the God*, pp. 58-59.
22 Bauckham, *Jesus and the God*, p. 59. 던, 허타도와 비슷하면서도 둘이 서로 다른 것만큼이나 또 다른 라이트의 신선한 이론은 다음과 같다. 공생애 마지막 주간에 예수가 예루살렘으로 들어간 사건은 이스라엘의 하나님 야웨가 시온으로 돌아가신 것이었다.

수 있다. 그러나 모세처럼 우리도 강을 건너고 그 땅에 들어가지 못할 것이다. 아직 부족하기 때문이다. 왜 그런가?

이제 처음으로 성경 연구와 조직신학 연구 사이의 관계를 그리는 데 크게 기여한 글에 눈을 돌릴 것이다. 바로 웨슬리 힐의 최근 책 『바울과 삼위일체: 위격, 관계, 바울 서신』(*Paul and the Trinity: Person, Relations, and the Pauline Letters*)이다. 간단하게 언급할 것이 있다. 나는 이제부터 다룰 세 학자가 신경의 핵심을 신약성경 본문에 끼워 맞추고 있다고 제안하려는 것도 아니고, 그렇게 생각하지도 않는다. 오히려 그들은 신약성경이 말하는 바를 탐구할 때 그보다 후기에 등장하는 기독교 신학의 핵심을 고려 대상에서 제외하지 않는 열린 마음을 가졌다.

유일한 목소리를 확장하는 연구들

웨슬리 힐 이미 던과 허타도와 보컴의 기독론을 요약해서 보여 주었고 웨슬리 힐이 그의 책에서 이 내용을 더 포괄적으로 담았기 때문에, 여기서는 힐이 기독론 논의에 기여한 독특한 내용에 더 초점을 맞추려고 한다. 내 생각에 그의 기여는 초기 기독교 기독론에 관한 연구에 패러다임 전환을 가져왔다는 점이다. 첫째로 힐은 던에서 보

이것은 신약성경을 탐구하기 위해 후기의 다른 범주들을 사용하지 않는 기독론적 유일신론의 또 다른 예다. Wright, *Jesus and the Victory of God*, Christian Origins and the Question of God 2 (Minneapolis: Fortress, 1996), pp. 612-653를 보라. 『예수와 하나님의 승리』(CH북스).

컴으로 이어지는 분석들을 아래에서 위로 이어지는 수직축 안에서 발생하는 것으로 범주화한다. 던은 가장 아래에 있고, 허타도는 그보다 높은 곳에 위치하며 보컴은 그보다 더 높은 곳에 있다. 그러나 이 수직축은 충분히 높지도 않고, 사도 바울(어떤 이들은 여기에 요한과 히브리서 저자를 포함할 것이다)이 하나님과 그리스도를 묘사하는 방식에 적합하지도 않다. 힐은 신약학자들이 역사가로서 신약성경 이후의 기독교적 사고 패턴들을 거부하거나 쉽게 무시해 왔다고 주장한다. 그는 이런 사고 패턴들이 후기에 더 명확해지지만, 기독론을 담은 신약성경의 초기 층위에서도 존재한다고 말한다. 위에서 제시된 학자들의 질문은 다음과 같다. 우리는 그리스도를 어느 정도까지 높은 존재로 여길 수 있는가? 그리스도는 수직축에서 하나님만큼 높이 계신가, 아닌가?

힐은 위격, 상호성, 관계를 특징으로 하는 다른 종류의 축을 제안한다. 힐은 이전 관점들에 **반대하면서** 자신의 관점을 지나치게 밀고 나간 것 같다. 그는 얼마나 높냐는 문제가 이미 신약성경에 내재한다고 생각한다. 거기서 이미 예수는 신성 모독으로 고발당했고, 어떤 이는 "이 사람은 자신을 누구라 생각하는가"라고 묻기도 했기 때문이다. 다만 신약성경 자체에 이미 존재하는 무언가를 묘사하기 위해 이러한 수직축 개념이 충분하지 않다는 힐의 주장은 확실히 옳다.

하나님으로 시작해서 예수와 성령을 나란히 거기에 맞추려고 시도하는 대신에, 또는 가까움을 측정하는 축에서 이들을 성부 아래 어딘가에 두려고 시도하는 대신에 성부, 예수, 성령 중 어느 누구도 혼자만 우위성을 누리지는 않는다고 보거나, 더 나아가 **모두가 동등하게 선재적이고 상호 결정적이며 관계적으로 구성된 존재로 보는 편이**⋯ **더 낫다.** 이런 설명에서 '하나님'은 예수와 성령을 말하지 않고는 구체화되실 수 없다. 마찬가지로 '예수'는 성부와 성령과의 관계를 말하지 않고는 미지의 대상으로만 남는다. 그리고 '성령' 또한 하나님과 예수 없이 그분의 정체성을 말하기란 불가능하다. 모두 관계성의 망 혹은 실타래 안에 함께 존재하고, 이 관계성이 세 분 각각의 정체성을 형성한다.[23]

힐 혼자만 이런 주장을 하는 건 아니다. 그는 닐스 달(Nils Dahl), 리앤더 켁(Leander Keck), 캐빈 로(C. Kavin Rowe)와 같은 이전 학자들을 언급한다. 그러나 신약학자들이 교회의 신학자들에게 귀 기울여야 한다는 주장이 힐을 통해 내게 설득력 있게 다가왔다. 곧 그는 신경들과 주요 신경 배후에 있는 신학자들에게 귀 기울여야 하고, 후기 범주들에 속하는 신약성경 이후의 사고를 제외할 필요가 없다고 설득력 있게 주장한다.

힐은 자신의 책에서 (성부) 하나님은 성자와 성령과의 관계 안에서, 성자는 성부와 성령과의 관계 안에서, 그리고 성령은 성부와 성자와의 관계 안에서 개념화되신다는 것을 입증하려 한다. 『바울과 삼위일체』를 꼼꼼히 읽는다면, 그 자세한 내용을 알 수 있다. 유대적 유

---

[23] Hill, *Paul and the Trinity: Persons, Relations, and the Pauline Letters* (Grand Rapids, MI: Eerdmans, 2015), pp. 168-169. 강조는 내가 덧붙였다.

일신론이 몇몇 학자에게 중심 패러다임으로 지나치게 받아들여지자, 이는 삼위적 또는 삼위일체적 형식으로 하나님에 관해 사고하는 초기 그리스도인들의 특징이 되는 일련의 범주들을 제외시켜 버린다. 그렇기에 이 문제에 대한 적합한 렌즈는 수직축, 곧 '예수는 얼마나 신적 존재인가?' 그리고 '성령은 얼마나 신적 존재이신가?'가 아니다. 오히려 초기 그리스도인들의 생각을 보기에 가장 적합한 렌즈는 관계망이다. 일단 이런 관계망을 패러다임으로 설정하면 성부, 성자, 성령의 관계가 전면에 드러난다. 그렇기에 누군가는 삼위일체적-혹은-기독론적 유일신론과 같은 표현이 "삼위일체"로 바뀌어야 한다고 말할 수도 있다. 만약 누군가 유일신론을 변용하면, 이를 담아낼 다른 범주가 필요하다. 힐은 우리가 그렇게 하기를 제안한다.

어떤 증거는 성자를 성부에 종속시킴으로써 그렇게 하기를 금지하지 않는가? 이런 것은 수직축 비슷한 무언가를 말하지 않는가? 이와 관련해서 힐의 차별점이 드러난다. 그는 종속 개념에 그치는 것이 초기 그리스도인들의 주장이 가진 범위를 적절하게 측정하지 못한다고 보기 때문이다. 그는 다음과 같이 말한다.

"종속" 규정의 유용성에 의문을 제기할 수 있는 두 가지 주장이 부상하기 시작했다. 첫 번째, 하나님과 예수의 정체성은 서로 관계 맺는 그분들만의 다른 방식 안에서 그리고 그런 방식을 따라 구성된다. 하나님은 보내시고 높이시며, 예수는 보냄받고 높임받는다. 두 번째, 다만 이와 같은 다른 방식의 관계는 하나님과 예수에 대한 하나의 관점이고, 이 관점은 두 번째 관점 곧 두 분을 근본적으로 하나로 보거나 연합된 존재로 보는 관점과 함께 취해져야 한다. 하나님과 예수는 신적 이름을 공유하신다. 두 분 모두 함께 "주님"이시다.[24]

그렇다. 비대칭이 존재한다. 그러나 수직축에서 단순히 위아래로 움직여 점을 찍는 방식은 아니다. 빌립보서 2:6-11에서 보냄받은 분은 보낸 분과 같고, 십자가에서 죽은 분은 하나님과 똑같은 이름을 가지셨기 때문이다. 이와 같은 성경 구절에서는 위아래 사이에 경쟁도 없고, 심지어 긴장도 없다. 오히려 각각의 고유한 역할을 하는 위격들의 상호성이 있을 뿐이다. 이 비대칭은 서로를 배제하지 않고 서로를 정의 내린다. 곧, 한 위격에 적합한 무언가가 본질에 관한 것은 아니다. 그러므로 힐이 때로 "비대칭적 상호성"이라고 부르는 것이 존재한다. 바울의 신학에서 성부에 대해 말하는 것은 성자를 암시하고, 성자에 대해 말하는 것은 성부를 암시하며 성부나 성자에 대해 말하는 것은 성령을 암시하고, 성령은 성부와 성자를 암시한다.

요약하면 힐은 신약성경 이후 시대의 신학적 범주를 발견법적 도구로 취해서 초기 문헌을 해석한다. 성경 본문에 이런 범주를 강제로 적용하는 것이 아니고, 그것이 도움이 되는지를 묻는다. 그것은 실제로 도움이 된다. 그러므로 힐은 "삼위일체 신학의 해석학적 비옥함"에 관해 말하면서, "저 삼위일체 교리가 **시대를 거슬러** 특정 역사적 정황에 놓인 바울 서신 본문에 빛을 비춰서 우리가 본문에 더 깊이 침투하게 하는 데 사용될 수 있고, 후대의 기독교적 범주를

---

24 Hill, *Paul and the Trinity*, p. 170.

렌즈로 해서 바울을 해석하는 것이 꼭 시대착오적이지만은 않다"라고 이야기한다. 더 나아가 "이와 같은 시도가 성경 주해와 교의 신학의 상호 의존성에 관한 더 깊은 논의로 이어지는 결과를 낳을 수도 있으며, 그것이 내가 바라는 바다. 만약 삼위일체 신학이 바울 신학을 두고 씨름하는 해석자에게 도움이 된다면, 바울 서신을 읽는 독자는 결국 삼위일체 신학을 생각할 때 그 자체의 주석적 뿌리에 대해 생각할 수도 있다"라고 말한다.[25] 이것이 사도들을 완전한 삼위일체 신학자로 만들지는 않는다. 다만 후대의 범주들이 가진 여러 가능성을 열어 둠과 동시에 이 범주들을 고려 대상에서 제외하는 것이 가진 숨겨진 함의를 드러낸다. 신약성경에 이미 풍성하게 내재된 성부, 성자, 성령의 관계성의 신비를 파헤치지 않는다면 관계성 안에 뿌리내린 기독론을 찾을 수 없을 것이다. 혹 누군가가 수직축에 천착한다면, 그 사람은 그 수직축에 영향받고 제한당할 것이다.

이 이야기를 계속할 수도 있지만, 이제 다른 두 학자가 힐이 수직축이라 부른 것을 넘어서 조금 더 관계망으로 옮겨 가면서 어떻게 신약성경 본문을 다루는지를 보여 주고 싶다. 둘 중 누구도 힐처럼 명시적으로 후기의 삼위일체적 범주들을 발견법적 방식으로 사용하지는 않지만, (위에서 힐의 말을 인용한 것처럼) 사실 모두 이와 같은 범주들의 해석학적 열매를 입증해 준다. 이 두 명의 학자는 교회적 신학자(ecclesial theologians)로 존재하기 위해서 그리고 신약학자들이 신약성경의 지형을 그리기 위해서, 교회의 신학자들(theologians of

---

25 Hill, *Paul and the Trinity*, p. 171.

the church)이 필요함을 보여 준다.

매튜 베이츠 수직축 측면에서 기독론을 다룬 학자들의 연구는 그리스도의 신성을 암시하는 신약성경 본문과 그 안에 담긴 관습에 집중했다. 그들 렌즈의 초점은 매튜 베이츠(Matthew Bates)가 시야에 들여온 다른 특징을 보는 데 실패했다. 그 특징이란 곧 **화자 중심 주해**(prosopological exegesis) 방식이다.[26] 웨슬리 힐이 발견법적으로 성경보다 후대의 범주들을 사용해서 신약성경 기독론을 수직축 측면이 아니라 관계망 측면으로 바라보았다면, 베이츠와 매디슨 피어스(Madison Pierce)는 이 관계망이 힐이 생각했던 것보다도 훨씬 더 중요함을 입증했다.

화자 중심 주해란 무엇인가? 헬라어 단어 '프로소폰'(prosopon)은 '얼굴' 또는 '인물'을 의미하는데, 화자 중심 주해는 구약성경 본문에서 혹은 그 본문을 통해서 말하는 익명의 인물을 상정한다. 고전적 예시는 예수가 혼란스러운 질문을 던지는 장면을 묘사하는 마가복음 12:36-37에서 찾을 수 있다. "다윗이 성령에 감동되어 친히 말하되(다윗이 지금 말하는 중), '주(하나님)께서 내 주(메시아)께 이르시되, 네 원수를 네 발아래에 둘 때까지 내 우편에 앉았으라 하셨도다' 하였느니라." 만약 다윗이 그(하나님이 말씀을 건네시는 대상—옮긴이)를

---

26 Matthew W. Bates, *The Hermeneutics of the Apostolic Proclamation: The Center of Paul's Method of Scriptural Interpretation* (Waco, TX: Baylor University Press, 2012); Bates, *The Birth of the Trinity* (Oxford: Oxford University Press, 2016). 이번 장은 *The Birth of the Trinity*에서 확인할 수 있는 내용을 묘사한다.

"주"라고 부르고 있다면, 예수는 "어찌하여 서기관들이 그리스도(메시아)를 다윗의 자손이라 하느냐"라고 묻는다(막 12:35). 그 후에 예수는 위 인용문을 설명하면서 "[그가] 어찌 그의 자손이 되겠느냐"라고 묻는다(막 12:37). 우리의 물음은 이것이다. 지금 여기서 누가 무엇을 말하고 있는가? 우리가 이 본문을 읽을 때 느끼는 긴장은 초기 그리스도인들이 느꼈을 긴장과 같고, 이런 긴장을 해소하기 위해 그들은 화자가 누구인지를 명확히 한다.

또 히브리서 10:5-7을 예로 들어 보자.

> 그러므로 주께서 세상에 임하실 때에 이르시되,
> "하나님이 제사와 예물을 원하지 아니하시고
> 오직 나를 위하여 한 몸을 예비하셨도다.
> 번제와 속죄제는
> 기뻐하지 아니하시나니
> 이에 내가 말하기를, '하나님이여 보시옵소서.
> 두루마리 책에 나를 가리켜 기록된 것과 같이
> 하나님의 뜻을 행하러 왔나이다'" 하셨느니라.

저자는 화자 중심적 해석을 통해서 성부에게 이 내용을 말하는 분을 그리스도로 이해한다. 저자는 여러 가지 이유로 시편의 말씀(시편 40:6; LXX 39:7)을 한 인물(*prosopon*, 여기서는 그리스도—옮긴이)의 말로 간주한다.

또한 로마서 15:1-4은 칠십인역의 시편 68:10을 사용한다.

믿음이 강한 우리는 마땅히 믿음이 약한 자의 약점을 담당하고 자기를 기쁘게 하지 아니할 것이라. 우리 각 사람이 이웃을 기쁘게 하되 선을 이루고 덕을 세우도록 할지니라. **그리스도께서도 자기를 기쁘게 하지 아니하셨나니 기록된 바 "주를 비방하는 자들의 비방이 내게 미쳤나이다" 함과 같으니라**. 무엇이든지 전에 기록된 바는 우리의 교훈을 위하여 기록된 것이니 우리로 하여금 인내로 또는 성경의 위로로 소망을 가지게 함이니라.

로마 가정 교회들 안에서 상당한 다툼이 있었고, 약한 자들과 강한 자들은 서로 으르렁거렸다. 이런 상황 가운데 바울은 그리스도를-따르는-것(Christoformity)이라는 주제에서 잠시 물러나 시편에 호소함으로써 그 근거를 세우려 하는데, 이 시편의 말씀을 그리스도의 말씀으로 간주한다(본문에서 강조된 부분을 보라). 바울은 이것이 어떻게 성경이 그리스도인 공동체들을 위해 사용될 수 있고, 도움을 줄 수 있는지를 보여 준다고 말한다.

베이츠는 그의 책에서 다음과 같은 사실들을 보여 주려 한다. 이런 화자 중심 주해는 유대적이다. 예수 자신도 이와 같은 해석 방식에 참여했다. 초기 그리스도인들도 그랬다. **그리고 이들의 이런 화자 중심 주해 안에서 기독론과 삼위일체적 사고가 전제될 뿐 아니라 가시적으로 뚜렷해진다**. 게다가 베이츠는 수많은 신약성경 본문에 담긴 화자 중심 주해를 깊이 들여다보면서 선재성, 성부와의 대화 안에 드러나는 성자의 사명, 십자가 사건이 만들어 낸 대화들, 구원에 대한 찬양, 승리에 대한 기대, 하나님을 올바르게 이해함 등 다양한 주제를 탐구한다. 이러한 초기 그리스도인들의 해석 형태에서 발견할 수 있는 주제들은 광범위하다. 사실 **베이츠는 구약성경에 대한 이와 같은 인물 중심의 해석이 삼위일체의 탄생과 연관이 깊다고 주장하고, 이를 토대로 신학적 사고인 삼위일체가 언어적으로 나타나기 시작했다고 이야기한다.** 내가 보기에 이 주장의 근거는 충분하다. 삼위일체적 사고는 화자 중심 주해에서 전제된다. 동시에 성부와 성자와 성령이 구체적으로 언급되지는 않지만, 세 분의 존재가 있어야만 하는 듯 보이는 본문으로 되돌아가 세 분을 분명하게 만들고 더 나아가 해석함으로써 삼위일체적 사고는 확장된다.

그러나 신약학자들은 화자 중심 주해를 무시했고, 오늘날까지 대다수는 아니더라도 많은 사람이 이런 해석 방식을 구약성경을 해석하는 정당한 형태가 아니라고 생각하면서 이에 반대한다. 그러나 이 방식은 예수와 사도들이 당시에 성경을 읽는 방법이었다. 화자 중심 주해를 탐구하면서, 누군가는 나중에 삼위일체 신학이 된 실타래 가운데 몇 가닥을 발견할 수도 있을 것이다. 내가 경험한 바로는 수직축 측면에서 기독론을 연구하는 학자들은 이런 사실을 완전히 무시한다. 왜 그럴까? 나를 포함한 우리 성서학자들이 신경에 나타난 삼위일체적 사고를 고려하지 않으려 하고 더욱이 교부들의 성경 해석 방식도 무시해 버렸기 때문이다. 보지 않기로 한 것을 볼 수는 없는 노릇이다.

베이츠 혼자 이런 주장을 하는 것은 아니지만, 이것이 소수의 입장이기는 하다. 성경 시대 이후의 삼위일체적 사고에 비추어 교부들의 주해를 깊이 숙고하는 것이, 우리의 생각을 역사비평 방법론에 제한하고 성경 이후 시대의 사고를 생략한 채로 연구하는 것보다 실제로 예수와 사도들의 신학과 해석학에 더 가까이 다가갈 수 있음을 베이츠는 보여 주고자 했다. 아마 이러한 후대의 사고는 신약성경 자체와 직접적으로 연결되는 듯하다.

매디슨 피어스 이제 매디슨 피어스의 『히브리서에서의 신적 담화』 (*Divine Discourse in the Epistle to the Hebrews*)로 눈을 돌려 보자. 이 연구는 베이츠의 화자 중심 주해를 확장하여 히브리서에 연구의 초점을 맞춤으로써, 위에서 언급한 것과 같이 기독론에 대한 수직축 측면의 연구가 무시한 초기 삼위일체적 사고를 설명한다.[27] 화자 중심 주해에 관한 피어스의 연구는 히브리서에 관한 수많은 통찰을 담고 있음은 물론이거니와 베이츠가 그저 넌지시 비쳤던 내용도 상세히 다룬다. 곧 그녀는 성부, 성자, 성령 사이의 상호 관계를 탐구하면서 누구보다도 카파도키아 교부들에게 가까이 다가간다. 으레 그렇게 해 온 것과는 다르게 그녀는 사회적 삼위일체를 탐구하지 않고 성부, 성자, 성령의 신적 말이나 담화를 탐구한다. 히브리서에 나오는 다음의 구절들에 주목해서, 초기 기독론과 삼위일체적 사고를 깊이 생각하는 데 사용해 보자.

히브리서에서 우리는 (1) 성자를 사랑하는 성부께서 [화자 중심적으로(prosopologically)] 성자**에 관하여** 그리고 성자에게 모두가 듣도

---

27 Madison N. Pierce, *Divine Discourse in the Epistle to the Hebrews: The Recontextualization of Spoken Quotations of Scripture*, Society for New Testament Studies Monograph Series 178 (New York: Cambridge University Press, 2020).

록 말씀하는 것을 본다(히 1:5-9).

> 하나님께서 어느 때에 천사 중 누구에게
> "너는 내 아들이라.
> 오늘 내가 너를 낳았다" 하셨으며
> 또다시
> "나는 그에게 아버지가 되고
> 그는 내게 아들이 되리라" 하셨느냐?
> 또 그가 맏아들을 이끌어 세상에 다시 들어오게 하실 때에
> "하나님의 모든 천사들은 그에게 경배할지어다" 말씀하시며
> 또 천사들에 관하여는
> "그는 그의 천사들을 바람으로,
> 그의 사역자들을 불꽃으로 삼으시느니라" 하셨으되
> 아들에 관하여는
> "하나님이여 주의 보좌는 영영하며
> 주의 나라의 규는 공평한 규이니이다.
> 주께서 의를 사랑하시고 불법을 미워하셨으니
> 그러므로 하나님 곧 주의 하나님이 즐거움의 기름을 주께 부어
> 주를 동류들보다 뛰어나게 하셨도다" 하였고

성부는 히브리서 5장과 7장에서 성자에 관해 말씀하시고 성자의 구원 사역을 훨씬 더 분명히 보여 주신다. 예수는 멜기세덱처럼 아들-대제사장이고 그의 사역은 더 나은 약속에 기초하며 새 언약을 형성

한다. 성부는 이를 히브리서 8장에서 선언하신다. 피어스는 성부가 성자를 사랑하심으로써 하나님의 자녀들을 사랑하신다는 사실을 보여 준다.

(2) 섬기는 성자는 (화자 중심적으로) 히브리서 2:11-13에서 다음과 같이 말씀하신다.

거룩하게 하시는 이와 거룩하게 함을 입은 자들이 다 한 근원에서 난지라. 그러므로 형제라 부르시기를 부끄러워하지 아니하시고 이르시되,
"내가 주의 이름을 내 형제들에게 선포하고
    내가 주를 교회 중에서 찬송하리라" 하셨으며
또다시
"내가 그를 의지하리라" 하시고
또다시
"볼지어다 나와 및 하나님께서 내게 주신 자녀라" 하셨으니

다시 예수는 히브리서 10:5-7에서 성부에게 말을 건네는데, 구약성경의 말씀이 예수의 말로 간주된다(LXX 시 39:7-9).

그러므로 주께서 세상에 임하실 때에 이르시되,
"하나님[성부]이 제사와 예물을 원하지 아니하시고
    오직 나를 위하여 한 몸을 예비하셨도다.
번제와 속죄제는

기뻐하지 아니하시나니
이에 내가 말하기를 '하나님이여 보시옵소서.
두루마리 책에 나를 가리켜 기록된 것과 같이
하나님의 뜻을 행하러 왔나이다'" 하셨느니라.

우리는 지금 성자에게 말씀하시는 성부, 성부에게 말씀하시는 성자를 본다.

그리고 (3) 성령은 하나님의 백성에게 권면하고 가르치시는데, 여기서 우리는 히브리서 3:7-11(그리고 히 4:11)의 안내를 따라가 보자.[28]

그러므로 성령이 이르신 바와 같이
"오늘 너희가 그의 음성을 듣거든
광야에서 시험하던 날에 거역하던 것같이
너희 마음을 완고하게 하지 말라.
거기서 너희 열조가 나를 시험하여 증험하고
사십 년 동안 나의 행사를 보았느니라.
그러므로 내가 이 세대에게 노하여 이르기를
'그들이 항상 마음이 미혹되어

---

28 이는 니케아 신경 이전에 이미 광범위하게 발전되었고, 성서 연구에 더 많은 영향을 줄 수 있다. Kyle R. Hughes, *The Trinitarian Testimony of the Spirit: Prosopological Exegesis and the Development of Pre-Nicene Pneumatology*, Supplements to Vigiliae Christianae 147 (Leiden: Brill, 2018); Hughes, *How the Spirit Became God: The Mosaic of Early Christian Pneumatology* (Eugene, OR: Cascade, 2020)를 보라.

내 길을 알지 못하는도다' 하였고

내가 노하여 맹세한 바와 같이

'그들은 내 안식에 들어오지 못하리라' 하였다" 하였느니라.

이들 본문의 복잡성 혹은 피어스가 전면으로 드러낸 모든 것을 음미해 볼 수는 없고, 이런 일이 이번 장의 목적과 맞지도 않는다. 다만 나는 히브리서 저자가 세 화자의 목소리, 곧 세 **인물**(prosopa) 안에서 하나님을 **인지했음**을 보여 주고자 한다. 만약 말하는 사람이 누구인지를 이해하기 위해 그 방법을 사용한다면, 이런 사실을 발견할 수 있다. 이와 같은 방식으로 우리는 세 위격의 선재성과 세 위격의 신적 상호 작용을 히브리서에서 발견할 수 있다.

수직축 접근법은 화자 중심 주해에 담긴 초기 삼위일체적 암시들을 이해하는 데 실패했다. 이는 어떤 면에서 이 학자들이 역사비평 방법론이라는 눈가리개를 한 채로 연구했기 때문이고, 의도적으로 성경 이후 시대의 삼위일체적 범주들을 고려하지 않기로 선택했기 때문이다. 그렇다면 이 방법론으로 볼 수 있는 부분만 보게 된다. 그러나 피어스와 같은 학자들은 성경 이후 시대의 방법론과 범주들에서 무언가를 배움으로써 초기 기독론에 빛을 비추었다. 이뿐 아니라 그들은 신약 학자들이 그들의 시야를 확장해야 하고, 신약성경 자체를 이해하도록 도울 수 있는 범주들을 제공하는 후대의 목소리들에 귀 기울여야 함을 입증하는 길을 밝혀 주었다. 그녀는 히브리서에 사용된 "이런 해석 기술의 사용이 보편적이고 체계적이고 뛰어난 것"임을 관찰했다.[29] 예수께서 히브리서에서 더 많이 말씀하시고 성령은 오직 히브리서 안에서만 말씀하신다는 사실은 주목할 만하다. 이제까지 피어스가 히브리서에서 제시한 신적 담화라 부르는 본문들을 다루어 보았다.

세 명의 신약학자—힐, 베이츠, 피어스—를 통해 우리는 신약 이후 시대의 교회와 더 많이 연결되는 신학과 소통하는 공정한 신약 연구를 보았다. 그러나 그들은 이러한 생각이, 많은 사람(예. 제임스 던)이 생각한 것처럼 후대의 것은 아닌지 묻게 한다. 나는 그렇지 않다고 생각한다.

우리의 분과들을 통합하는 일

이제 조직신학자 로버트 젠슨에게서 얻을 수 두 있는 가지 관찰을 이야기해 보자. 첫째, 특별히 이러한 화자 중심 주해에 대한 연구(베이츠와 피어스)는 젠슨이 보이티우스(Boethius)의 주장을 수정해서 위격(person)을 정의하는 방식에 우리를 더 가까이 데려간다. "한 위격은 다른 위격들과 **대화하고 그분들이 말을 건넬** 수 있는 상대이며, 여기서 순환성은 필수 요소다."[30] 화자 중심 주해에서 인물들이 말하고 들은 것처럼 그리고 웨슬리 힐이 관계성을 가리킨 것처럼 젠슨도 비슷한 말을 한다. 인격성(personhood)이란 근본적으로 관계적이며 소통적이다.[31] 그러므로 젠슨은 위격에 관한 삼위일체 신학을 소

29　Pierce, *Divine Discourse*, p. 201.
30　Jenson, *Systematic Theology* 1: p. 117.
31　새라 코클리는 성령의 인도 아래 있는 하나님과 우리의 관계에 대한 통합적 모델을 위

유적 측면보다는 **소통적** 측면에서 연구한다. 신학자들은 우리 신약학자들이 젠슨처럼 위격에 관해서 더 생각해 볼 필요가 있음을 알아야 한다.

둘째로 젠슨은 자신의 책의 "성부와 함께 존재하는 분에 대하여"(Of One Being with the Father)라는 장을 다음의 도발적인 말로 시작한다. "'삼위일체 교리'는 일련의 동질적 명제들의 모음이기라보다는 하나의 과업이다." 그렇다면 그 과업이란 무엇인가? "이는 성경의 하나님의 위격적 존재를 인지하고 고수하려는 교회의 끊임없는 노력이다." 신약성경에 담긴 몇 가지 관계적 표현을 가볍게 둘러본 후, 그는 이렇게 말한다. "(신약성경 자체의 논리를 따르는) 그리스도인들은 삼위일체의 이름에 어울리는 표현, 곧 '성부에게' '성자와 함께' '성령 안에서'라는 표현으로 결정되는 극적이고 언어적인 공간에서만 살아갈 수 있다."[32]

조직신학자들이 성경 본문이 말하는 바에 대한 강력한 주장을 펼치면, 성서학자들로부터 "그런데, 그런데 말이야" 하는 말을 흔히 들을 수 있다. 이번 장에서도 이미 이런 "그런데" 하는 반응이 생겼을 것이다. 그런데 이번 장의 마지막 예시들은 이전에 제시했던 예시들보다 젠슨의 주장이 더 많은 긍정을 얻을 수 있음을 보여 줄 것이다. 젠슨은 하나님이 "푸가"와 같다고 말하면서 시리즈의 첫 책을 끝내는데, 이 표현은 성서학자들이 목표하는 바를 은유로 제시한다.

계적·일방적·수직적 모델과 대립하여 보여 주는데, 이는 위 관찰들을 보충해 준다. Coakley, *God, Sexuality, and the Self*를 보라.
32 Jenson, *Systematic Theology* 1: pp. 90, 93-94.

성부와 성자와 성령은 대화를 나누시고, 하나님의 백성인 우리는 신적 대화가 펼쳐 내는 음악을 듣는다.[33]

그러나 때때로 신학자들은 지나치게 멀리 가 버리기도 한다. 다음 장에서 나는 어떻게 신학이 이따금씩 탈선하는지 그리고 이를 다시 원래의 자리로 되돌려 놓을 성서학자들을 어떤 이유로 필요로 하는지에 대해서 조사할 것이다. 이런 이야기를 하기 전에, 첫 두 장의 결론들이 의미하는 바를 말하고 싶다. 만약 우리의 하나님이 삼위일체이시라면, 이는 하나님이 (성부와 성자와 성령의) 관계 안에 계신 하나님이시라는 의미다. 그리고 만약 우리가 하나님의 위격들이 서로 소통한다고 말할 수 있다면, 우리는 이 책의 중심인 성경이 하나님과 소통 가능한 인간들과 소통하시는 분의 소통임을 볼 수 있어야만 한다. 그러면 우리는 성경이 소통하는 자들과 소통하는 소통자라고 말할 수 있다. 이는 그 자체로 우리가 성경신학을 연구할 때 우리의 행동을 바꾸고, 성경신학자들에게 신학자들의 말에 귀 기울이라고 요청하듯이 신학자들이 성경에 귀 기울이게 한다.

---

33 Jenson, *Systematic Theology* 1: p. 236. 스콧 스웨인의 책[Scott R. Swain, *The God of the Gospel: Robert Jenson's Trinitarian Theology* (Downers Grove, IL: IVP Academic, 2013)]은 젠슨의 삼위일체 신학의 일부 측면에 도전한다.

3장

신학은 역사에 기반한 성서학을 알아야 한다

때로는 성서학과 조직신학이 전혀 조화를 이루지 못하고, 그래서 동떨어진 분과가 되지 않으려면 조정이 필요하다는 의견을 제시하면서 이번 장을 시작하고 싶다. 어느 분과도 그대로 유지되지 않았고, 각각은 성장하고 있다. 그러나 만약 이러한 성장 과정이 서로에게 인지되지 않고 서로 통합되지 않는다면, 두 분과 모두 더 충만한 진리를 추구하는 중에 길을 잃을 것이다. 내가 속한 분과의 어떤 사람들은 신학자들이 우리의 이야기를 들어야 한다고 생각하면서도 그들에게 관심을 두는 것은 우리의 의무가 아니라고 생각한다. 조직신학자들은 당연히 이처럼 다른 분과를 깔보는 듯한 태도를 존중하지 않는다. 그래서 우리는 더 수용적인 형태의 대화를 발전시켜야 한다. 성서학 안에 지나치게 신학적 무정부주의와 같은 강한 경향성이 있다면, 조직신학에는 주해와 역사적 맥락에 대한 고려가 지나치게 적다고 말할 수 있다.

각 분과에서 최신의 발전에 관한 이야기를 꺼낼 때 다른 분과의 연구를 배제할 위험이 있다. 성서학자가 소논문이나 심지어 책을 시작하면서 모든 글을 읽을 수 없었다고 인정하고, 여기에 덧붙여 때로 인접한 영역의 글들도 다소간 배제했다는 고백을 흔히 볼 수 있다…. 조직신학자들도 마찬가지다. 그렇기에 분명히 말해 두고 싶은 것이 있다. 만약 우리 성서학 전문가들까지도 우리 분과의 최고의 연구 모두를 알 수 없다면, 조직신학자들이 우리 분야에서 일어나는 일 모두를 알 것으로 기대해서는 안 된다. 이 때문에 우리는 서로를 필요로 한다. 이 때문에 앞의 장이 이번 장 이전에 배치된 것이다.

이상적으로 보면 성경 연구는 역사적 맥락에서 주해한다. 이 말은 수많은 맥락과 각 분야 전문가들 그리고 이해하기 상당히 까다로운 많은 출판물을 인지하고, 본문을 역사적 맥락에서 합리적으로 이해하고 판단하기 위해 이러한 연구들에 귀 기울일 필요가 있다는 뜻이다. 창조 이야기들과 관련한 고대 근동 연구, 희생 제의와 속죄에 관한 다양한 인류학적이고 역사적인 연구, 고대 문화에서 정치 권세자들 그리고 통치 방식의 본질, 고대 이스라엘부터 초기 랍비 시대에 이르는 유대교의 발전, 사해 사본들과 그들이 미친 다양한 영향과 같은 연구들 말이다. 그리고 사도들이 이스라엘 땅에서 출발해 로마 제국으로 이동하면서 그리고 그리스와 로마 문화 모두를 흡수하고 수정하며 또 이 문화에 도전하면서, 다시 한번 이 모든 것들은 재맥락화(recontextualize)를 필요로 한다. 이 모든 것들 혹은 더 많은 것들이 성경 연구에 수반되고, 이 때문에 성서학 안에서 이루어지는 대화를 이해하기 위해서는 큰 노력이 필요하다.

 모든 것은 맥락을 갖기 때문에 역사적 맥락을 인식하는 것은 중요하다. 맥락(context)에서 벗어난 본문(text)은 숨겨진 의도를 가리는 구실(pretext)일 뿐이라고 흔히 말하는데, 이 말은 예나 지금이나 여전히 사실이다. 만약 내가 '과세 제도'라고 말하면, 당신은 무어라고 대답할 것이다. 당신의 대답은 당신의 맥락에서 나온 말일 테고, 당신의 대답을 내가 듣는 것은 내가 처한 맥락에서 그렇게 하는 것이다. 성경이 말하는 바에 대한 많은 설명이 맥락을 고려하지 않은 이전 세대의 주석에서 기원한 것은 사실이다. 나는 최근에 요한계시록을 연구했다. 복음주의 계열의 많은 그리스도인이 미래 종말에 대해서 믿는 것들(휴거, 천년왕국, 중간 상태 등)을 비교하면서 이전 세대학계의 유산이 분명해졌다. 이 중 어떤 내용들은 영구적으로 탄탄하지만, 다른 어떤 부분들은 신뢰할 수 없다. 우리의 성경은 모르몬경(the Book of Mormon)과 다르다. 모르몬경은 별안간 하늘에서 떨어졌고 대체로 역사적 맥락이 없다고 한다. 기독교 성경은 역사적 배경의 변화를 수반하는 천년이 넘는 기간에 걸친 긴 서사를 담고 있고, 더 나아가 구체적 순간에 구체적 사람에게 구체적 상황에서 행동하시고 말씀하시는 하나님에 관해 증언한다. 그러므로 우리가 받는 계시는 맥락과 관련 있고 역사에 얽매인다. 그래서 다른 문화에서 온 본문에 뿌리를 두고 신학적 주장을 하는 일은 본문의 역사적 맥락에서 그 본문에 민감하게 귀를 기울이는 태도가 필요하다. 이제 큰 그림과 이론에 대해서는 많이 이야기한 듯하다.

조직신학에 가치 있을 성경 연구들: 최근 네 가지 연구들

구약성경과 유대교에 존재하는 영에 대한 존 레비슨[John ('Jack') Levison]의 연구는 널리 알려졌을 뿐 아니라 계속 깊어지고 있는데, 조직신학자들이 이를 충분히 주의 깊게 들여다볼 것인지는 시간이 말해 줄 것이다. 레비슨은 신약학자들과 조직신학자들이 히브리어 단어 '영'(spirit, *ruach*)을 구약성경에 나오는 **하나님**이라는 단어와 연결하면서 이를 대문자를 쓴 **영**(Spirit)으로 바꿔서 사용하고는, 바로 여기에 '삼위일체 신학이 있다!'고 말한다고 수년간 지적해 왔다. 레비슨은 조심스럽게 주의를 기울여 오랫동안 역사적 맥락에 근거하여 주해한 끝에 이 히브리어 단어가 "사람의 영" 안에 있는 바람,

숨, 영을 가리키기도 하고 "신적인 영" 안에 거하는 영(Spirit)을 가리키기도 한다는 사실을 입증했다. 좋다. 그러나 문제는 어떤 경우는 둘 중 하나로 쉽게 구별할 수 있지만, 구약성경의 다른 많은 경우는 그렇지 않다는 점이다. 구약성경에서 이 용어는 거의 4백 번 정도 사용되었는데, **상당한 의미 중첩**이 있을 때도 있으며 때때로 (또는 그보다 자주) 신적인 영과 인간의 영을 구분할 수 없다. 조직신학자들에게 **이는 유익하고 건설적인 지점일 수 있다.** 레비슨의 연구는 조직신학자들이 주의 깊게 들여다볼 가치가 있고, 이는 새로운 종류의 루아흐-론(*ruach*-ology)을 충분히 만들어 낼 수도 있으며 그 새로운 이론으로 우리의 성령론을 탈바꿈하거나 최소한 성령론에 기여할 수도 있다.[1] 신학자 로버트 젠슨은 하나님의 정체성과 위격을 간략히 개관하는 부분과 성령을 다루는 더욱 중요한 장에서, 너무 쉽게 **숨을 대문자를 쓴 영**(Spirit)으로 치환해 버린다.[2]

신약 연구는 계속해서 새로운 발견과 신선한 통찰력을 향해 점차 전진하고 있고, 이들 가운데 많은 연구는 조직신학자들에게 유용할 수도 있다. 목회 서신에 등장하는 '유세베이아'(*eusebeia*)의 의미에 관한 미국 원주민 신약학자 크리스토퍼 호클로투비(Christopher

---

[1] John R. Levison, *Filled with the Spirit* (Grand Rapids, MI: Eerdmans, 2009); Levison, *Inspired: The Holy Spirit and the Mind of Faith* (Grand Rapids, MI: Eerdmans, 2013, 『성령과 신앙』, 성서유니온); Levison, *The Holy Spirit Before Christianity* (Waco, TX: Baylor University Press, 2019); Levison, *Boundless God: The Spirit According to the Old Testament* (Grand Rapids, MI: Baker Academic, 2020).

[2] Robert W. Jenson, *Systematic Theology* (New York: Oxford University Press, 1997), 1: pp. 86-88, 146-161.

Hoklotubbe)의 훌륭한 연구는 조직신학의 고전 주제들보다는 정치신학과 더 관련 있다.³ 광범위한 연구를 통해 호클로투비는 이 용어가 보통 목회 서신에서 "경건"(godliness) 혹은 "경건한 삶"(godly life)으로 번역되었음을 보여 준다[그 예는 딤전 2:2; 4:7-8; 6:3, 5-6, 11; 딤후 3:5; 디도서 1:1 (NRSV, NIV)]. 그러나 **경건**(godliness)이라는 단어는 "신과 같은 존재"(being godlike)라는 의미를 내포한다. 이는 성화와 성별(separation)에 대한 논의의 역사를 떠올리게 하고, 심지어 때로는 경계를 만드는 행동이라는 의미도 갖는다. 예를 들어 누군가가 "그분은 경건한 선생님이야" 하고 말한다면, 이는 다른 사람들은 그렇지 않다는 의미다. 그러나 호클로투비는 저 용어가 "문화적으로 교양 있는 경건"(civilized piety)과 같은 무언가를 의미하고, 성별이 아니라 사회적 존경과 문화적 책임감을 떠올리게 함을 입증했다. 곧 이 단어는 사회와 부조화하는 구별된 사람이 아니라 문화나 교회에 무례를 범하지 않는 방식으로 사회에 융화된 사람을 가리킨다. 더 나아가 호클로투비는 이 용어가 공적 삶에서 좋은 인상을 만드는 기독교적 삶을 묘사하기 위해 흔히 사용했던 표현을 기독교적으로 전용한 것이라는 점을 분명히 한다. 반복하건대 이 연구가 조직신학을 매우 큰 폭으로 바꾸지는 않겠지만, 정치 신학과 기독교 윤리에 대해 다르게 생각해 보도록 우리를 자극한다. 의심의 여지도 없이 학계에 기여한 이런 연구에 대해서 나는 조직신학자들도 의식할 필요

---

3   T. Christopher Hoklotubbe, *Civilized Piety: The Rhetoric of Pietas in the Pastoral Epistles and the Roman Empire* (Waco, TX: Baylor University Press, 2017).

가 있으며 그들의 작업에 이를 어느 정도 통합할 필요가 있다고 말하고 싶다. 신약 연구는 항상 변화하기 때문에 누구도 이를 전부 따라잡을 수 없지만, 우리 각각은 다른 이들과 협업하면서 우리의 세부 분과를 모두 발전시켜야 한다.

이제 몇 가지 연구를 가볍게 언급하려 한다. 수전 이스트먼(Susan Eastman)은 자신의 책 『바울과 인격』(Paul and the Person)에 인류학 연구를 담았는데, 이 연구는 사람들이 근본적으로 단항적(monadic)이지 않고 이항적(dyadic)이라는 사실을 보여 준다.[4] 곧 우리의 정체성이 단순히 개인으로서 형성되지 않고 다른 사람들과의 관계 안에서 형성된다는 것이다. 이는 당연히 기독교 윤리와 교회론의 틀을 만드는 방식에 영향을 미친다. 하지만 이는 독립적으로 생각하고 있다고 생각할지도 모르는 신학자들(그리고 성서학자들)이 만들어 놓은, 개인주의적 신학에 대해서도 생각해 보도록 요청한다. 누군가의 자아는 다른 사람들과의 관계 안에서 형성되고, 주체와 객체는 구별되지 않는다.[5] 매튜 크로스문(Matthew Croasmun)의 책 『죄의 발생』(The Emergence of Sin)은 로마서에 나오는 소위 '죄의 인격화'(personification of sin)를 탐구하는 광범위한 연구다. 이 연구는 발생 이론(emergence theory)이 우리가 죄의 권세(Sin)를 하나의 **행위자**로 인식하게 만든다는 것을 보여 준다. 개인이 저지르는 죄(sin)와 그에 더불어 수반된 것(supervenience)이 시간이 지나면서 행위

---

4 Susan Grove Eastman, *Paul and the Person: Reframing Paul's Anthropology* (Grand Rapids, MI: Eerdmans, 2017).
5 Eastman, *Paul and the Person*.

자인 죄의 권세(Sin)를 만들었고, 이 죄의 권세는 수반 기초에 의존하지만 확장되면서 살아 있는 무언가가 된다. 그리고 이것은 개인이 점점 더 많은 죄를 짓도록 그 역으로 영향을 미친다. 간단하게 묻고 싶은 것이 있다. 우리가 짓는 죄(sin)가 부분적으로나마 이 세상에서 활동하는 행위자인 죄의 권세(Sin)의 영향을 받았다면, 이러한 사실은 우리의 구원론에 어떤 영향을 주는가?[6]

나도 관여하고 있는 마지막 예시, **복음**의 의미에 관해 살펴보자. 복음은 사실 상당히 많이 이야기되면서 서구 기독교 세계관에 녹아들었다. 그래서 사영리나 브릿지(Bridge) 혹은 이와 비슷한 변종들을, 각각의 미세한 차이는 논외로 하고, 복음으로 생각하는 것은 거의 전기독교적 현상이 되었다. 곧 복음이란 하나님이 우리를 사랑하시고 우리는 죄인들이며, 예수는 우리를 위해 죽으셨고 우리는 오직 그분을 믿어야 하며 그래서 우리가 죽을 때 천국에 가는 것이 되어 버렸다. 의도적으로 그것의 초점은 부활에 대한 강조가 아니라 십자가 사건에 맞추어져 있고, 하나의 속죄 이론(형벌 대속 이론)이 복음의 본질과 그 매력에 매우 큰 영향력을 행사한다.[7] N. T. 라이트는 여러 복음 이해에 담긴 천국에 대한 강조와 수십 년간 씨름하면서 호소해 왔는데, 그 가운데 하나는 많은 사람이 **복음**의 의미를 새

---

6 Matthew Croasmun, *The Emergence of Sin: The Cosmic Tyrant in Romans* (New York: Oxford University Press, 2017).
7 로버트 젠슨은 부활을 강조하는 만큼 십자가를 덜 강조한다. 그 결과 삼위일체 하나님은 예수를 죽음에서 일으키신 하나님이 되신다(*Systematic Theology* 1: pp. 179-193). 다음과 같은 그의 진술은 언급할 만하다. "십자가 사건은 하나님이 부활로 십자가를 이기실 때 비로소 하나님의 구원 행위가 된다"(1: p. 182). 그래서 부활은 하나님의 말씀이며, 이 말씀은 십자가 사건이 하나님이 실제로 어떤 하나님이신지를 드러낸다(1: p. 189).

롭게 바라보도록 요청한다. 긴 이야기를 짧게 줄이면, 나는 학부 학생들을 가르치고 다양한 곳에서 강의하면서 복음 자체에 대해 연구하게 되었고, 이런 연구는 다음의 확신에 이르게 했다. 내가 구원주의적 복음이라 부르는 위에서 묘사한 복음은 잘못되었으며 사도들의 복음은 구원주의적 형태와 달랐다. 나는 이를 『예수 왕의 복음』(The King Jesus Gospel)이라는 책에 썼고, 두 번째 판에서는 구원주의적 복음을 (최소한 이것의 널리 퍼진 매력을) 추적하여 빌리 그레이엄 목사의 복음주의적 십자군 운동까지를 기술한 장을 추가했다. 내가 발견한 것은 그때까지 내가 본 적 없는 것이 그곳에 내내 있었다는 사실이다. 구원주의적 접근에 대한 복음주의의 깊은 헌신에 도전하는 일에 젊은 학자인 베이츠가 참여해 준 것은 개인적으로 나를 아주 신나게 했다.[8] 베이츠는 믿음의 의미를 충성으로 보는 테리사 모건(Teresa Morgan)의 도전을 발전시켰다. 이런 내용을 복음 이해에 더한다면, 조직신학 분과에서 신학자들이 복음의 틀을 만들었던 방식에 대해 재고해 보아야 한다는 새로운 도전이 그들에게 갑작스럽게 생긴다.

이러한 예들은 이번 장에서 집중하고자 하는 주요 예시에 비하면 조금 지엽적이다.

---

[8] Scot McKnight, *The King Jesus Gospel: The Original Good News Revisited*, 2nd ed. (Grand Rapids, MI: Zondervan, 2015, 『예수 왕의 복음』, 새물결플러스); Matthew W. Bates, *Salvation by Allegiance Alone: Rethinking Faith, Works, and the Gospel of Jesus the King* (Grand Rapids, MI: Baker Academic, 2017, 『오직 충성으로 받는 구원』, 새물결플러스), Bates, *Gospel Allegiance* (Grand Rapids, MI: Brazos, 2019).

은혜를 재구성하기: 바클레이가 미친 영향에 관한 탐구

철저히 역사적인 성경 연구는 때로는 조직신학자들이 발을 디딘 기반을 제거하거나 옮겨 버린다. 만약 신학자들이 자신들의 기반을 조정하지 않으면, 결국 허약한 혹은 심지어 존재하지도 않는 기초 위에 집을 짓는 것이 될 것이다. 고대 세계의 은혜에 관한 최근 연구는 이와 같은 기반을 상당히 바꾸어 버렸다. 어떤 면에서 보면 기반을 확장한 것이고, 어떤 경우에는 완전히 새로운 기반을 만든 것이다. 그리고 다른 면에서 보면, 조직신학자들이 가졌던 은혜에 관한 관점 그 자체에 도전한 것이기도 하다. 존 바클레이(John Barclay)가 바로 이런 연구를 내놓았는데, 곧 그는 누구도 실제로 바울 신학에서 발견되는 바울의 은혜 신학을 연구한 적이 없다고 주장했다.[9] 이는 대담하지만 논쟁의 여지 없이 옳다. 은혜에 관한 바클레이의 관점은 은혜에 관하여 보편적으로 규정된 관점이 타당한지에 도전하고, 앞으로 한 세대의 조직신학자들에게 연구를 위한 새로운 기반을 선사해 줄 것이다.

나는 한 웹 사이트(Christianity.com)에서 찾을 수 있는 은혜에 관한 정의 모음집을 수년간 사용했다. 여기에는 개신교 (그리고 종교개혁) 전통에서 은혜가 어떻게 이해되었는지에 대한 실례가 담겨 있다. 그러나 바클레이의 『바울과 선물』(*Paul and the Gift*)이 출판되었을 때,

---

[9] John M. G. Barclay, *Paul and the Gift* (Grand Rapids, MI: Eerdmans, 2015). 『바울과 선물』(새물결플러스).

우리가 새롭게 은혜를 정의할 필요가 있음이 분명해 보였다. 이제 유명한 사상가들이 만들어 놓은 일련의 표준적 정의들을 나열하는 것으로 시작해서, 다음으로 은혜에 관한 조직신학적 이론에 도전하는 바클레이의 연구를 둘러볼 것이다.

은혜에 대한 보편적 이해 그렇다면 기독교 전통에서 은혜는 어떻게 이해되는가? 어떤 정의가 이러한 정의들로 형성된 기독교 신학에서 작동하는가?

>**워필드**(B. B. Warfield): "은혜는 자격 없는 자들에게 주어진 통치자의 대가 없는 호의다."
>**제리 브리지스**(Jerry Bridges): "[은혜]는 하나님께 반항하는 자들에게 그분이 아래로 손을 뻗으시는 행위다."
>**폴 잘**(Paul Zahl): "은혜는 사랑받을 가치가 없는 사람을 향한 무조건적 사랑이다."
>**웨인 그루뎀**: "하나님의 '은혜'는 그분이 베푸신 '받을 자격이 없이 주어진 호의'를 뜻한다." 또 다른 곳에서는 "하나님의 은혜는 오직 처벌받는 것이 합당한 사람들을 향한 하나님의 선의를 의미한다."[10]

이러한 정의들을 더 깊게 들여다보기 위해, 『새로운 신학 사전』(*New*

---

10 Justin Holcomb, "What Is Grace?," Christianity.com, www.christianity.com/theology/what-is-grace.html. 내가 웨인 그루뎀의 정의를 추가해 놓았다.

Dictionary of Theology)에서 제럴드 브레이(Gerald Bray)가 은혜를 어떻게 정의하는지를 살펴보자.[11] 브레이는 우리가 흔히 들을 수 있는 정의로 이야기를 시작한다. "은혜의 중심 의미는 가치 없는 자에게 주는 호의다. 보통 우월한 존재로부터 그보다 못한 존재에게 베풀어진다." 비록 각 정의에 관한 충분한 연구를 담지는 못했지만, 이러한 각각의 정의에서 발견할 수 있는 강조점은 죄인이고 사랑받을 가치가 없는 인간에 대한 하나님의 겸손한 사랑에 있다. 위의 정의들에서 발견되는 이 용어들을 주의 깊게 보라. "자격 없는" "반항하는 자들" "그것을 받을 가치가 없는" "오직 처벌받는 것이 합당한 사람들" "우월한 존재로부터 그보다 못한 존재에게." 뒤에서 논의할 바클레이의 극대화(perfection) 목록에서 보면, 위 정의들은 하나님 은혜의 **비상응성**(incongruity)을 강조한다. 바클레이와 앞에서 열거한 신학자들은 모두 이를 바르게 이해했다. 인간은 하나님의 은혜를 받을 가치가 없다. 다시 한번 물어보자. 이 정의들은 충분한가? 나는 그렇게 생각하지 않는다.

브레이는 성경 자체의 신학(!)을 거의 강조하지 않으면서 신학에서 이해된 은혜의 역사를 정리하는데, 교회에서 은혜 교리가 아우구스티누스 이전까지는 발전하지 않았다고 생각한다. 그러나 실은 '은혜에 관한 아우구스티누스식 이론이 아우구스티누스 이전에는 발전하지 않았다'고 말하는 게 더 정확하다. 그 이유는 바클레이가 보여

---

11 Gerald L. Bray, "Grace," in *New Dictionary of Theology*, 2nd ed., ed. Martin Davie et al. (Downers Grove, IL: IVP Academic, 2016), pp. 376-378. 모든 인용은 이 책의 pp. 376-378에서 온다.

주었듯 은혜는 유대교와 그리스-로마 세계에 이미 충만하게 작동했던 개념이기 때문이다.[12] 브레이는 아우구스티누스가 다음과 같이 은혜를 종합적으로 이해했다고 설명한다. 은혜는 선행적이고 협동하며 충분하고 효과적이다. 요약하면 구속과 관련된 모든 것이 은혜에 대한 전부다. 이와 다른 이해는 중세 스콜라 철학자들에게서 발견된다. 그들은 은혜가 다양한 매개(교회, 기도, 성례)를 통해 부여되며 자연 세계 그 자체에 독특한 방식으로 더해진다고 말한다. 그리고 브레이는 (아리스토텔레스로부터 시작된) 자연-은혜 이원론이 중세 신학에 스며들었고, 이후 16세기 종교개혁을 상당히 크게 촉발시켰다고 생각한다. 그는 개신교 사상이 은혜의 매개체를 복음을 설교하는 것으로 바꾸어 버렸다고 주장한다. 은혜를 이해하는 방식에 따라 신학자들은 칼뱅주의와 아르미니우스주의로 나뉘었고, 칼뱅주의는 신학의 다양한 측면에 영향을 미치는 은혜의 신학을 세웠다. 저 다양한 측면이란 행위 언약, 모든 인류에 대한 일반 은총 그리고 아브라함으로부터 시작된 선택된 자들을 위한 은혜 언약(특별 은총)을 포함한다.

존 바클레이의 은혜에 대한 정의와 극대화 바클레이의 『바울과 선물』은 지난 세기에 출판된 가장 중요한 신약 연구물 가운데 하나다. 바클

---

12 성경의 다양한 표현에 관한 밀도 높은 요약은 다음을 보라. Anthony C. Thiselton, *The Thiselton Companion to Christian Theology* (Grand Rapids, MI: Eerdmans, 2015), pp. 386-391. 브레이 대해 말하고 싶은 점은 이 책(*The New Dictionary of Theology*)의 목표가 역사신학적이고 조직신학적인 주제들에 집중하고, 이 책이 해결하려고 시도하는 주제인 성경과 신학의 변증법적 관계를 묘사하는 데 있다.

레이의 연구는 다중적 학제 간 연구다. 그는 **선물**과 **선물 교환**이 어떻게 이해되었는지를 조사하면서 이를 인류학 안에서, 그리스-로마 세계의 선물 교환과 사회 연결망과 관련된 상호 호혜 문화 안에서, 기독교 신학의 역사(누군가에게 은혜는 "순수한 선물"을 의미하게 되었고, 이런 의미는 은혜에 대한 여러 이해에서 작동한다) 안에서 다룬다. 게다가 바클레이는 바울과 관련된 모든 것을 잘 아는 세계적인 학자이고, 무엇보다도 『바울과 선물』은 모두에 대해서 공평하게 비평적이다. 그의 접근법은 논쟁적이지 않으며 다만 그는 학계에 부족한 부분을 지적한다. 사실상 그는 은혜에 관한 어떤 연구도 마땅히 연구되어야 하는 방식으로 수행되지 못했음을 보여 준다. 부분적으로 이런 결과는 우리가 은혜를 잘 알고 있다고 생각했기 때문이며, 우리의 신학이 우리를 경직되게 만들었기 때문이다. 하나만 예를 들어 보자면 위에서 언급한 은혜에 관한 정의들에서 눈에 띄는 점은, '선물'이라는 표현과 영적 선물에 관련된 내용이 완전히 부재한다는 것이다. 바클레이는 우리의 은혜 신학을 고대 세계(유대, 그리스, 로마)로 데려가고, 우리 은혜 신학의 기반도 같은 방식으로 데려간다.[13]

바클레이는 은혜와 선물이 로마 제국 사회 체계의 일부임을 알았고, 그래서 어느 순간 바울 서신에서 **은혜**가 의미하는 바에 새로운 영역이 있음도 알게 되었다. 은혜에 대한 그의 정의는 우리를 새로운 영역으로 이끈다.

---

13 예시로, Kevin DeYoung, *Grace Defined and Defended: What a Four-Hundred-Year-Old Confession Teaches Us About Sin, Salvation, and the Sovereignty of God* (Wheaton, IL: Crossway, 2019)를 보라.

'선물'은 혜택이나 호의를 베푸는 데 있어서 선의가 강조되는 자발적이고 개인적인 관계의 측면을 함의하고, 이 관계의 지속을 위해 필수적이고 자발적인 상호 호혜의 형태를 이끌어 낸다. 선물에 관한 인류학 연구에 따르면, 은혜의 범위는 다채로운 섬김이나 혜택에 수반되는 다양한 형태의 친절함, 호의, 관대함 또는 연민을 포함한다. 또한 여기에는 어떤 상호 호혜적 감사나 대갚음하는 선물에 대한 기대도 담겨 있다. 고대 언어는 상당히 다양한 용어로 이러한 은혜의 관계적 측면을 자세히 보여 주는데, 이 용어들은 자주 같은 의미가 겹치면서도, 미묘하게 다른 의미를 함축하기도 한다.[14]

그의 연구가 낳은 이러한 결론적 정의는 단어장이나 어휘 사전의 뜻풀이를 수정한다. 인류학, 사회사, 신학적 발전에 대한 바클레이의 포괄적인 연구는 다음의 결론에 도달하는데, 여기서 이런 다양한 결론이 신학에서 갖는 잠재성은 분명해진다.

(i) 선물은 일반적으로 사회적 연결고리를 만들거나 재생산하기 위해 수여된다. 선물은 상호성을 조성하고, 이 때문에 보통 일방적이거나 익명성을 띠지 않는다.
(ii) 상호 호혜의 원칙은 답례에 대한 기대를 일게 한다. 심지어 동등하지 않은 사회적 관계에 있거나 답례가 일반적으로 처음 주어진 선물과 양이나 질적 측면에서 다르더라도, 그런 기대를 일으킨다.

14　Barclay, *Paul and the Gift*, p. 575.

(iii) 선물의 수혜자는 선물에 보답할 법적 의무는 아니더라도 강한 의무가 있다.

(iv) 선물은 종종 시혜자의 인격과 관련 있고, 이런 이유로 어느 정도는 '양도될 수'(inalienable) 없다.

(v) 이런 개인적 투자를 생각해 보면, 선물은 보통 자발적이며 선의의 표현으로 해석된다. 이러한 선물이 전에 존재했던 의무 관계에서 기인한다고 할지라도 그렇다.

(vi) 그러므로 선물과 되돌려 받는 선물은 자발적이면서도 동시에 의무적이다. 비슷하게 선물은 '이해관계가 얽힌 것'인 동시에 '사심 없는 것'이다. 이러한 개념들의 혼합은 '이타주의'나 '순수한 선물' '조건 없는 선물'과 같은 현대적 개념과는 잘 어울리지 않는다.[15]

그러므로 저자는 이렇게 강조한다. "**비상응적 선물과 상응적 선물 사이의 차이는 극대화된 은혜의 한 지점에서의 차이지, 은혜와 은혜가 아닌 것 사이의 범주적 차이가 아니다.**"[16]

아마도 바클레이의 획기적인 연구에서 가장 중요한 일련의 범주는 그가 말한 은혜의 여섯 가지 극대화(어떤 이들은 주제라고 부를 수도 있는 것)다. "은혜의 극대화"라는 표현은 "선물/은혜의 특정 측면을 극단으로 밀고 나가는 경향에 초점을 맞춘다. 이는 특히 하나님에 관한 논의를 위한 목적을 갖는다. 그리고 우리는 극대화 경향

---

15 Barclay, *Paul and the Gift*, pp. 183-184.
16 Barclay, *Paul and the Gift*, p. 317.

이 취할 수 있는 다양한 형태를 관찰했다."17 극대화하지 않을 때, 아래의 다양한 용어들은 은혜와 선물 담론의 주제나 요소 혹은 특징이 된다. 바클레이의 여섯 가지 극대화 중 하나는 먼저 **초충만성**(superabundance)이다. 이에 관한 설명은 수여된 선물의 크기, 화려함, 영속성의 정도와 관련된다. 두 번째는 **단일성**(singularity)이다. 단일성에 관한 설명의 초점은 시혜자에게 맞추어져 있다. 우리의 경우 선물의 시혜자이신 하나님, 특별히 언제나 은혜 혹은 베풂이 강조된 하나님에게 초점이 맞추어진다. 그렇기에 이를 극대화해서, 누군가는 오직 하나님을 수여하실 수밖에 없고 용서하실 수밖에 없는 분이라고 말할 것이다. 세 번째는 **우선성**(priority)이다. 이에 관한 설명은 다른 어떤 일이 벌어지기 전에 일어나는 시혜자의 계획과 베풂을 강조한다. 바울 신학계를 얼핏 들여다보자. 이스라엘과 유대교를 은혜로 특징지을 수 있다는 샌더스(E. P. Sanders)의 주장에서 강조점은 다음과 같다. 바로 언약이 율법보다 앞서고 언약과 은혜가 동일시되기에, 은혜는 율법에 선행하며 그래서 모든 유대교가 하나님의 은혜에 뿌리를 두고 있다는 것이다. 네 번째는 **비상응성**(incongruity)이다. 이에 대한 묘사가 은혜에 대한 담론을 형성할 때, 그 강조점은 시혜자의 우월한 지위와 수혜자의 열등한 지위 혹은 자격 없는 상태에 있다. 신학적으로 말해서 하나님의 완전한 거룩성과 인간의 완전한 죄성을 강조하는 것이다. 다섯 번째는 **유효성**(efficacy)이다. 선물 수여에 관한 설명은 이제 수혜자의 본성과 행위 능력에 관련된

17　Barclay, *Paul and the Gift*, p. 84.

다. 어떤 사람은 선물의 효과가 수혜자를 변화시키고 개화하거나 개조해서, 선물의 수혜자를 시혜자에게 빚지고 충성된 상태로 만드는 것이라고 말할지도 모르겠다. 여섯 번째는 **비순환성**(noncircularity)이다. 순수한 선물이 될 때, 은혜는 때때로 극대화된다. 곧 시혜자가 선물을 주었으나 수혜자가 대갚음하는 행위를 하지 않거나 할 수 없을 때가 그렇다. 은혜에 관한 이런 이해는 다시금 기독교 신학에서 은혜를 정형화하는 사람들 사이에서 흔히 나타나고, 개혁교회 전통에 있는 사람들에게서 더 자주 나타난다. 빠르게 반펠라기우스주의자(semi-Pelagian)라는 의혹을 벗어나려는 사람들은 종종 이 여섯 번째 극대화에 둥지를 튼다. 바클레이는 역사적으로 보면 실제로 아주 소수의 신학자만이 비순환성을 단언했음을 보여 준다. 고대 세계의 은혜와 선물에 관한 그의 연구는, 선물 수여가 수혜자를 사회적 유대나 관계로 초대하며 이는 수혜자가 상호 호혜의 의무를 갖게 함을 분명하게 입증한다. 이렇게 표현하면 지나치게 단순해 보이겠지만, 고대 세계에서 벌어진 은혜와 선물에 대한 대부분의 논의는 '공짜는 없다'는 내용을 담고 있다. 그러므로 성경이 은혜와 선물에 관해 이야기할 때, 순수한 선물은 전제될 수 없다.

우리는 지금 은혜를 이해하는 데 있어서 전환점에 서 있다. 고대 세계에서 은혜가 어떻게 이해되었는지에 대해서만이 아니라, 이것이 신학에 어떤 의미가 있는지 그리고 이렇게 탄탄한 역사적 연구가 신학이 연구되어 온 (위에서 묘사된 몇몇 불충분한) 방식들을 어떻게 재조정하는지에 대해서도 그렇다. 첫 번째, 가장 많이 사용되는 은혜에 관한 이해는 아우구스티누스와 루터에 뿌리를 두며, 심지어 신약학자들도 이 두 명의 위대한 신학자들이 은혜를 올바르게 이해했다고 가정한다. 두 번째, 어떤 그룹은 은혜를 특정 방식으로 이해하고 (또는 극대화하고), 다른 그룹은 또 다른 방식으로 그렇게 한다. 유대교의 행위가 기독교의 은혜로 대체된다고 말하는 것은 마치 개혁교회나 청교도 혹은 침례교 성도는 은혜에 대해 알지만, 펠라기우스 혹은 아르미니우스주의자들이나 가톨릭 성도들은 은혜에 대해 모른다는 말만큼이나 부정확하다. 개혁교회가 극대화하는 측면은 가톨릭이 극대화하는 측면이 아닐지도 모르고, 더욱이 은혜는 다양하게 극대화된다. 바클레이의 연구는 우리가 은혜의 미묘한 의미 차이에 더 신경 써야만 하고, 그래서 바울을 비교하는 방식으로 이해해야만 한다는 것을 입증한다.

제2성전기 유대교와 바울의 관계가 현재 지나치게 단순화되어 버린 다음과 같은 두 가지 선택지 중 하나로만 제한되어서는 안 된다. 바울은 은혜가 부족한 '율법주의적' 유대교에 대항하여 은혜를 옹호했는가, 아니면 은혜의 성격에 관한 그의 동료 유대인들의 생각에 전적으로 동의했는가? 우리는 더 단순한 물음으로 연구를 시작할 수도 있다. **은혜에 관한 바울의 극대화는 그의 동료 유대인들의 은혜에 관한 극대화와 어떻게 비교될 수 있는가?**[18]

바클레이의 연구는 은혜의 비상응성에 대한 바울의 강조가 전혀

---

18 Barclay, *Paul and the Gift*, p. 187.

약화되지 않았음을 다음과 같이 매우 분명히 한다. 인간에게는 자격이 없으나, 이런 자격 없는 상태는 문제가 되지 않는다. 하나님의 은혜는 우선적이고 초충만하다. 다만 은혜에 대한 이러한 극대화들은 또 다른 중요한 결론에 이르게 한다. 그 결론이란 은혜를 하나의 의미나 하나의 중심 특징으로 환원할 수 없다는 것이다. 은혜는 다양한 의미를 지니고, 더 많은 극대화를 더한다고 해서 더 나은 은혜가 되지는 않기 때문이다. 게다가 또 다른 역사적 맥락은 이 은혜의 입체성에서 다른 요소를 소환한다.

그러므로 유대교의 은혜를 주의 깊게 들여다본 뒤에, 바클레이는 이 모든 실타래를 엮어서 유대교에 은혜가 부재한다고 말해 왔던 기독교 신학자들의 방식에 충격을 가할 다음의 요약문을 제시한다.

> 위에서 언급한 여섯 종류의 극대화 틀을 사용하면,…우리는 우리가 다룬 본문들(솔로몬의 지혜서, 쿰란 호다요트, 에스라4서 등—옮긴이)이 어떤 면에서는 비슷하지만, 다른 면에서는 굉장히 다르다는 사실을 발견한다. **이 모든 본문은** 세상에 부어진 선물의 과잉이나 다양한 방식으로 확장된 신적 자비와 선함의 '충만함'을 강조하면서 신적 '은혜'의 초충만성을 극대화한다. 다른 한편으로 **이 가운데 어떤 본문도** 은혜의 비순환성을 극대화하지 않기에, 하나님께서 보답을 기대하지 않고 베푸신다는 개념은 나타나지 않는다는 또 다른 비슷한 점이 있다.[19]

19　Barclay, *Paul and the Gift*, p. 314.

이것이 구원, 은혜, 믿음을 다루는 조직신학에, 좋은 정보를 제공할 수도 있는 은혜에 관한 바클레이의 최신 연구다. 곧 은혜와 의무 또는 은혜와 하나님의 은혜에 대한 인간의 보답은 상호 배타적이지 않다.

바클레이의 연구에 대한 설명이 상당히 길어졌지만, 이야기는 아직 끝나지 않았다. 이 연구가 바울, 곧 유대인이자 그리스도인이며 모든 은혜의 신학자 중의 은혜의 신학자에게 도달했을 때 어디로 이끌어 갈지를 알아보는 것은 중요하기 때문이다. 우선 일반적인 관찰은 다음과 같다. **바울의 은혜 신학은 전형적이면서도 독특하다.** 두 번째로 핵심적인 은혜 사건은 성부에게서 보냄받으시고, 삶을 살다가 돌아가시고, 무덤에 묻히시고, 다시 살아나셔서 하나님의 왕좌로 승천하신 그리스도다. 그분은 모든 사람을 위한 은혜의 우주적 비전을 시작하셨다. 세 번째, 바울은 어떤 극대화 방식으로 극대화했는가? 바울에게서 극대화가 나타났을 때, 바클레이는 바울이 오직 은혜의 비상응성만을 극대화했다고 보는 듯하다. 이런 면에서 특히 개혁교회 전통에 속한 이들은 바클레이의 강조를 취한다. 다만 바울 안에서 은혜는 비상응성의 극대화만으로 완성되지 않는다. 역설적으로 바울에게 은혜는 조건을 보지 않고 주어지지만(unconditioned) 조건이 없지는(unconditional) 않다. 그리고 바울학자들은 사람이 행위 없이 의롭게 됨과 동시에 오직 행위로만 심판받는다는 두 가지 사실이 모두 바울 신학에 있음을 오래전부터 관찰했다. 그러므로 바울 신학에 은혜의 유효성에 대한 강한 강조가 있다. 용어에 관한 문제는 제쳐 두고, 바클레이가 사용한 표현으로 이야기해 보는 게 필요하겠다. 하나님의 은혜는 비상응적 방식으로 죄인인 인간에게 주

어지고, 이 은혜의 비상응성은 일종의 상응성, 사람들의 행위가 은혜에 부합하는 것으로 바뀐다.[20]

우리는 은혜를 어떻게 이해해야 하는가? 바클레이의 연구는 순수한 선물이라는 개념, 즉 비순환성이 바울이 제시하는 바도 아니고 출발점도 아님을 드러낸다. 첫째로, 은혜에 대한 신학화 작업은 인간 현실에서 선물을 주고받는 행위에 대한 분석에서 시작해야 하고, 또한 어떻게 이러한 현실이 선물, 은혜, 상호 호혜의 신학이나 철학을 낳는지에 관한 연구에서 시작해야 한다. 각 역사적 맥락이 선물과 은혜를 재형성한 것은 확실하다. 다만 바울이 하나님을 시혜자로, 인간을 수혜자로 이해했고 이 선물을 받은 인간이 은혜의 행위자로 변모한다고 생각했음도 분명하다. 순수한 선물이라는 개념은 여기에 어울리지 않는다. 이는 경솔한 판단이다.

둘째로 바클레이는 바울이 은혜의 비상응성을 극대화했음을 보여 주지만, 바울의 은혜 신학은 우선성, 초충만성, 은혜의 역설적 유효성도 포함한다. 셋째, 바울에게 은혜는 많은 기독교 신학에서 특별한 위치를 선점했던 구원론을 초월한다. 그렇다. 구원론은 중심에 있지만, 바울에게 있어서 은혜는 하나님의 사랑, 하나님의 거룩함, 하나님의 의로움에서 시작하며 이 은혜가 의로울 수 없는 사람들을 의롭게 하는 방식으로 흘러 들어가 구원받을 수 없는 사람들을 구속한다. 호세아 1장의 표현을 사용하면, 이는 "내 백성이 아[닌]" 사

---

20 Barclay, *Paul and the Gift*, pp. 328, 445-446, 491-492, 517, 557-558.

람들이 "내 백성"이 된다. 은혜는 신론에서 시작되고 구원론으로 흘러 들어가지만, 전통적으로 성화와 교회론이라 불렸던 것에서 생명력을 얻는다. 왜냐하면 선물 수여가 사회적 유대, 상호 관계, 상호 호혜를 수반하기 때문이다. 그래서 은혜의 수혜자는 바울의 은혜 신학 안에서 은혜의 행위자들이 된다. 그들은 은혜 자체에 의해 은혜를 받기에 합당하게 되었고, 은혜에 의해 그들의 아비투스(habitus, 특정 환경에서 생성된 무의식적 사고, 판단, 행동 체계-옮긴이) 안에서 생명을 얻는다.

그러므로 역사적 맥락에서 은혜의 의미를 조율하는 신약학에서 은혜는, 조직신학자들 가운데서 만들어진 은혜 신학의 몇몇 장벽에 금이 가게 한다. 그리고 이 은혜는 조직신학을 새롭게 창조할 만한 새로운 생명력으로 여겨질 가치가 있다. 은혜에 관한 연구는 하나의 예시일 뿐이다. 다음 장에서 나는 또 다른 예시를 제시하려 한다. 바로 신학의 틀을 새롭게 구성할 수 있는 서사의 중요성이다. 신학 자체가 서사에 의해 틀이 구성될 때, 신학은 전통적 주제들을 초월하고 더 일관성 있게 기독교적이고 유대적인 것이 되며 그 결과 성경적인 것이 된다.

4장

신학은 더 많은 서사를 필요로 한다

15년 전 나는 신학사에 관한 더 많은 연구를 읽고 싶었다. 더 정확히 말하면 기독교 신학 사상의 역사 또는 조직신학의 역사에 관해 알고자 했다. 한 신학자 친구에게 어디서부터 시작하면 좋겠냐고 물었더니, 그가 연대기 순으로 몇 개의 신학 저서를 읽어 보라고 제안했다. 특히 초기 교회 시대에 관해서는 이레나이우스(Irenaeus)의 『사도적 설교에 대하여』(On the Apostolic Preaching)를 읽으면서 시작하라고 권했다. 이레나이우스의 글을 읽으면서 놀란 부분은 그가 구약성경이 어떻게 그리스도의 구원을 예비하는지에 관한 긴 서사로 자신의 책을 시작했다는 점이었다. 누군가는 이레나이우스의 글을 서사 신학이라 부를 수도 있을 것이다. 그렇다면 이는 신학에 대한 더 체계적인 접근, 예를 들어 더 철학적인 범주들 안에서 기독교 사상을 소개하는 구조를 가진 아우구스티누스의 『안내서』(Enchiridion) 같은 책과 대조될 수도 있다.

또 누군가는 사도신경이나 니케아-콘스탄티노플 신경과 같은 우리의 신경이 기독교 사상과 그리스도인들이 믿는 (또는 믿어야 하는) 내용을 세 가지 범주 곧 하나님(성부), 성자, 성령(성령과 관련된 다른 주제도 포함)으로 체계화했다고 생각한다. 세 가지 항목이든 세 가지 주제든, 우리가 믿는 바에 이 세 가지 주제로 접근하는 것은 매우 큰 영향을 미친다. 그러므로 우리는 '**토포이**'(topoi, 논제들-옮긴이) 혹은 주제라 불리는 것 안에서 지금도 기독교 신학의 틀을 만들고 있다.

- 하나님
- 사람(인간)

- 그리스도
- 죄
- 구원
- 교회론
- 종말론

이러한 목록에 어떤 이들은 윤리를 덧붙이거나 빼기도 한다. 성령이 구분되는 주제가 아니라는 사실은 은사주의자들의 생각보다 더 놀라운 일이다. 여전히 기독교 신학을 체계화하는 틀을 구성하는 두 가지 중요한 장치는 신경과 주제들이다.

세 가지 항목 또는 신경의 틀

기독교 신앙의 고전 신경은 니케아-콘스탄티노플 신경이고, 이는 역사적으로 세 가지 항목으로 뼈대가 세워진 것으로 여겨졌다. 그 셋을 아래에서 굵은 글씨로 강조한다.

우리는 한 분 하나님을 믿습니다.
그분은 성부이시며 전능하시며
하늘과 땅과
보이는 것과 보이지 않는 모든 것을 창조하셨습니다.
우리는 한 분이신 주님, 예수 그리스도를 믿습니다.
그분은 하나님의 유일한 아들이시며,

영원으로부터 성부에게서 나셨으며,
하나님으로부터 나신 하나님이시며, 빛으로부터 나신 빛이시며,
참 하나님으로부터 나신 참 하나님이시며,
창조된 것이 아니라 탄생하셨으며,
성부와 같은 존재이십니다.
그분을 통해 모든 것이 창조되었습니다.
우리와 우리의 구원을 위해,
그분은 하늘로부터 내려오셨으며,
성령에 의해 동정녀 마리아로부터 땅에서 태어나셨으며,
참 인간이 되셨습니다.
우리를 위해 본디오 빌라도의 치하에서 십자가에 못 박히셨습니다.
그분은 죽음을 경험하셨고 무덤에 묻히셨습니다.
성경에 기록된 그대로
3일째 되던 날 그분은 다시 살아나셨습니다.
하늘로 승천하셨고
성부의 우편에 앉으셨습니다.
그분은 영광 가운데 다시 오셔서
    살아 있는 자와 죽은 자를 심판하실 것이며,
그분의 왕국은 영원할 것입니다.
우리는 주님이시며 생명을 주시는 성령을 믿습니다.
그분은 성부와 성자로부터 나오셨습니다.
성부와 성자와 함께 성령은 예배와 영광을 받으실 것입니다.
그분은 예언자들을 통해 말씀하십니다.

우리는 하나의 거룩하고 보편적이고 사도적인 교회를 믿습니다.
우리는 죄 용서를 위한 세례를 믿습니다.
우리는 죽은 자들의 부활과
다가올 세상에서의 삶을 기대합니다. 아멘.

이전의 언급으로 돌아가서 아우구스티누스는 자신의 『안내서』 또는 교리 문답서에서 신학과 기독교 신앙의 주요 주제를 위 신경에서 발견되는 세 가지 항목으로 체계화했다. (1) 창조주 하나님에 대한 믿음, (2) 구원자 그리스도에 대한 믿음, (3) 성령과 교회에 대한 믿음. 그리고 여기에 (4) 신앙과 죄 용서, (5) 부활과 영원한 삶에 대한 믿음을 덧붙이고, 소망과 자선(혹은 사랑)에 관한 이야기로 마친다.[1] 아우구스티누스의 교리 문답서는 또한 기독교의 세 가지 미덕인 믿음, 소망, 사랑에 관한 아주 인상적인 소개를 담고 있는데, 이는 기독교 신앙을 세 가지 항목으로 소개하기 위한 지도를 제공한다.

기독교 신앙의 틀을 만들고자 신경의 세 가지 항목을 사용하는 방식은 아구스티누스 이후, 어쩌면 그 이전도 포함하는 천 년이 넘는 오래되고 고귀한 역사를 가진다. 그 정점 중 하나는 저 세 가지 항목으로 만들어진 신학, 바로 토마스 아퀴나스(Thomas Aquinas)의 『신학대전』(*Summa Theologica*, 바오로딸)이다. 장 칼뱅의 『기독교 강

---

1 나는 이러한 범주들을 Augustine, *The Augustine Catechism: The Enchiridion on Faith, Hope, and Charity*, trans. Bruce Harbert (Hyde Park, NY: New City Press, 2008)의 편집본을 따랐고, 이 책은 아우구스티누스에 관한 표준적 연구에 뿌리를 둔다.

요』(Institutes of the Christian Religion)는 기독교 신학에서 가장 영향력 있는 책 가운데 하나, 아니 어쩌면 **가장 영향력 있는 책**일지도 모른다.[2] 칼뱅이 그의 신학을 네 장으로 구성한 것은 유명하다. 그 네 가지는 (1) 창조주 하나님에 관한 지식, (2) 그리스도 안에서 드러난 구원자 하나님에 관한 지식(처음에는 율법 안에서 선조들에게 계시되었고, 후에는 복음 안에서 우리에게 계시된 지식), (3) 우리가 그리스도의 은혜를 받는 방식(여기서 어떤 유익이 우리에게 주어지고, 어떤 효과가 일어나는지와 같은) 그리고 (4) 하나님이 우리를 그리스도의 세계로 초대하시고 우리가 그 안에 머물도록 붙잡아 주시는 데 사용되는 외부의 도움과 도구다. 세 번째 장은 믿음과 그리스도인의 삶에 관심을 두고, 네 번째 장은 교회에 관한 내용이다. 첫 번째와 두 번째 장은 니케아 신경의 세 가지 항목에서 왔지만, 확장된 의미의 구원론과 교회론으로 변화한다.

신경의 틀을 따라 신학에 접근하는 방식은 20세기 후반과 21세기 초반에 가장 영향력 있었던 신학자 중 한 명인 로버트 젠슨에게서도 발견된다.[3] 젠슨은 삼위일체의 신학(a theology of the Trinity)과 삼위일체적 신학(a trinitarian theology)을 탐구하면서, 그리스도(복음)를 통해 드러난 하나님의 계시 안에서 하나님의 정체성을 강조한다.

---

2   John Calvin, *Institutes of the Christian Religion*, 2 vols., trans. Ford Lewis Battles, ed. John T. McNeill, Library of Christian Classics 20-21 (Philadelphia: Westminster, 1960). 『기독교 강요』(CH북스). 또한 Bruce Gordon, *John Calvin's Institutes of the Christian Religion: A Biography, Lives of Great Religious Books* (Princeton, NJ: Princeton University Press, 2016)를 보라.

3   Robert W. Jenson, *Systematic Theology*, 2 vols. (New York: Oxford University Press, 1997).

이에 따라 그의 조직신학도 어느 정도는 세 가지 항목에 따른 접근법을 사용한다. 시리즈의 두 번째 책은 하나님의 활동에 관심이 있다. 젠슨에 따르면 여기서 하나님의 활동은 창조, 인간(하나님의 형상, 정치와 성, 인격, 죄, 창조 세계를 향한 하나님의 말씀), 교회, 성취(약속, 마지막 심판, 큰 변화, 성인들, 목적)를 뜻한다. 하나님에 대해 우리가 아는 것으로 삼위일체의 틀을 짜는 대신 젠슨은 우리가 기독교 전통에서 하나님을 오직 삼위일체로 알게 된다고 말한다. 삼위일체 하나님은 자신을 스스로 드러내실 뿐만 아니라 출애굽과 부활을 통해 자신을 밝히신다. 그러므로 구원론은 하나님이 누구이신가의 문제와 융합되고, 구원론을 하나님과 분리하여 다루는 전통은 끝이 난다.

이처럼 신경의 틀로 기독교 신학을 구성하는 일은 교회에 영향을 미쳤고 지속적으로 영향을 끼치고 있으며, 누구도 이러한 틀이 지닌 구성하는 힘 혹은 그리스도인들의 마음을 형성하는 데 영향을 주는 힘을 논박할 수 없다.[4] 하지만 여전히 이러한 틀은 보충되어야 한다. 이제 두 번째 틀, 곧 '주제들'로 발걸음을 옮겨 보자.

주제 중심 틀

서구 신학에서 가장 영향력 있는 신학자 중 한 명이자 개혁교회 신학자들을 위해 신학의 기틀을 마련한 이는 찰스 하지(Charles Hodge)

4　Henri de Lubac, *Christian Faith: An Essay on the Structure of the Apostles' Creed*, trans. *Brother Richard Arnandez* (San Francisco: Ignatius, 1986).

다.[5] 하지의 신학을 특별하게 만드는 것은 귀납적이고 과학적 방법론에 대한 그의 강조다. 그래서 그는 방법론에 관한 장으로 책을 시작하는데, 그의 책의 서론은 개신교 신앙의 규범(rule of faith)을 제시하면서 합리주의, 신비주의, 로마 가톨릭 신학을 반대한다. 그러고 나서 그는 신론 또는 하나님에 관한 이야기[계시로 하나님을 아는 것, 하나님의 특성, 삼위일체, 그리스도의 신성, 하나님의 작정(decrees of God), 창조, 섭리, 기적, 천사를 강조함]를 시작함으로써 기독교 신학과 씨름한다. 다음으로 인류학(인류의 기원과 본성, 영혼의 기원, 인류의 연합, 인간성의 원래 상태, 행위 언약, 타락, 죄, 자유 행위자)을 다룬다. 세 번째 부분은 구원론(구원 계획, 은혜 언약, 그리스도의 인성, 그리스도의 중재적 행위, 선지자직, 제사장직, 그리스도의 배상, 속죄의 크기와 속죄 이론들, 그리스도의 중재, 그리스도의 왕직, 그리스도의 겸손과 고양, 소명, 중생, 믿음, 칭의, 성화, 율법, 은혜의 도구)에 관한 내용이고, 네 번째 부분은 종말론[죽음 이후의 영혼, 부활, 재림, "재림에 수반되는 것"(보편 부활과 마지막 심판 등)]에 관심을 둔다.

많은 그리스도인이 성경주의식으로 혹은 증거 본문 찾기식으로 기독교 신학에 접근한다. 그래서 그들은 "이러저러한 것에 대해 성경이 가르치는 내용"을 구체화하는 성경 인용이나 요약으로 주제에 따라 신학이 체계화되기를 원한다. 수십 년 동안 이런 접근법은 오거스터스 홉킨스 스트롱(Augustus Hopkins Strong)에 의해 수행되었

---

5   Charles Hodge, *Systematic Theology*, 3 vols. (Grand Rapids, MI: Eerdmans, 1960).

고, 그는 비망록의 잠재성을 좋아하는 모든 이를 위해 길을 미리 닦아 놓았다.[6] 나는 대학생 때 스트롱의 비망록을 얻었고 수년 동안 특정 주제와 관련된 성경 본문과 인용문들을 찾기 위한 자료로 이를 유용하게 사용했다. 웨인 그루뎀의 『조직신학』(Systematic Theology)은 이 작업을 가장 잘 해냈다. 그루뎀은 조직신학 교수가 되기 전에 신약학 교수였는데, 특정 화제나 주제에 따라 종종 '증거 본문 찾기'라 불리는 성경 구절 모음을 제공하는 오래된 연구들을 대체하고자 계속해서 작업했다.[7] 그루뎀의 조직신학 책은 20년이 넘도록 끊임없이 재판을 찍으면서, 홈스쿨과 기독교 학교 운동 전반에 사용되었고 많은 목회자가 사용하는 자료가 되었다. 그루뎀은 하나님의 말씀, 하나님, 인간, 그리스도와 성령, 구속의 적용, 교회, 미래와 같은 주제를 다루었다.

이제 성서학계의 서사로의 전환이 가진 파급력에 대해 이야기해 보려 하는데, 그전에 상당히 개혁교회 전통에 서 있는 최근 복음주의 신학에 주목하고 싶다. 이 신학은 형태적 측면에서 주제 중심 틀 만큼이나 세 가지 항목 틀을 따르지만, 또한 저자의 복음 서사를 따라 다시 틀을 구성한 것이기도 하다. 바로 호주 신학자 마이클 버드(Michael Bird)의 『복음주의 신학』(Evangelical Theology)을 말하는 것이다.[8] 대

---

6 Augustus Strong, *Systematic Theology: A Compendium and Common-Place Book for the Use of Theological Students* (Philadelphia: Judson, 1907). 비망록에 대해서는 Ann Moss, *Printed Commonplace-Books and the Structuring of Renaissance Thought* (New York: Clarendon, 1996)를 보라.
7 Wayne Grudem, *Systematic Theology*, 2nd ed. (Grand Rapids, MI: Zondervan, 2020). 『웨인 그루뎀의 조직신학』(은성).
8 Michael F. Bird, *Evangelical Theology: A Biblical and Systematic Introduction*,

부분의 신학 전통처럼 버드도 어떻게 하나님에 관해 이야기할 것인가로 자신의 글을 시작하는데, 그의 주요한 기여 중 하나는 그의 신학이 복음에 의해 주도된다는 것, 내식대로 말하자면 복음으로 틀이 지어졌다는 사실이다. 어떤 사람에게는 복음이 유행어와 같지만, 복음에 대한 버드의 인식은 복음에 관한 최근 연구에서 영향을 받았고 빌리 그레이엄이 설파한 개인 구원의 복음을 되풀이하지 않는다.[9] 버드의 책에는 복음의 하나님(삼위일체 하나님), 왕국 복음(복음, 왕국, 지금과 아직 아니, 미래 등), 성자의 복음(기독론적 방법론, 삶, 죽음, 부활, 승천, 예수의 승천, 예수의 때, 예수가 하나님의 정체성과 관계되는 방식), 구원의 복음(구속사, 구원의 순서, 구원의 이미지들, 범위, 보장), 복음의 약속과 능력, 곧 성령(복음의 숨결, 인간, 행위), 복음과 인류(아들과 딸, 하나님의 형상, 인간성에 대한 정의, 신정론의 문제와 이에 대한 긴 역사), 끝으로 복음화된 공동체(복음주의적 교회, 교회의 모습들, 교회의 구조와 특징과 직제, 세례와 주님의 만찬에 나타난 복음의 상징)에 관한 연구를 담은 장들이 있다. 성서학과 조직신학 모두에서 버드의 재능은 복음주의 신학 전통 안에서 새로운 발전을 만들어 낸다.

신경이나 주제를 중심으로 신학의 틀을 만드는 방식은 성경의 계시를 다룰 때 충분하지 않다. 성경 자체도 신학의 틀을 제공하는데, 이는 하나의 조직신학이나 무엇을 믿어야 할지에 관한 목록이

2nd ed. (Grand Rapids, MI: Zondervan, 2020).

9 N. T. Wright, *What Saint Paul Really Said: Was Paul of Tarsus the Real Founder of Christianity?* (Grand Rapids, MI: Eerdmans, 1997,『톰 라이트 바울의 복음을 말하다』, 에클레시아북스); Scot McKnight, *The King Jesus Gospel*. 누군가는 톰 라이트의 책 십여 권을 인용할 수도 있을 것이다.

아니라 지속적으로 발전하는 서사를 제공한다. 성경을 좋아하는 사람으로서 나는 조직신학자들이 이러한 틀을 다시 한번 생각해 보고, 조금 더 서사적인 틀을 고려해 보라고 권하고 싶다.

하나님이 행동하심으로써 말씀하신다는 말은 무슨 뜻인가?

나는 이제 성서학 분과에 속한 사람들을 대변하려고 한다. 조직신학 책을 읽을 때, 우리는 때때로 외국에 있는 듯한 느낌을 받을 때가 있다. 마치 모두가 똑같이 믿는 바에 대해 외국어로 말하는 동료들의 이야기를 듣는 것 같은 느낌이다. 물론 이것은 때때로 학자들의 학식 때문에 그렇다. 가령 오직 전문가만이 루이스 에이러스의 책 『니케아 신경과 그 유산』(*Nicaea and Its Legacy*)에 담긴 내용을 흡수할 수 있고, 모든 단락을 이해할 수 있다. 그러나 때때로 이것은 논의에 서넛 혹은 다섯 단계의 층위가 겹쳐지기 때문이기도 하다. 곧 무언가 하나를 말하고, 거기에 또 무언가가 덧붙여지고 또 무언가는 수정된다. 그리고 이제 우리는 다른 이들이 무시했던 어떤 책을 따라서 약간의 미세한 수정 작업이 또 필요하다는 것을 알고…그렇게 계속된다. 이런 일은 누군가가 그 주제를 파고들어, 지금 무슨 이야기가 진행되는지 궁금해할 때까지 계속된다. (물론 나는 조직신학자들이 헬라어 시제와 해석의 미묘한 의미 차이에 관한 학문적 대화에 대해 이와 비슷한 느낌을 받는다는 사실을 잘 알고 있다. 그래서 우리는 모두 때때로 서로에게 모나리자 같은 미소를 짓곤 한다.) 원하는 대로 말하라. 다만 성경을 연구하는 사람들은 자신들이 조직신학의 신학적 발전을 따라가지 못함을 인정할 것이다. 당신이 다시 한번 같은 것을 말하면, 당신은 한 번 더 우리가 같은 동네의 서로 다른 집에서 살고 있다는 것과 너무 오랫동안 서로 떨어져 있어서 새로운 담론이 형성되는지도 몰랐음을 깨달을 것이다.

이 말을 왜 하는가? 너무 많은 조직신학자가 성경이 신학을 제시하는 고유의 방식을 무시해 왔다. 성경은 일종의 아주 긴 서사다. 이런 서사가 없다면, 심지어 바울이 잘 연구한 로마서 3:21-26조차도 몇몇 조직신학 교과서나 저술에서 주어진 신학적 위치에 잘 맞아 들어가지 않는 듯 보일 수 있다. 우리가 세 가지 항목으로 조직신학의 틀을 만든다면 성부, 성자, 성령(그리고 교회, 죄 용서, 영생)과 같은 개념들 안에서 사고하게 된다. 우리가 주제에 따라 조직신학의 틀을 만들 때, 우리는 기본적으로 구원론의 측면에서 사고하고, 모든 것은 구원론을 통해서 분출된다. 만약 주요 주제가 하나님, 인류, 그리스도, 죄 그리고 구원, 교회론, 종말론(성령론은 어디에?)이라면 우리는 (거의 항상) 개인 구원의 측면에서 사고하게 된다. 다 좋다. 그런데 이러한 두 가지 접근법 중 하나로 사고하는 경우를 제외해도, 우리가 항상 성경의 용어로 사고하는 것은 아니다. 우리 성서학을 연구하는 사람들은 어떤 것이 더 중요한지를 묻는다. 성경인가, 아니면 신학 담론의 역사와 철학을 통해 재형성된 일관성 있는 체계로 일부 주제(모든 주제도 아니다!)를 틀에 짜 맞추는 것인가? 이런 질문에 성경의 편에 선 우리는 이렇게 답한다. "성-경!"(The B-I-B-L-E)

성경이 서사나 이야기라고 위에서 진술했는데, 성경의 다양한 문서들은 다양한 장르와 연관되며 이 문서들 안에는 수사법뿐 아니라 다채로운 장르도 있음을 강조하면서 덧붙이고 싶다. 성경의 다양한 목소리 때문에 아마도 우리는 어떤 공통의 신경 또는 어떤 합의된 신학적 진술로 해결하는 법을 배웠다. 그런 다음에 우리는 자리를 떠나 버린다. 여러 주제에 대한 성경 자체의 접근법을 우리가 포기해야 하는 걸까? 아니다. 자리를 떠나 버리는 것은 그 문제의 한 부분일까? 그렇다. 그러니까 그 주제들에 우리가 너무 익숙한 나머지 신학에 부여한 새로운 틀을 재고해 보는 데 한 세대나 걸리는 것인가? 그렇다.

카슨(D. A. Carson)은 성경의 편에 있는 많은 사람을 대변하면서, 오랜 연구 동안 바로 이 논의에 수없이 많이 관여했다. 그의 글 "조직신학과 성경신학"(Systematic Theology and Biblical Theology) 초반부에 나오는 말을 인용해 보자.[10]

이름 자체가 보여 주듯이 조직신학은 신학적 숙고를 정리하고 체계화하려고 시도한다. 신학적 종합과 숙고를 위한 권위 있는 1차 자료를 성경으로 놓을 때, 조직신학은 성경이 말하는 바를 어떤 체계에 따라 정리하고자 하는 작업이 된다. 열 종류로 구분되는 전통적 주제들이 유일한 가능성은 절대 아니다. 심지어 주제를 선정하고 이들에 위계를 만드는 것은 성경 자체에 명백하게 주어지지 않은 구조를 강요하는 일이다. 어떤 경우라도 이와 같은 신학적 숙고는 불가피하게

10　D. A. Carson, "Systematic Theology and Biblical Theology," in *New Dictionary of Biblical Theology*, ed. T. Desmond Alexander and Brian S. Rosner (Downers Grove, IL: InterVarsity Press, 2000), pp. 89-104. 『IVP 성경신학사전』(IVP).

하나의 인식론이나 특정 문화적 의식에서 발생하고, 이와 같은 문제들은 조직신학자들이 이에 대해 의식하지 못할 정도까지, 아니면 조금 혹은 전혀 영향을 받고 있지 않다고 순진하게 믿는 정도까지 더 큰 영향력을 그 체계 속에서 발휘할 것이다.[11]

나는 여기에 동의한다. 카슨은 계속해서 말한다.

더 깊은 문제도 있다. 성경은 엄청나게 다양한 문학 장르로 말하고, 이처럼 다양한 문학 장르는 굉장히 다채로운 발화 행위로 우리의 심장과 마음을 쥐락펴락한다. 조직신학의 형태 안에서 이 다양성과 능력을 요약하라는 것은 이 분과에는 지나친 요구다. 그러나 조직신학자들은 성경 해석과 관련된 다양한 연구를 광범위하게 읽음으로써 그리고 중재하는 분과로서의 성경신학을 깊이 있게 연구함으로써, 가장 분명한 위험들을 줄일 수 있다. 조직신학자들은 더 나아가 조직신학에 내재하는 한계를 인지해야 한다. 모든 다양한 강점에도 불구하고 조직신학이 할 수 없는 것도 많다. 조직신학도 성경 문헌에 있는 애가를 분석할 수 있겠지만, 그 애가가 해내는 방식으로 마음을 울리는 애가를 자아낼 수는 없다. 조직신학은 예수의 몇몇 비유의 의미를 설명할 수 있을지도 모르지만, 서사적 비유 가운데 가장 충격적인 방식들이 하듯이 독자의 세계관을 뒤흔들 수는 없다.[12]

---

11 Carson, "Systematic Theology," p. 101.
12 Carson, "Systematic Theology," pp. 101-102.

나는 첫 번째 이야기에 동의하지만, 왜 카슨이 조직신학자들이 몇 가지 것을 "할 수 없"다고 생각했는지는 모르겠다. 조직신학은 만약 그렇게 하겠다고 선택하기만 한다면, 그렇게 할 수 있다. 아마도 그의 **할 수 없다**는 '보통은 하지 않는다'라는 의미인 듯싶다. 그런 뒤 카슨은 성서학자들이 조직신학자들에게 갖는 일반적인 불만에 대해 이렇게 말한다. "그렇지만 특정 조직신학이 깊이 흡수되면, 바로 그것이 세계관을 형성하기 때문에 조직신학에 원재료를 제공하는 분과들, 곧 주해, 성경신학, 역사신학에 상당히 큰 영향력을 행사할 것이다. 해석학적 순환이 발생하지만, 이것이 악순환은 아니다." 그리고 그는 이렇게 덧붙인다. "그러나 이러한 조직신학과 관련하여 너무나 명백한 사실은 조직신학의 체계화하는 원리들이 성경의 핵심 서사를 탐구하도록 사람들을 독려하지 않는다는 것이다. 이런 일이 우연히 일어날 수는 있겠지만 말이다. 조직신학의 범주들은 논리적이고 수직적인 질서를 갖지만, 시간적 차원은 결여되어 있다."[13] 나는 다시 한번 동의를 표하고 싶다. 이러한 성경신학과 조직신학의 비교에 대한 카슨 자신의 요약은 이렇다.

조직신학은 동시대 문화에 의식적으로 연결되거나 (그에 반대하는 방식으로) 성경이 말하는 바를 재진술하는 작업을 추구한다. 성경신학도 문화적 영향력을 피할 수 없지만, 무엇보다 귀납적으로 연구하고 기술하는 것을 목표로 하며 그 결과의 신뢰성에 따라 규범적 힘을

---

[13] Carson, "Systematic Theology," p. 102.

얻는다. 그러므로 조직신학은 성경신학보다 성경 본문에서 조금 더 멀어지려는 경향이 있지만, 문화적 관여에는 조금 더 가까워지려는 경향이 있다. 성경신학은 각 문학 장르의 합리성과 의사 전달 능력을 발견하려는 경향이 있지만, 조직신학은 세계관을 형성하는 큰 규모의 종합을 추구하면서 다양한 합리적 견해들을 통합하려는 경향이 있다. 이런 면에서 조직신학은 최종적 분과가 되려는 경향이 있다. 그러나 성경신학은 그 자체로 가치 있다 하더라도 다리를 놓는 분과가 되려는 경향이 있다.[14]

이런 점들은 성경신학과 조직신학의 차이들에 관한 일반 성서학자의 대략적인 이해다. 그러나 많은 성서학자는 성경신학이 다만 다리를 놓는 분과라는 것을 조직신학에 결코 양보하지 않을 것이다. 사실 많은 이는 조직신학자들에게 그 다리를 건너 되돌아가기를 요청한 뒤에 도로를 좁히고 교통량을 줄이고 싶어 할 것이다.[15]

성서학 교수로서 조직신학 연구들을 읽고 나서, 나는 이런 질문을 종종 던진다. 이스라엘은 어디에 있는가? (다른 누구도 아니고 갈라디아서와 로마서에서 바울이 인용하는 사람인) 아브라함은 어디에 있는가? 다윗과 솔로몬 그리고 왕들의 문제는 어디에 있는가? 미리암, 드보라, 에스더, 훌다는 어떤가? 신약성경에 나타나는 신학적 진술들을 제안하는 이들 말고, 예언자들은 어디에 있는가? 세상을 위해

---

14 Carson, "Systematic Theology," p. 103.
15 역설적인 것은 나는 항상 카슨이 칼뱅주의에 너무 많은 영향을 받았다고 생각했다는 사실이다.

구원을 일으키시는 하나님의 활동 배경이 되는 역사는 어디에 있는가? 출애굽 사건은 어디에 있는가? 바빌론 유수 사건은? 그 땅과 그 도성은? 그 플롯은 무엇인가? 더 직설적으로 말하자면, 그 이야기의 플롯은 어디에 있는가? 예수와 그 왕국은 어디에 있는가? 내 생각에는 생각과 표현이 아무리 숭고하다 해도, 세 항목으로 만들어진 틀에는 **플롯 같은 것이 없고**, 주제에 따라 만들어진 틀은 **개인 구원**에 관한 구성일 뿐이다. 나는 지금 이러한 두 개의 틀이 교회에 가져다준 명료성을 반박하려는 게 아니다. 전혀 그렇지 않다. 이 틀들이 **적절한가** 하는 질문을 던지면서, 신학자들이 조직신학을 연구하는 데 서사적 틀에 관해서 깊이 생각해 보도록 역설하는 것이다. 다음의 내용은 여러 번 반복해도 지겹지 않다. **하나님은 조직신학을 계시하신 것이 아니다. 그 대신 오랜 시간에 걸쳐 수많은 사람을 통해 그리고 셀 수 없이 많은 장소와 맥락 안에서 다양한 방식으로 역사를 향해 말씀하셨다.** 복잡한 용어로, 특정 상황에 대한 급박한 요구(exigencies)다. 성경에서 하나님이 우리에게 말씀하시는 방식은 신학을 연구하는 일에 대해 우리에게 무슨 말을 해 주는가? 세 항목 틀과 주제 중심 틀은 그 틀 자체로 인해 지나치게 경직된다. 그리고 나는 기독교 신학이 세 항목 틀과 주제 중심 틀의 통찰을 거부하지 않고, 틀 안에서 더 적절해지는 방법이 있다고 생각한다.

어쩌면 이 지점에서, 세 항목이나 주제들로 틀을 만들면서도 각 주제에서 서사적으로 연구하여 신학의 핵심을 형성했던 신학자들에게는 사과해야 할지도 모르겠다. 최소한 몇 사람은 중요한 측면에서 이렇게 하려고 시도한다. 나는 이를 캐서린 손더레거의 연구에서 충분히 보지 못했고, 로버트 젠슨의 연구에서는 짧게 경험했고, 마이클 버드의 연구에서는 그 이상을 경험했다. 나 같은 성서학자는 만일 신학이 조금 더 서사적 틀로 연구된다면 어떤 모습일지 궁금하기 때문에, 이러한 짧은 경험에도 감사해야 한다.

신학을 위한 서사적 틀

서사 신학에 관한 최근 몇 가지 정의를 말하면서 시작해 보자. 이런 정의들을 우리가 필요한 것이 무엇인지 알려 주는 방향 표시등 정도로만 받아들이면 좋겠다. 조엘 그린(Joel Green)은 이렇게 설명한다.[16]

'서사 신학'은 다음 두 가지가 전형적으로 결합된 신학 과업에 대한 접근법들의 집합체를 가리킨다.[17] 그 두 가지란 (1) 명제들의 체계적 구조와 관련되고 비역사적 원리에 기반한 신학 형태에 대한 반감 그리고 (2) 역사 안에서 지속적으로 표현되었고 성경에서 계시된 하나님의 방식 안에서 그 전체 목적과 계속되는 이야기의 구조를 파악하려는 시도다.

그린의 첫 번째 요점은 세 가지 항목이나 주제들에 따라 틀을 구성

---

16 J. B. Green, "Narrative Theology," in *Dictionary for Theological Interpretation of the Bible*, ed. Kevin J. Vanhoozer (Grand Rapids, MI: Baker Academic, 2005), pp. 531-533.
17 Green, "Narrative Theology," p. 531.

하는 조직신학자들에게 재협상을 요구하는 것이다. 서사 신학자들은 명제들에 따라 신학의 틀을 짜기보다는 "역사 안에서 지속적으로 표현되었고 성경에서 계시되었던 하나님의 방식 안에서 그 전체 목적과 계속되는 이야기의 구조를 파악"하기를 추구한다. 그린은 더 나아가 성경이, 특히 창세기부터 에스더기까지 서사로 가득함을 보았다! 존 골딩게이(John Goldingay)가 번역한 구약성경 『첫 번째 언약』(The First Testament)의 거의 1000쪽 가운데 약 495쪽 분량이 서사다. 두 번째 언약의 첫 다섯 문서 역시나 서사다. 그러니까 나의 헬라어 신약성경 680쪽 가운데 약 400쪽 분량이 서사다. 하나님은 사건과 맥락을 통해 알려지신다. 그린은 다시 이렇게 말한다.

정체성 형성에서 서사가 핵심임을 인정한다면 서사 신학의 중요성이 강조된다. 실제로 신경생물학의 최근 연구는 경험한 세계를 **이야기로 감지하는** 인간의 능력과 경향을 강조한다. 이것은 인류의 독특한 특성이다. 우리는 보통 우리의 행동을 역사적 서사로 설명하고, 이를 통해 개인으로서 그리고 한 공동체로서 '우리 감각'(a sense of ourselves)을 창조하는 데 협력한다. 우리가 품은 이야기는 하나의 해석적 도구로서 기능한다. 이것은 처음에는 **개념적**이고(사물을 바라보는 방식) **능동적**이게 하며(공동체와 그 일원들이 깊게 애착을 가진 일련의 믿음과 가치) 그리고 동시에 **행동을 안내**한다(우리는 그 조항을 따라 살기를 추구한다).[18]

18　Green, "Narrative Theology," p. 532.

최소한 누군가는 **이야기**로 삶을 이해하는 인간들에게 세 항목 틀이나 주제 중심 틀이 적절한지에 대해 물어야만 한다. 그린이 여기서 말하는 내용은 우리가 알다시피 조직신학에 대한 최근의 도전이라할 수 있는 서사적 틀을 잘 보여 준다.

하지만 어떤 서사?

조직신학이 서사에 의해 틀이 만들어지지 않기 때문에 충분하지 않다는 주장은 매우 간단히 긍정될 수 있다. 성경은 하나의 문헌으로 모아진, 창세기부터 말라기 그리고 마태복음부터 요한계시록을 포함한 일련의 책들이다. 많은 이는 아마도 초기 형태의 갈라디아서에서 요약된 바울의 로마서를 단순히 '성경'으로 생각할지도 모르지만, 몇 가지 이유로 이것은 틀렸다.[19] 로마서 자체가 특정 문제와 관련해서 특정 시기에 특정 교회로 보내진 상당히 상황 의존적인 편지이기 때문이고 베드로전서, 요한1서, 야고보서에는 또 다른 사도들의 신학에 대한 요약이 담겨 있는 반면, 로마서에는 단지 한 명의 사도가 제시한 신학의 요약이 담겨 있기 때문이다. 더 나아가 결국 예수가 주님이시고 그분의 가르침이 하나님의 왕국(공관복음)이며 영생(요한복음)이라는 사실은 또 다른 류의 신학이다. 그래서 로마서를 성경의 근본 체계로 보는 것은 신약성경에 대해서도 잘못 이해한 것

---

19 Scot McKnight, *Reading Romans Backwards: A Gospel of Peace in the Midst of Empire* (Waco, TX: Baylor University Press, 2019). 『거꾸로 읽는 로마서』(비아토르).

이다.[20] 여기서 요점은 대부분 조직신학의 주제 중심 틀은 분명히 하나님의 왕국, 영생 그리고 히브리서의 제사장직 주제에 거의 관심이 없는 로마서에서 발전되었다는 사실이다. 이것이 주제 혹은 신경을 따르는 구조의 가장 큰 약점이다. 그래서 톰 라이트는 신경의 틀을 따르는 것에 반대하는데, 그 이유는 이 구조가 하나님 왕국 신학에 대해 관심이 부족하기 때문이다.[21] 조직신학자들이 이런 비평을 가볍게 무시하거나 신경이 결국은 하나님 왕국에 관한 신학이라고 생각할 때, 신약 전문가들은 훨씬 더 심하게 이에 반대한다.

그렇다면 서사는 어떤가? 서사는 하나의 이야기 흐름 안에서 등장인물과 사건뿐 아니라 중대한 주제와 서술자가 만든 해석적 움직임으로 구성된다. 또 최소한 어떻게 이야기를 시작하고 마칠지에 관한 약간의 긴장도 담고 있다. 누구나 성경의 가장 중요한 인물들의 목록을 열거할 수 있을 것이다. 아담과 종종 무시되었던 그의 아내 하와, 아브라함이 된 아브람과 종종 무시되었던 사래에서 사라가 된 그의 아내, 족장들(이삭, 야곱, 요셉), 모세, 아론, 여호수아, 상당히 독특한 사사들, 사무엘, 사울, 다윗, 솔로몬과 남북 왕국의 왕들, 예언자들(이사야부터 말라기까지), 예수와 종종 무시되었던 그의 어머니 마리아, 사도들(특히 베드로와 바울) 그리고 마지막으로 몇몇 다른 사람(바나바, 브리스길라와 아굴라, 뵈뵈, 루디아 등)을 언급할 수 있을 것이다.

---

20 많은 사람이 지적하듯 장 칼뱅의 『기독교 강요』는 로마서에 기반을 두고 쓰였다. 예를 들어 Sarah Coakley, *God, Sexuality, and the Self: An Essay "On the Trinity"* (Cambridge: Cambridge University Press, 2013), p. 39를 참고하라.

21 N. T. Wright, *How God Became King: The Forgotten Story of the Gospels* (New York: HarperOne, 2012). 『하나님은 어떻게 왕이 되셨나』(에클레시아북스).

그런 뒤에는 중요한 사건들로 목록을 만들 수도 있다. 창조, 타락, 아브람과 언약 맺음, 이집트에서 살았던 이스라엘 백성들과 모세의 지도로 이루어진 그들의 해방, 율법 수여, 약속의 땅에 들어감, 약속의 땅을 점령함, 왕을 요구함, 복종과 불복종의 반복, 바빌론 유수, 바빌론에서 돌아옴, 메시아의 도래, 예수의 죽으심과 묻히심과 부활과 승천, 성령의 선물, 교회의 사명 등이다.

플롯은 창조에서 하나님 왕국의 도래로 움직인다. 각 사건에서 갈등이 나타나고, 이는 후대의 사건들에서 나타날 긴장을 예비한다. 여기에 하나님의 형상, 죄, 언약, 하나님 왕국, 구원, 율법, 왕권, 예언, 바빌론 유수, 바빌론에서 돌아옴, 제자도, 정의, 사랑, 거룩, 성전, 희생 제사, 메시아, 성령, 사도권, 통치 권세들과의 관계를 더해 볼 수 있을 것이다. 이 모두를 포함하도록 엮으면, 이스라엘의 이야기와 교회의 이야기가 된다. 여기에 덧붙여 해석적 움직임이 만들어지는 역사적 순간들도 있다. 에덴 동산에서 추방당한 아담과 하와, 하나님에게 닿도록 바빌론에 탑을 높이 건설하려 시도했던 사람들의 어리석음, 언약을 맺음으로써 세워진 한 민족에 대한 약속, 신실하게 하나님 곁에 머물게 하려 땅을 주심, 언약적 삶을 위한 율법 혹은 불복종에 대한 처벌인 바빌론 유수, 하나님의 언약적 신실함의 표지인 돌아옴, 불의를 비난하면서 동시에 신실함에 대한 복을 약속한 예언자들, 영원한 하나님의 왕국을 예비할 메시아 왕에 대한 기대, 지상 명령에 헌신한 사람들에 대한 성령의 복, 성령을 통해 한 분 참 하나님과 성자를 예배하기 위해 모두의 우주적 회복을 기다리고 기대함 등을 언급할 수 있을 것이다. 다른 것들도 있지만 이 목록은 한 가지 사실을 분명히 하는 데 충분하다. 그렇다, 우리에게는 다루어야 할 서사가 있다.

다만 이것은 더 큰 문제로 이어진다. 만약 누군가가 주제 중심 틀로 짜 놓은 조직신학이 일방적이라는 것과 심지어 제한적으로 로마서에 의존하면서 예수의 가르침을 도외시한다는 것을 모호하지 않게 말할 수 있다면(!) 그는 또한 어떤 한 가지 서사만 존재하는 것이 아니라고 주장할 수 있을 것이다. 의미를 만들어 내는 서사에는 위에서 나열한 인물들, 사건들, 생각들을 배열하는 한 가지 이상의 방식이 존재한다. 열왕기상·하를 역대지상·하와 비교해 보면 거의 같은 인물과 사건에 대한 서로 다른 해석을 거기서 발견할 수 있다. 그런 다음 그런 긴 서사에 대한 짧은 요약을 보고자 느헤미야 9-10장을 읽으면, 이전 것들과 완전히 같지는 않음을 알 수 있다. 그런 뒤에 그 인물과 사건에 대한 사도행전 7장의 설명을 읽어 보라. 성경 안에 하나의 서사만 있지는 않다. 유대 역사가 요세푸스가 이 모두를 하나의 서사로—『유대 고대사』(Antiquities of the Jews)—만들기로 했을 때, 그는 저 성경 문서들을 취해서 자기만의 서사로 그것들을 재구성했다. 그렇다면 구약성경 읽기에 대한 이스라엘-역사 접근 방식은 어떤가? 어떤 사람의 비평적 분석이 저 이야기를 가장 잘 들려주는가? 혹은 가장 정확하게 들려주는가? 그러나 위에 제시한 예들은 이스라엘 역사에만 한정된다. 성경 전체에 관해서는 어떻게 말할 수 있을까? 성경 전체의 서사는 무엇인가?

이를 명확하게 해 주는 한 가지 예시가 있다. 성경에 대한 가장 흔한 서사, 내가 가르치면서 자주 사용했던 서사는 창조, 타락, 구속,

완성이라는 네 장면으로 구성된다. 이런 서사가 유용한 면이 있을지 모른다. 나는 대학생 때 이 서사 읽기를 게르할더스 보스(Geerhardus Vos)로부터 처음 배웠던 것 같다. 그런데 로마서를 쓴 바울을 제외하면 성경의 어떤 인물이 실제로 이러한 네 장면 서사를 사용했는지 잘 모르겠다. 심지어 바울도 로마서 5장에서 복잡한 서사의 많은 부분을 삭제했고, 더욱이 로마서 9-11장에서는 저 서사의 순서를 많이 무시했다. 나는 저 서사가 성경의 서사가 아니라 성경에 담긴 하나의 환원적 서사라고 확신하게 되었는데, 그 이유는 다음과 같다. 누군가가 예수로 시작하면서 그분이 어떤 서사를 사용했는지 질문한다면, 이에 대한 대답은 **하나님의 왕국**일 것이다. 그런데 저 네 장면으로 구성된 서사는 하나님의 왕국을 필요로 하지 않는다. 누군가 안절부절못하며 얼버무리지 않는다면 말이다(최근 몇 사람이 언약과 하나님의 왕국이 같은 것인 양 말하고 구원/칭의와 하나님의 왕국이 완전히 같은 것인 양 말하면서 그랬다). 예수께서는 언약적 측면에서의 구속보다 오히려 사무엘상 8장에 나오는 왕을 세워달라는 어리석은 요청 이야기와 훨씬 더 잘 어울린다. 이 말이 누군가에게는 충격적으로 들릴지도 모르겠지만, 예수께서는 **언약**이라는 용어를 통해 사고하시지 않았고 **왕국**이라는 용어를 통해 사고하셨다. 그래서 예수의 서사를 이해하기 위해 필요한 것은 하나님의 왕국에 대한 갈망이다.

이에 대한 하나의 예로 조직신학자 로버트 젠슨을 들 수 있다. 그는 자신의 책에서 예수에 대한 장으로 넘어가면서, 루돌프 불트만(Rudolf Bultmann)처럼 말씀의 신학, 곧 바울과 요한을 통해 바라본 믿음에 대한 루터파의 이해를 선택한다. 하나님의 왕국에 대한 그의

(매우 간략한) 묘사는 귄터 보른캄(Günther Bornkamm)의 종말론적 해석(예수께서 바로 하나님 왕국의 내재이심)을 떠올리게 하지만, 현대 성서학자들을 만족시키지는 못한다.²² 젠슨은 성경에 존재하는 서사적 플롯으로 하나님의 왕국을 연구하지는 않는다. 사실 하나님의 왕국에 관한 신학적 연구를 하는 학자들 대부분이 비슷하다.

창조, 타락, 구원, 완성이라는 흔한 틀 어디에서 구조적이고 총체적인 악의 뚜렷한 현존을 찾을 수 있는가? 인간을 속박에서 해방하고자 세상으로 침투하신 하나님은 어디서 찾을 수 있는가? 평화와 정의로 분명히 특징지어지는 그 왕국은 어디서 찾을 수 있는가? 그 왕국의 마지막은 우리가 완전히 다시 시작하고 새로운 이야기를 해야만 하는 방식으로 서사를 형성하게 한다. 이 지점에서 정확히 엘사 타메즈와 같은 해방신학자들이 큰 영향력을 행사했다. (창조-타락-구원-완성 구조를 지지하는 사람들의) 흔한 반응은 그들의 서사가 의도나 실천에 있어서 편향된다는 것이지만, 이에 대해 타메즈와 같은 이들은 이렇게 응답한다. "실제로 그렇다. 당신도 마찬가지인 것처럼!" 해방신학자들의 서사가 드러낸 것은, 성경에서 무엇을 찾아낼지 결정하는 다른 서사들의 역사적 위치가 그 결과 무엇이 발견될지를 결정한다는 사실이다. 그녀는 "만약 죄가 사회적 현실과 관련이

---

22 Jenson, *Systematic Theology*, 1: pp. 165-178. 그의 요약적 서술은 다음과 같다. "예수 그리스도는 그의 탄생, 삶, 죽음, 부활이라는 모든 역사적 실제 안에서 하나님의 말씀이시다. 그분이 하나님의 말씀으로 열린 미래적 정체성을 가지시기 때문에 그렇다. 그분은 하나님의 말씀이다. 하나님의 말씀이라는 이 선포의 서사적 내용이 그분이라는 점에서 하나님의 말씀이다. 그것은 종말론적 가능성을 제기하기 때문이다. 그분은 하나님의 말씀인 말씀-사건의 서사적 내용이시기 때문에 하나님의 말씀이다"(1: p. 171).

있음을 받아들인다면, 우리는 칭의도 또한 그 똑같은 지평에서 이해해야 한다"고 말한다.[23]

이와 같은 결론은 완전히 재구성된 서사로 이어진다. 죄가 성경과 관계되면, 칭의도 마찬가지로 그렇게 된다. 화해는 더 이상 단지 인간과 하나님 사이에서만 일어나는 것이 아니고, 인간과 인간 사이에서도 일어나는 것이다. 그래서 근대성과 관련된 개인주의적 해석의 틀은 무너지지는 않겠지만, 도전을 받는다. 칭의의 유대적 뿌리는 히브리어 '체데크/체데카'(*tsedeq*/*tsedeqah*)인데, 이에 관한 연구는 칭의 또는 의로움이 개인 영혼과 개인의 하나님에게만 국한될 수 없고, 모든 창조 세계를 향한 하나님의 뜻까지 확장되어야만 함을 드러낸다. 그래서 이러한 칭의는 하나님이 모든 창조 세계를 위해 상황을 바로 잡으시는 것을 의미한다. 타메즈의 주장에 따르면, 칭의는 가 사람의 삶에 대한 긍정을 수반하고 그래서 결국 칭의는 가난한 자들을 해방하는 힘을 의미한다. 왜 그런가? 로마서 4:25과 같은 본문 때문이다. 이 말씀에서 칭의는 부활과 연결되고 그래서 새 창조와도 연결된다. 드디어 우리는 이집트에서의 해방, 새로운 땅에서의 새로운 삶, 유배에서의 귀환 그리고 정의를 특징으로 하는 세상에 대한 소망, 이 모두와 연결하면서 칭의를 이해하는 법을 배우게 된다. 역사도 논의의 대상이 된다. 이제 의롭고 자유롭게 된 사람들은 억압을 제거함으로써 세상에 정의를 세우는 새로운 일에 투입

---

23 Elsa Támez, *The Amnesty of Grace: Justification by Faith from a Latin American Perspective*, trans. Sharon H. Ringe (Nashville: Abingdon, 1991), p. 21.

될 준비가 되었기 때문이다.

조직신학과 같이 성경에 대한 서사적 접근들은 성경 전체를 묶는 **하나의** 서사만 있다고 생각하기 쉽다. 이런 사람들은 주요 인물, 사건, 사상들을 수집하고, 결국 한 가지의 서사를 구성한다(이것이 사실 '구약의 역사' 같은 많은 수업이 하는 일이다). 이러한 서사는 이를 구성한 이의 서사이지 어떤 한 명의 성경 저자가 가졌던 서사는 아니다. 그리고 또 다른 사실을 인정하는 일은 훨씬 더 중요할지도 모른다. 그것은 바로 **기독교 서사 신학자들은 그리스도 안에 나타난 하나님의 계시에 기반해서 하나의 서사를 구성한다는 사실이다.** 어떤 사람들은 서사들을 눈여겨보는 법을 배워서, 이야기가 창세기 1장에서 시작해서 진행되다가…갑자기 모든 이야기의 조각들이 맞추어지고…그리스도가 있음을 발견한다! 서사에 대한 특별한 민감성을 가진 조직신학자 젠슨은 바로 이 점을 지적했다. "이야기는 서술된 사건들의 결론에 의해서 구성된다."[24] 이런 진술 그 자체가 서사 신학을 충분히 설명해 준다. 서사가 구성되는 방식을 알기 위해서 주의 깊게 그 결론을 연구해야 하지만 말이다. 몇 페이지 뒤에서 젠슨은 저런 간단하고 (분명한) 설명을 더욱 상세하게 확장한다.

해석 가능한 역사를 펼쳐 내는 미래는 그 역사를 형성하며, 사건이 일어난 후에 때때로 이러한 형성 과정이 포착될지도 모른다. 그 반대도 참인데, 이야기로 구성된 역사를 형성하는 것은, 그 포착이 사

---

24 Jenson, *Systematic Theology*, 1: p. 66.

실이라면 그 역사 안에서의 미래 어느 시점에 발생해야 한다. 최소한 교회는 애초에 역사를 그렇게 이해했다. 교부들의 '영적' 주해에 대한 실천은 성경에 의해 이야기된 역사를 추적하기 위함이었다. 다가올 성취에 따라 구성된 각각의 가상 현재(specious present, 흐르는 시간 속에서 포착될 수 없는 현재를 가상으로 인지하는 것을 가리키는 철학 용어-편집자)에서 그러한 것처럼 말이다. 그들은 이야기된 사건들 그 자체에 예언이 있다고 보았는데, 이 사건들이 그 마지막 미래에 의해 구성된 연속된 일들로 이해될 수 있을 때만 그러했다. 또한 이와 같은 해석은 '문자적' 의미에 의미를 부여하는 것으로 이해되지 않았다. 교부들은 이야기된 사실들을 넘어서지도 벗어나지도 않는, 사실은 그것들 **안에** 담겨 있는, 서사 자체의 성취인 서사의 '알레고리'를 보기 원했다.[25]

미래성에 관한 산문체의 빡빡한 설명에도 불구하고, 나는 그가 다음의 사실을 바르게 이해한다고 본다. 서사의 미래성은 일단 그것이 현실이 되면서 그 서사에 극적 일관성을 부여함과 동시에 그 서사를 어떻게 읽어야 하는지도 말해 준다. 잠재된 일은 오직 미래가 확실해진 후에 분명해진다. 잠시 다른 이야기로 넘어가 보면, 이러한 것은 종말론적으로 바울을 연구하는 학자들이 말하는 바와 그리 다르지 않다. 오히려 나는 그들이 젠슨이 말하는 내용을 잘 넘어서는 방식으로 이 점을 밀고 나갔다고 본다. 젠슨은 구약성경 서사가 그 안

---

25 Jenson, *Systematic Theology*, 1: pp. 81-82.

에 기록된 미래성을 가지고 있다고 분명히 진술하는데, 묵시 사상을 연구하는 학자들은 저 미래성을 축소하고 예수 안에서 충격적이고 새로운 방식으로 이 모든 것을 종말론적(곧 계시된 것)으로 보려는 경향이 있다.[26] 젠슨은 하나님의 창조에 관한 자신의 일곱 번째 요점에서 이 미래성이 창조 자체에 닻을 내리게 만든다. "하나님이 창조하신 세계는 어떤 물질, 곧 '우주'가 아니라 오히려 역사다."[27]

내가 주장하는 바는 모든 인물, 모든 사건, 모든 생각, 모든 해석적 움직임을 사용하는 것 외에 성경 전체를 하나로 묶는 어떤 단일 서사가 있지 않다는 것이다. 그래서 나는 지금 주요 서사 가운데 하나, 예수의 하나님 왕국 해석학에서 그것의 미래를 발견하는 서사를

---

26 이에 대해 내가 가장 많이 배운 묵시 사상가는 더글러스 캠벨이다. 여기서는 다음의 책들만 언급하겠다. Campbell, *The Quest for Paul's Gospel* (London: T&T Clark, 2005); Campbell, *The Deliverance of God: An Apocalyptic Rereading of Justification in Paul* (Grand Rapids, MI: Eerdmans, 2013); Campbell, "Apocalyptic Epistemology: The Sine Qua Non of Valid Pauline Interpretation," in *Paul and the Apocalyptic Imagination*, ed. Ben C. Blackwell, John K. Goodrich, and Jason Maston (Minneapolis: Fortress, 2016), pp. 65-85; Campbell, *Pauline Dogmatics: The Triumph of God's Love* (Grand Rapids, MI: Eerdmans, 2020). 톰 라이트는 묵시적 바울을 연구하는 학자들을 다음의 책에서 비평했다. N. T. Wright, *Pauline Perspectives: Essays on Paul, 1978-2013* (Minneapolis: Fortress, 2013); Wright, *The Paul Debate: Critical Questions for Understanding the Apostle* (Waco, TX: Baylor University Press, 2015, 『바울 논쟁』, 에클레시아북스). 톰 라이트는 이에 대한 대안적 역사 기술을 시도했는데, 가장 강력한 시도는 다음의 책을 참고하라. Wright, *History and Eschatology: Jesus and the Promise of Natural Theology* (Waco, TX: Baylor University Press, 2019). 『역사와 종말론』(IVP).
27 Jenson, *Systematic Theology*, 2: p. 14. 젠슨은 하나님이 창조하시면서 삼위일체의 신적 삶을 공유할 공간 혹은 창조 세계를 만드셨다고 생각한다. 이 모두는 이 시간과 팽창 이론에 연결되어 있다. 이런 이야기를 여기서 모두 요약할 필요는 없어 보인다 (내가 그렇게 할 수 있더라도 말이다). "하나님은 그분의 시간 안에서 우리를 위한 시간을 가지신다"(2: p. 35).

만들어 보려고 한다. 네 장면으로 구성된 서사 대신에, (예수를 이해하기 위해서) 여기서 내가 제안하는 것은 신정 시대, 왕정 시대, 그리스도 통치 시대(하나님이 다스리심, 왕이 다스림, 그리스도가 왕으로 다스리심)의 세 장면으로 구성된 서사다.

신정 시대

1. 하나님은 창조주이자 언약을 만드신 하나님이다. (창 1-2장)
2. 인간이 우주적 성전에서 왕과 제사장 임무를 맡는다. (창 2장)
3. 인간이 하나님의 역할을 넘보다 에덴에서 쫓겨난다. (창 3장)
4. 인간이 하나님의 자리를 넘보느라고 허우적댄다. (창 4-11장, 특히 바벨탑 사건)
5. 하나님이 아브라함을 선택해서 계약을 체결하심으로써 인간은 형태를 갖추고, 이스라엘은 모세를 통해 받은 토라에 따라 통치된다. (창 12장부터 신명기까지)
6. 하나님은 한 민족, 곧 이스라엘을 통치하려는 신적 계획이 있으시다. (여호수아기, 사사기, 역사서들)

왕정 시대

7. 왕을 가지고 싶다는 사람들의 요청에 대한 하나님의 허락이 있었고(삼상 8장), 하나님은 왕조를 세우셔서 자신의 것으로 만드신다. 하나님은 왕을 대표로 하는 한 민족(이스라엘)을 통해 통치하실 것이다. (다윗과 후계자들; 삼하 7장)
8. 신적 가르침에도 불구하고 그 왕조는 실패했다. 북이스라엘 왕국

은 앗시리아로 유배되었고, 남유다 왕국은 바빌론, 페르시아, 로마에 차례로 지배당한다. (예언서들)

그리스도 통치 시대

9. 신적 통치는 그리스도 안에서 회복되었다. 하나님은 한 민족 이스라엘을 통해 통치하시지만, 그분의 독생자이시고, 왕이신 예수를 통해 스스로 통치하신다. 왕이신 예수께서는 유대인과 이방인 모두의 주님이시다. (복음서들)
10. 그러므로 그리스도 통치 시대는 이스라엘을 통한 하나님의 통치를 왕이신 예수 아래서 교회를 통해 이방 세계까지 확장한다. 교회는 이스라엘을 확장한다. 교회가 이스라엘을 대체하지 않고, 이를 확장한다. 곧 확장된 이스라엘이 교회다. (사도행전, 바울 서신들, 특히 로마서 11:17-24을 보라.)
11. 그리스도 통치 시대는 이스라엘/교회를 전 세계로 확장하는 선교의 세대들을 포함한다. (교회사)
12. 그리스도 통치 시대는 새 예루살렘에서 새 하늘과 새 땅으로 완성된다. 이곳은 하나님이 새로운 성전인 어린양을 통해 통치하실 곳이다. 이곳이 하나님의 왕국이다. (계 20-22장)

이런 서사는 어떤 조직신학에서도 발견되지 않지만, 예수와 교회의 사명 안에서 작동하고 있는 서사라고 충분히 말할 수 있을 것이다. 만약 이것이 대략적이나마 사실이라면, 조직신학은 예수의 서사와 떨어져 형성된 것이다.

(최소한 나에게는) 이 서사가 예수께서 사용하신 서사를 가장 잘 설명한 것이지만, 이것이 사도 요한, 바울, 베드로 또는 야고보에게 작동한 서사의 틀을 설명해 주지는 않고, 히브리서 배후에 작동하는 서사로 우리를 데려가 주지는 않는다. 요한계시록과 위에서 제시한 나의 서사 사이에는 어느 정도 겹치는 점이 있지만, 요한계시록은 또한 자체적인 서사를 갖는다. 그래서 요한계시록은 있는 그대로 이해되어야 한다. 만약 누군가 서사의 미래를 바울이 그리는 미래로 이해하고자 한다면 그 안에서 가장 강력한 목소리나 사건 혹은 생각을 담아내는 아담, 아브라함, 모세를 포함하여 서사를 만들어야 한다. 그러나 일련의 서사를 만들어 내는 일이 필수인 것은 아니다. 역설적이게도 성경 전체를 하나로 묶는 단일한 서사 해석학(예를 들어 창조-타락-구원-완성 서사)은 없기 때문이다. 다만 성경에서 일어난 내용과 조화를 이루는 서사들은 있다. 성경의 모든 저자가 기록한 각각의 다양한 서사는 그 기본 인물, 사건, 사상과 함께 구성된다. 하지만 각각은 그 저자의 청중에게 이 서사를 가장 최신으로 만들기 위해 신선한 해석적 움직임을 가져온다. 시간이 지나면서 서사는 성장하고, 이에 따라 서사의 틀은 복잡해진다. 우리는 오래된 서사들을 재구성하게 하는 새로운 인물과 신선한 사건을 만나고, 또한 새로운 사상을 얻는다. (하나님의 왕국은 예수 안에서 상당히 새로워진다. 칭의라는 주제는 바울 안에서 상당히 새로워진다. 히브리서의 주제 중 희생적 제사장 직분은 레위기를 새롭게 한다. 요한은 영생을 이전에 없던 방식으로 제시한다.) 그 결과 새로운 해석적 움직임이 생겨난다. 서사는 변화무쌍하다. 같은 조각을 가진다 해도 사람들의 시선에 따라 빛은 다르게 굴절된다.

이것이 세 항목 틀과 주제 중심 틀이 충분하지 않은 이유다. 이 틀들은 성경 자체에서 발견되는 모든 인물, 사건, 사상, 해석적 움직임을 담아내기에 충분히 크지도, 충분히 넓지도, 충분히 깊지도 않다. 몇몇 학자들은 이러한 것들을 다루려고 시도조차 하지 않고, 시도하지도 않았기 때문에 너무 많은 것들이 버려진다. 어떤 조직신학자들에게는 중요하지 않은 듯 보이는 재료들이 있고, 그래서 그러한 재료들은 무시되기도 한다. 예를 들어 입다나 아나니아와 삽비라 같은 사람들 말이다. 그러나 우리의 체계가 그 체계에 맞지 않은 재료를 제외해 버린다면, 손해를 보는 것은 우리다. 유진 피터슨(Eugene Peterson)은 성경 이야기를 누구보다 잘 들려주는 사람으로서 이 점에 대해 잘 말했다.

성경 안에 있는 혼란스럽고 불편한 난해함을 제거해 버리는 가장 흔한 방식은 성경을 체계화하는 것, 곧 어떤 계획에 따라 성경을 구조화하거나 '성경이 가르치는 내용은 이것이다'라고 요약하는 것이다. 만약 우리가 성경이 가르치는 내용을 안다면, 더는 성경을 읽을 필요가 없다. 또한 그 이야기 안으로 들어갈 필요도 없다. 그리고 이상하고 조화롭지도 않고 마음에 들지도 않는 방식으로 진행되는 이야기에, 우리가 생각하기에 우리와 관련 없어 보이는 수많은 인물과 상황이 포함된 이야기에 몰두할 필요도 없다.[28]

---

28 Eugene Peterson, *Eat This Book: A Conversation in the Art of Spiritual Reading* (Grand Rapids, MI: Baker, 2006), p. 66. 『이 책을 먹으라』(IVP).

오직 서사적 틀만이 세 항목 틀과 주제 중심 틀을 넘어서게 한다. 성경에 무슨 내용이 있든지 그 내용이 그것이 속한 문서에 잘 어우러진다고 말함으로써, 그리고 이야기를 생략해 버리는 것—특이한 일탈 행동을 하는 인물들에 관해 말하기를 거부하는 등—이 그것이 속한 이야기와 우리의 신학에 영향을 미친다고 말함으로써 그런 결과를 얻는다.

서사는 진보가 표준임을 의미한다

나는 시애틀 한 강연장에서 이 위키-스토리 접근법에 관해 이야기하고 있었다. 그때 성경을 위한 서사적 틀을 지지하는 사람은 누구나 확장 모델을 포용한다는 사실이 사람들 앞에 선 내게 분명해졌다. 구약성경에 담긴 거룩한 전쟁과 관련된 구절들은 나를 오랫동안 괴롭게 했다. 교회에 다니는 몇몇 사람들이 이런 구절을 핵무기의 확산과 전쟁에서 발생하는 가학적일 뿐인 죽음을 정당화하는 데 사용하는 모습은 나를 더욱 괴롭혔다. 이런 구절들을 읽을 때, 나는 이들이 복음서나 사도들의 편지에 나오는 예수의 비전과 어울리지 않음을 느꼈다. 적들과 관계 맺으시는 예수의 표준적 방식은 그들을 사랑하시고, 그들을 위해 죽으시고, 그들과 화해하기 위해 애쓰시고, 그들이 하나님과 화해하도록 도우시는 것이었다. 빌립보서 2:6-11에서 볼 수 있는 사도 바울의 그리스도를-따르는(Christoform) 신학 뒤에는 다름 아닌 대인 관계에서 십자가를-따르는(cruciform) 방식이 놓여 있다. 그러면 예수와 사도들은 이스라엘 이야기에 나오는 거룩한 전쟁에 관련된 본문에 관하여 뭐라고 이야기하는가?

여기에 딱 두 가지 선택지가 있다. 거룩한 전쟁에 관한 본문을 계속해서 유효한 가르침으로 여기는 것 혹은 예수의 비전으로 이런 거룩한 전쟁 관련 본문을 무효화시키는 어떤 진보가 성경에 있다고 생각하는 것이다. 윌리엄 웹(William Webb)과 고든 오스티(Gordon Oeste)는 그들의 최근 책 『피로 얼룩진, 잔혹한 그리고 야만적인?』(*Bloody, Brutal, and Barbaric?*)에서 거룩한 전쟁에 관련된 본문들을 예수의 가르침에 비추어 보면 다음과 같은 일곱 가지 함의를 발견한다고 제안한다.

1. 십자가 사건은 정경의 이야기 흐름에서 독특한 변화 혹은 발전을 만들어 낸다. 이는 (동물 희생 제사가 끝난 것처럼) 말 그대로의 거룩한 전쟁이 가져오는 지속적인 윤리적 악영향이 다시 일어나지 않도록 막는다. 거룩한 전쟁(군대 사이에서 일어나는 싸움)이 문자적 의미에서 영적이고 상징적 의미로 바뀜으로써 이렇게 된다.
2. 로마군에 의해 자행된 전쟁과 흡사한 십자가 처형에서 예수께서는 극도의 잔인함과 불의(고대 세계의 보편적이었던 잔혹 행위의 영역)를 경험하셨다. 이는 고대 성경의 거룩한 전쟁에 자리 잡은 (불)의를 경험한 사람들의 윤리적 혼란을 듣고 판단하여 해결할 독특한 자격을 예수께 부여한다.
3. 예수의 죽으심과 복음의 전 세계적 확장은 (문자적이 아니라) 상징적 빛으로 그 마지막 종말론적 전쟁을 보도록 우리의 마음이 열리게 하거나 최소한 눈 뜨게 만든다.

4. 예수의 십자가와 거룩한 전쟁 관련 본문에서 발견되는 고통당하시고 울고 계신 하나님에 대한 묘사는 우리가 신적 사랑과 취약성의 신비에 깊게 빠져들게 한다. 이것이 윤리적 문제를 곧장 해결하지는 않지만, 이 모든 고통 가운데 하나님이 어디에 계신지를 깨닫도록 확실히 우리를 돕는다. 고통스러운 세상에서 우리와 함께 고통당하시는 분에게 화가 난 채로 있을 수는 없다.

5. 예수의 죽으심과 동시에 일어난 성전 장막의 찢어짐과 새로운 성전 사상의 탄생은 구약성경과 고대 세계의 성전-땅-민족이라는 이상을 완전히 탈바꿈해 버렸다. 특정 땅과 연결되고 민족을 기반으로 하는 실제 전쟁은, 사람에 기반한 새로운 성전에서 예배하는 예수를 따르는 이들에게 더는 쓸모 없고 터무니없는 것이 된다.

6. 성령의 오심은 새로운 성전 신학을 확증할 뿐 아니라 성경적 전쟁 윤리(혹은 법)를 헤이그 협정과 제네바 협약(전쟁과 관련된 국제 인도법—옮긴이)을 넘어서는 새로운 수준의 성취로, 곧 점진적인 구속적 움직임으로 받아들일 기회를 제공한다. 개인적 수준에서 우리는 덜 보복하고(더는 주먹에 주먹으로 보복하지 않도록) 더 주도록(몇 마일을 더 함께 가 주도록) 부름받았다.

7. 예수의 죽으심과 빈 무덤 사건은 구속 이야기의 흐름을 최종 정의에 이르도록 이끈다. 십자가, 부활, 승천에 관하여 드러난 함의는 앞으로 일어날 일을 만들어 내는 영적 토대 깊은 곳에 놓인다. 예수의 첫 번째 오심은 간절히 기다려 왔던 종말의 순간을 향해 이야기의 흐름이 흘러가도록 만드는 신학적 추진력을 창조한다. 그 종말의 순간은 예수께서 새 하늘과 새 땅에 가져오실 최종적이고

완전한 정의의 실현으로 과거의 모든 불의를 궁극적으로 해결하는 때다.[29]

모두가 웹과 오스티의 생각에 동의하지는 않을 것이다. 어떤 사람들은 그렉 보이드(Greg Boyd)가 제시한 조금 더 신학적인 해석 체계를 선호할 것이다.[30] 그러나 거룩한 전쟁 관련 본문에 대한 단호한 긍정에 찬동하는 사람은 거의 없을 것이다. 이는 사람들 대부분이 새로운 무대에서 예수와 춤추는 법을 배워 왔음을 의미하고, 또한 **성경 자체**에 신학 연구를 위한 일종의 확장하는 서사적 틀이 있음을 의미한다.

물론 이 경우에 거룩한 전쟁에 관련된 본문들이 다른 본문들보다 다루기 더 쉬운 범주이기는 하지만, 어떤 이들의 생각처럼 그렇게 쉽지만은 않다. 모든 그리스도인은 성경을 확장하는 방식으로 읽는다. 모두가 예수를 오랫동안 기다렸던 메시아로 확신하고, 마가복음 7:18, 사도행전 10장, 로마서 7장(또는 9-11장), 갈라디아서 3장과 히브리서에서 율법이 진지하게 다시 점검되면서 다루어졌음도 알고 있기 때문이다. 일단 사람들이 서사적 틀을 포용하면, 진보가 중요해진다.

---

29 William J. Webb and Gordon K. Oeste, *Bloody, Brutal, and Barbaric? Wrestling with Troubling War Texts* (Downers Grove, IL: IVP Academic, 2019), pp. 333-334.
30 Gregory A. Boyd, *The Crucifixion of the Warrior God* (Minneapolis: Fortress, 2017). 『전사 하나님의 십자가에 죽으심』(CLC).

서사는 교회론이 핵심임을 의미한다

니케아 신경의 세 가지 항목 구조를 보면, "우리는…믿습니다"라는 표현이 세 번이 아니라 네 번 나온다. 이 표현은 성부, 성자, 성령과 관련되어 세 번 나오고, 세 번째 항목에 하나 더 끼워져 있다. "우리는 하나의 거룩하고 보편적이고 사도적인 교회를 믿습니다." 이는 신경의 네 번째 요소로 등장하는데, 주제를 따라 틀 지어진 많은 신학에서 축소되어 다루어졌다. 신학을 연구하는 주체에 따라 교회에 관한 이야기는 세 가지 항목 틀로 만들어진 신학에서도 역시 축소되어 다루어지기도 한다. 나는 새라 코클리의 조직신학에서 이 주제를 거의 다루지 않는다고 느꼈다. 그녀의 연구가 아직 완성되지는 않았기에, 그녀가 교회를 자신의 삼위일체 신학의 중심에 들어가게 할지는 시간이 지나면 알게 될 것이다.

그러나 서사적 틀은 교회를 강조한다. 조직신학이, 특히 개혁교회 전통이 개인과 개인의 구원에 강조점을 둔다고 보통 많이들 비난한다. 이와 같은 반복적인 반응은 종종 어느 정도 사실에 기반하여 일어난다. 주제 중심 틀이 교회론을 나중에 다룰 주제로 미루어 버릴 때, 그때에 이르기까지 교회론을 축소할 위험성이 있다. 똑같은 일이 세 가지 항목으로 틀 지어진 신학에서도 이따금 일어난다. 사실, 구약성경은 개인 구원에 관한 이야기를 그리 자주 말하지 않는다. 그러면 이것은 무엇을 의미하는가? 그렇다. 구원 이야기가 나타나지만, 이들 대부분은 **공동의 혹은 공동체적 구속에 관한 것이다.** 그렇다. 성경은 구원에 관한 것이지만, 이는 세상에서 하나님의 선교를 성취하려는 목적을 가진 하나님의 백성에 대한 구원에 관한 것이다. 성경을 창세기부터 말라기까지 읽으면, 우리는 이스라엘에 대한 그리고 이스라엘 왕들과 예언자들에 대한 일련의 이야기를 마주한다. 이 이야기는 이스라엘 백성과 함께하시는 하나님의 방식에 관한 것이다. 만약 우리가 신약성경을 읽으면서 철저히 개인 구속의 측면에서만 생각한다면, 엄청난 실수를 하는 것이다. 비록 개개인에 대한 치유(복음서에서 종종 구원이라 불림)와 예수를 향한 개인의 회심이 많은 주목을 받는다고 할지라도 말이다. 그런데 바울과 베드로와 요한의 글 중심에는 교회, 곧 그리스도 안에 있는 하나님의 백성이 있다. 신학을 위한 서사적 틀은 하나님의 백성을 이야기 전면에 내세울 수밖에 없다. 성경이 이런 것이기 때문이다. 사도행전을 읽어 보라. 거기서 특별히 바울 교회가 예루살렘부터 로마까지 성장해 나가는 이야기를 마주한다.

성경을 하나로 묶는 것은 예수와 사도들과 교회의 이야기로 이어져 나가는 이스라엘의 이야기다. 그렇기에 성경을 하나로 묶는 것은 예수에 대한 교회의 이야기다. 성경의 서사를 강조하는 신학자들은 세 가지 항목 틀에서 교회에 관한 이야기가 축소된 것과 주제 중심 틀에서 교회론이 나중에 다루어야 할 주제로 밀려난 것에 충격을 받는다. 성경의 중심이 되는 신학은 사람들(이스라엘 백성과 교회)과 함께하시는 하나님의 방식에 관한 서사다. 성경의 신학은 이야기다. 이야기의 틀로 구성된 신학이 없다면 우리는 성경 자체가 가진 틀, 곧 구심점을 잃어버린다.

결론

틀은 신학에 상당히 중요하다. 나는 기독교 신학의 역사가 세 가지 항목 틀과 주제 중심 틀의 탁월함에 완전히 갇혀 버렸기 때문에 틀을 바꿔야 한다고 확신하게 되었다. 이를 위해 누군가는 성경의 서사를 고려해 볼 수도 있을 것이다. 또한 윤리를 주제 중심 틀에서 나중에 다루어도 되는 문제로 무시하면 안 된다는 것도 확신하게 되었다. 살아 낸 신학이 아니면 신학이 아니다. 다음 장에서 이 주제를 다루어 보려고 한다. 그러면서 지금까지 제안해 온 전체 방법론을 하나로 묶어 내고 싶다. 신학은 다중적 학제 간 연구이고, 주석적이고 역사적이며 서사적이다. 그리고 이 모든 것은 **삶이 신학인** 방식으로 구현되어야 한다.

5장

신학은 살아 낸 신학이 되어야 한다

누군가가 그의 신학이 아니라 그의 삶으로 판단받을 거라는 말은 과장이 아니다. 그러면 모든 신학자는 이처럼 말하는 사람에게 그것은 과장된 표현보다 더 나쁠지도 모른다는 것을 상기해 주려고 노력할 것이다. 사람들이 **무엇을** 믿는지는 중요한 문제다. 맞다, 나도 거기서 시작하기를 원하고, 부어스마의 책과 이 책도 그 사실에 기초한다. 그러나 옳은 것을 믿는 것만으로는 충분하지 않다. 우리가 믿는 바를 살아 내는 것은 중요한 문제다. 그렇기에 이 마지막 장에서는 살아 낸 신학이 아닌 신학은 충분하지 않음을 주장하려 한다. 주제 중심 틀에서 때로 윤리학은 여러 주제 가운데 하나다. 누구나 관찰할 수 있듯이 세 가지 항목 틀에는 윤리 항목이 없는 것이나 마찬가지다. 누군가는 니케아 신경에 있는 한두 줄에서 도출되는 자연스러운 윤리적 결론을 추론해 낼 수도 있을 것이다. 예를 들어, "그분은 영광 가운데 다시 오셔서 살아 있는 자와 죽은 자를 심판하실 것이며" 그리고 "죄 용서"라는 말에서 그럴 수 있다. 누군가 이를 확장한다 해도, 저 틀은 우리가 믿는 바의 중심에 윤리를 두지 않는다. 어떤 사람은 반박하면서 이렇게 말할지도 모른다. "글쎄, 신경은 결국 우리가 **믿는 바**에 관한 것이지 우리가 **살아가는 방식**에 관한 것은 아니잖아."…이에 대한 응답은 너무나도 분명하다. 살아가는 것은 무엇을 믿는지에 관한 전부다. 애덤 네더(Adam Neder)가 최근에 우리에게 상기해 주었듯 신학은 삶을 위한 것이다.[1]

---

[1] Adam Neder, *Theology as a Way of Life: On Teaching and Learning the Christian Life* (Grand Rapids, MI: Baker Academic, 2019).

윤리를 무시하는 것은 세 가지 항목 틀만이 아니라 주제 중심 틀도 그렇다. 사람들 대부분은 윤리를 구원론에 그리고 그 결과 성화에 종속시키려는 경향이 있고, (재빨리 한 가지만 덧붙이자면) 그 자리를 윤리를 위한 완전히 합리적인 위치로 생각한다. 칼 바르트는 윤리학을 하나의 주제로 만들었고, 그가 즐겨하는 방식으로 그의 신학 전체를 윤리에 통합시킨다. 바르트는 디트리히 본회퍼와 결을 같이한다. 바르트는 살아 있을 때 본회퍼라는 젊은이의 신학이 사람들의 눈에 띄기 시작하는 것을 목격했는데, 그는 다름 아니라 신학적 윤리학을 연구했다. 만약 본회퍼가 사람들의 평균 수명만큼 살았다면, 그의 신학이 어떤 모습이 되었을지 우리는 모른다. 둘 사이에 다음과 같은 차이가 놓여 있는지 우리는 궁금해해야 한다(나는 그래야만 한다). 본회퍼의 신학은 자신의 윤리학에 전부 스며들어 있기에 본회퍼의 윤리학이 그의 신학이고, 바르트의 윤리학은 바르트 신학의 산물이다. 로버트 젠슨이 윤리학이 교회론의 일부라고 말했을 때, 나는 거기에 관심이 갔다. "구체적인 기독교적 삶에 대한 논의는 그 자체로 구분되는 주제가 아니라 교회에 관한 교리에 속한다."[2] 그리스도인들은 교회 자체를 드러내는 통로이고, 교회는 그리스도인들이 참된 그리스도인이 되는 곳이다. 이제부터 조직신학이 살아 낸 신학으로 충분히 틀이 짜이지 않았다는 사실과 살아 낸 신학은 우리 모두가 조금 더 성경적 방식으로 신학의 틀을 구성하는 데 도움을 줄

---

2 Robert W. Jenson, *Systematic Theology* (New York: Oxford University Press, 1997), 2: p. 289.

수 있다는 사실을 보여 줄 것이다. 이러한 내용이 위의 진술을 실제적인 것으로 만들어 주리라고 기대한다.

신학에 대한 성경의 관점

윤리학이나 살아 낸 신학과 분리된 신학은 성경적 신학이 아니다. 고대 이스라엘의 윤리학이 신학에 통합되었듯이, 고대 이스라엘의 신학도 윤리학에 통합되었다. 이 둘은 분리될 수 없고, 둘의 분리를 허용하는 것은 오직 특정 형태의 인지 행동주의 혹은 모든 것이 마음먹기에 달렸다는 식의 생각뿐이다. 우리가 살아가는 방식과 우리가 믿는 내용을 분리하는 것은 가장 오래된 신학적 실수 중 하나다. 하나님이 아브람/아브라함과 맺으신 언약, 하나님이 모세와 맺으신 언약, 하나님이 다윗과 맺으신 언약, 예레미야와 에스겔을 통해 약속하신 새 언약을 포함한 다양한 형태의 언약은 그것이 신학과 관련 있는 만큼이나 윤리학과도 관련 있다. 토라는 이론적 도덕률이 아니라 살아 낸 신학, 곧 하나님을 앎으로써 생기를 얻는 삶이다. 그렇다. 때때로 신학에서 윤리학으로 이동해 가기도 한다. 하나님이 "내가 거룩하니, 너희(이스라엘 백성)도 거룩할지어다"라고 말씀하신 것처럼 말이다. 이 두 가지가 분리될 수 있다는 생각은 지나치게 단순화한 실수다.

야고보서 2:14-19을 예로 들어 보자.

내 형제들아, 만일 사람이 믿음이 있노라 하고 행함이 없으면 무슨 유익이 있으리요. 그 믿음이 능히 자기를 구원하겠느냐? 만일 형제나 자매가 헐벗고 일용할 양식이 없는데 너희 중에 누구든지 그에게 이르되, 평안히 가라 덥게 하라 배부르게 하라 하며 그 몸에 쓸 것을 주지 아니하면 무슨 유익이 있으리요. 이와 같이 행함이 없는 믿음은 그 자체가 죽은 것이라.

어떤 사람은 말하기를, 너는 믿음이 있고 나는 행함이 있으니 행함이 없는 네 믿음을 내게 보이라. 나는 행함으로 내 믿음을 네게 보이리라 하리라. 네가 하나님은 한 분이신 줄을 믿느냐. 잘하는도다 귀신들도 믿고 떠느니라.

야고보는 살아 내지 않는 신학을 참지 못한다. "믿음은 그 자체[만으로는]" 그는 "죽은 것"이라 말한다. 여기서 **믿음**이라는 단어 대신에 **신학**이라는 단어를 사용한다 해도, 야고보의 말에서 크게 벗어나지 않을 것이다. 그렇기에 야고보는 살아 내지 않는다면 신학 그 자체만으로는 죽은 것이라고 말한 것일지도 모른다.

디모데에게 건네는 바울의 말도 생각해 보자. 디모데후서 3:14-17 이 말씀은 그 근본 의미보다는 **감동**이라는 용어 사용 때문에 더 관심을 받기도 한다. 그 내용을 들여다보자.

그러나 너는 배우고 확신한 일에 거하라. 너는 네가 누구에게서 배운 것을 알며 또 어려서부터 성경을 알았나니 성경은 능히 너로 하여금 그리스도 예수 안에 있는 믿음으로 말미암아 구원에 이르는 지혜가 있게 하느니라. 모든 성경은 하나님의 감동으로 된 것으로 교훈과 책망과 바르게 함과 의로 교육하기에 유익하니 이는 하나님의 사람으로 온전하게 하며 모든 선한 일을 행할 능력을 갖추게 하려 함이라.

바울은 디모데에게 미친 자신의 영향을 언급하지 않고, 그가 그의 어머니와 할머니를 통해 믿음에 이르렀다고 말한다. 저 가족의 품 안에서 그는 성스러운 성경의 미학을 배웠고, 그 성경은 다음과 같은 한 가지 목적을 품고 있었다. "이는 하나님의 사람으로 온전하게" 하는데, 이것이 의미하는 바는 "모든 선한 일을 행할 능력을 갖추게" 하는 것이다. 성경은 신학을 삶이라는 한 가지 방향으로 발전시킨다. 삶에 이르지 못하는 신학은 하나님 그분의 마음에 두신 신학이 아니다. 그것은 불완전한 신학이다.

성경에 있는 성경에 관한 가장 중요한 구절은 **감동**과 같은 표현을 사용함으로써 우리의 가슴을 울리는 저 두 신약의 말씀(딤후 3:14-17; 벧후 1:20-21)이 아니다. 오히려 시편 119장이 가장 중요하고, 이 말씀은 성경에 대한 성경의 관점으로 이해될 수 있다. 이 말씀은 우리가 성경이라 부르는 것을 가리키기 위해 다음과 같은 여덟 가지의 용어를 사용한다. **토라**나 **법** 혹은 **가르침**(25번), **말씀**(24번), **통치**와 **언약**(23번), **명령**(22번), **칙령**과 **법규**(21번), **말씀하심**(19번)이 그 용어들이다. 매우 긴 이 시편 말씀의 한 구절 한 구절은, 실천이 아는 것이고, 아는 데서 생겨나는 것이 실천이며 아는 것을 진짜로 만드는 것이 실천이라는 사실을 각인해 준다.

다음의 야고보서 말씀은 다름 아닌 시편 119장의 요약이라 할 수 있다. 야고보서 1:22-27은 성경이 무엇을 위한 것인지에 관한 성경 전체의 요점을 요약하면서, 성경 읽기와 훈육으로서의 신학을 위한 충고를 담고 있다.

너희는 말씀을 행하는 자가 되고 듣기만 하여 자신을 속이는 자가 되지 말라. 누구든지 말씀을 듣고 행하지 아니하면 그는 거울로 자기의 생긴 얼굴을 보는 사람과 같아서 제 자신을 보고 가서 그 모습이 어떠했는지를 곧 잊어버리거니와, 자유롭게 하는 온전한 율법을 들여다보고 있는 자는 듣고 잊어버리는 자가 아니요 실천하는 자니 이 사람은 그 행하는 일에 복을 받으리라.
  누구든지 스스로 경건하다 생각하며 자기 혀를 재갈 물리지 아니하고 자기 마음을 속이면 이 사람의 경건은 헛것이라. 하나님 아버지 앞에서 정결하고 더러움이 없는 경건은 곧 고아와 과부를 그 환난 중에 돌보고 또 자기를 지켜 세속에 물들지 아니하는 그것이니라.

이 말씀의 요지는 말씀을 실천하라는 것이다. 다르게 생각하는 자들은 "자신을 속이는" 것이다. 따라서 "하나님 아버지 앞에서 정결하고 더러움이 없는 경건"은 신학 자체가 아니라 신학을 살아 내는 것을 의미한다. 어떻게? "고아와 과부를 그 환난 중에 돌보고 또 자기를 지켜 세속에 물들지 아니하는 그것"이다. 신학은 윤리를 위해 고안된다. 존 웹스터는 신학의 문화에 대한 강연을 다름 아닌 신학자에게 요구되는 성품에 관한 이야기로 끝낸다. 그는 "좋은 신학은 좋은 신학자를 필요로 한다"라고 여러 번 말했다.[3] 여기에 조금 살을 붙여서 좋은 신학이 필요로 하는 것은, 자신의 삶이 곧 그의 신학이 되는 방식으로 좋은 신학을 살아 내는 신학자라고 말하고 싶다.

윤리 신학에 대한 최근 다섯 가지 관점

이제 신학이 살아 낸 신학이어야 함을 지지하는 최근 다섯 가지 연구로 눈을 돌려 보려 한다. 각각은 각 저자가 속한 분과, 곧 신약학, 전통적 조직신학, 해석학적 신학, 기독교 공공 윤리, 해방신학에서 연구되었다. 가장 먼저, 벤 위더링턴(Ben Witherington)이 신학적 윤리학 또는 윤리학적 신학에 대해 쓴 두 권짜리 연구에 관해 이야기하고 싶다. 처음에는 『지워지지 않는 이미지』(The indelible Image)로 불렸다가, 나중에는 제목이 바뀌어 『신약성경의 신학과 윤리』(New Testament Theology and Ethics)가 되었다. 위더링턴과 나는 같은 분과에 있고 그가 이미 이야기한 내용을 나도 이야기해 왔기 때문에, 여기서는 오늘날 신약신학의 충격적인 현실을 담은 그의 여는 말에 집중하고자 한다. 거기서 그는 "왜 우리 그리스도인들은 신약성경이 무엇에 관한 것인가 하는 문제 외의 나머지 것들 곧 역사, 윤리, 실천 그리고 이와 관련된 주제들에서 신학을 분리하려고 애쓰는가?" 하고 묻는다. 그리고 계속해서 이렇게 말한다.

그러나 신약성경 신학과 이를 신학화하는 작업에 윤리의 영역은 없는가?⋯신약성경 전반에 걸쳐 윤리와 신학이 사실 서로 뒤엉켜 있지 않은가? 신약성경 윤리에 신학적 기초와 특성이 있고, 신약성경 신

---

3 John Webster, *The Culture of Theology*, ed. Ivor J. Davidson and Alden C. McCray (Grand Rapids, MI: Baker Academic, 2019), p. 131.

학에 윤리적 기초와 특성이 있지 않은가? 그리고 결국 모든 혹은 거의 모든 신약 저자들이 유대인들이었는데, 도대체 왜 우리는 그들이 바른 실천(orthopraxy)에 별 관심이 없었다고 생각하는가? 사실 그들은 바른 교리(orthodoxy)만큼이나 바른 실천에도 관심이 있지 않았는가? 예수의 가르침을 예로 들어 보자. 예수의 모든 비유, 경구, 격언, 이야기는 신학적이면서도 윤리적 특성, 강렬함, 호소력을 갖는다. 예수께서는 우리가 실천을 말하지 않으면서 믿음을 말하는 것을 원치 않으시는 듯 보인다.[4]

위더링턴은 자신의 (긴) 두 권의 책에서 바로 이러한 문제를 해결하고자 했다. 한 권은 윤리 신학에 대한 개개인의 증언에 초점을 맞추고 있고, 다른 책은 종합하는 데 관심을 둔다. 바로 이 신약신학자가 내가 제안하려는 것과 비슷한 방식으로 신학과 윤리학의 통합을 이해하는 사람이다. 어떻게 이것을 신학에 녹아들게 할지는 매우 중요한 문제다.

전통적 조직신학자인 베스 펠커 존스는 도발적으로 자신의 작은 조직신학 책 제목을 『기독교 교리를 실천하기: 신학적으로 사고하고 살아가는 것에 관한 소개』(*Practicing Christian Doctrine: An Introduction to Thinking and Living Theologically*)로 지었다. 나는 이렇게 실천에 분명하게 초점이 맞추어진 조직신학 책을 본 적이 없

---

4   Ben W. Witherington III, *New Testament Theology and Ethics* (Downers Grove, IL: IVP Academic, 2016), 1: p. 14.

다. 그녀는 "우리의 신앙은 실천으로 표현되어야 한다"라고 말한다. 이는 주제 중심 틀에서 하나의 분리된 범주에 윤리학을 넣을 수 있게 하는 듯 보이지만, 그녀는 이렇게 해서는 안 된다는 것을 알았기 때문에 다음과 같이 말한다. "그리고 신실한 실천은 우리가 믿는 바에 중요하다." 실제로 그렇다. 그녀는 그 둘이 "친밀하게 서로 연결된다"라는 것과 "교리와 제자도는 항상 공존한다"라는 것을 안다. 나는 존스의 책이 여러 이유로 마음에 드는데, 그 가운데서 가장 마음에 드는 점은 아마도 그녀의 책 각 장이 주어진 주제나 교리에 대한 실천의 내용으로 끝난다는 것이다. 창조와 섭리 교리를 탐구하는 네 번째 장 "기쁨으로 가득 찬 세상"(A delightful world)에서, 존스는 우리의 인생 전체가 창조 교리와 관련된 것[일, 놀이, 결혼, (내가 하나 더 덧붙이면) 스포츠]이라고 논평하면서 실천에 대한 그녀의 이야기를 끝맺는다. 그녀는 다음과 같은 기민한 논평을 했다. "우리가 창조 교리 안에서 살아가는 데 친숙해지면, 우리는 우리의 삶을 재전향한 자신을 발견할 것이다."[5] 여기서 그녀가 만든 목록을 인용하면서 열거하고 싶다.

성령의 힘으로 우리는 다음과 같이 돌아서는 법을 배울 것이다.
- 창조 세계에 대한 혐오에서 창조 세계의 선함에서 얻는 기독교적 기쁨으로

---

5   Beth Felker Jones, *Practicing Christian Doctrine: An Introduction to Thinking and Living Theologically* (Grand Rapids, MI: Baker Academic, 2014), pp. 2, 4, 95.

- 현실에서 도피하려는 영지주의적 경향성에서 세상을 살아가고 이에 참여함에 대한 헌신으로
- 세세하게 통제하려는 거만한 노력에서 하나님이 우리 삶에서 일하심에 대한 감사와 열린 마음으로
- 우리의 유한함에 대한 불만에서 유한함의 아름다움을 감상함으로
- 운명론과 체념에서 하나님의 세계에 능동적으로 참여함으로 그리고 죄와 불의에 대해 저항함으로
- 모든 것에서 독립하기 위한 불운한 결단에서 하나님을 의존함에 대한 감사와 서로에 대한 의존을 받아들임으로
- 죄에 대한 절망에서 하나님의 통치에 대한 경외와 하나님의 목적에 대한 신뢰로
- 소유욕에서 청지기직으로
- 탐욕에서 베풂으로
- 금욕에서 기쁨으로
- 우리가 쓸모없다는 내면의 목소리에 귀 기울이는 것에서 우리가 하나님 안에서 지니는 가치로부터 오는 자기 확신으로
- 냉소에서 호기심을 갖는 습관을 기르는 것으로
- 소유권 주장에서 창조 세계에 대한 돌봄으로[6]

창조 교의에 담긴 이러한 함의는 창조에 대한 실천과 통합되고, 이는 또한 창조 신학으로 통합된다. 창조와 관련해서 살아 낸 신학은

---

6   Jones, *Practicing Christian Doctrine*, pp. 95-96.

우리의 창조주에 대한 숙고와 피조물로서의 삶에 대한 숙고로 이어진다. 창조 신학이 하나님의 의도대로 이해되려면, 그것은 살아 내는 것이어야만 한다.

신학은 살아 낼 필요가 있다는 주장과 관련된 그 다음 예시는 해석학자 케빈 밴후저다. 큰 기획인 그의 책 『교리의 드라마』(The Drama of Doctrine)는 신학을 성경이라는 대본을 따라 만들어진 무대 위 공연 같은 무언가로 이해하면서 신학을 통찰력 있게 탐구한다. 밴후저의 생각은 자신이 사용한 지배적 은유인 무대 공연에 드리워졌고, 복음과 신학 그리고 성경을 극작가(신학자)가 대본 공연을 위해 지휘하는 연극과 대본으로 바꾸었다. 만약 그의 접근이 실천으로 실행되는 신학에 방향을 맞춘 것이 맞다면, 내가 부각하고 싶은 것은 공연에 대한 그의 강조다. 그는 이렇게 주장한다. "교회는 '관람하고 있는 세상'을 위해 하나님 왕국의 장면들을 무대에 올리려고 함께 모인 배우들의 극단이다. 그러므로 교리의 감독 아래, 개인으로서 그리고 교회로서 우리는 그리스도를 창조적으로 모방하는 삶을 영위함으로써 대중 앞에서 복음을 표현할 수 있다."[7] 여기서 다시 한번 존스도 그러했듯이 신학이 세 항목 틀이나 주제 중심 틀만으로 설명되도록 내버려 두지 않는다. 그는 교회와 그리스도 개인의 삶이 복음을 구체화하는 곳으로서 연극 무대에 대한 자신의 생각

---

[7] Kevin J. Vanhoozer, *The Drama of Doctrine: A Canonical-Linguistic Approach to Christian Theology* (Louisville, KY: Westminster John Knox, 2005), pp. 32-33. 『교리의 드라마』(부흥과 개혁사).

을 극대화했다.[8]

네 번째 예는 찰스 마시(Charles Marsh)다. 그는 완전히 다른 방향에서 시작해 신학을 설명하기 때문에, 그의 관점은 조금 더 길게 설명하려고 한다. 마시는 사상으로 시작해서 그러한 사상이 어떻게 행해지고 실천되며 수행되는지를 관찰하는 대신에, 신앙인들의 삶(실천, 수행)으로 시작해서 그러한 삶이 가리키는 신학이 무엇인지를 보려고 한다. 그러므로 그는 살아 낸 신학에 대해 사고하는 한 가지 방식을 우리에게 제안하고, 이렇게 함으로써 신학(추상)에서 실천(구체)의 한 방향으로만 이동하는 매우 보편적인 접근 방식에 도전한다. 버지니아 대학에서 진행한 그의 연구에 관해 소묘하는 일은 가치가 있을 것이다. 마시는 우리의 **행동**이 신학적으로 중립적이지 않음을 알았고, 그래서 "실천은 생래적으로 소통적이며, 가장 기본적인 의미에서 사회적 배경과 특정 장소에 충실하다"라고 말했다. 즉, 우리의 행동은 단순히 신학적으로 중립적이지만은 않다. 이는 종종 공간에 따라 결정되거나 자리 잡는다. 마시는 사고를 초월하는 행동과 관련된 무언가가 있다고 보았고, 그래서 다음과 같이 말한다. "우리는 신학적으로 틀이 짜인 실천이 성스러운 사건과 성스러운 공간, 교회와 공동체 그리고 종교적 행동과 사람들 가운데 넘쳐 흐른다는 사실을 덧붙일 수 있을 것이다."[9] 마시가 사용한 용어

---

8 그의 또 다른 책은 제자도 안에서의 훈련 은유로 이 모든 것을 발전시킨다. Kevin J. Vanhoozer, *Hearers and Doers: A Pastor's Guide to Making Disciples Through Scripture and Doctrine* (Bellingham, WA: Lexham, 2019)를 보라. 『들음과 행함』 (복있는사람). 나는 여기서 『교리의 드라마』를 사용하기로 했다.
9 Charles Marsh, Peter Slade, and Sarah Azaransky, eds., *Lived Theology: New*

실천은 덕 윤리(virtue ethics)라 불리는 지배적 패러다임과의 교류를 통해서 나온 것이다. 알래스데어 매킨타이어(Alasdair MacIntyre)는 다음과 같이 덕 윤리를 정의한다. 하지만 그 과정에서 (말을) 비틀어 제시한다.

나는 '실천'이라는 단어를 사회적으로 확립된 협동하는 인간 활동의 일관되면서도 복잡한 어떤 형태라는 뜻으로 사용할 것이다. 그 훌륭함의 기준들을 달성하려 시도하는 과정 중에 이 인간 활동을 통해서 이런 형태의 활동에 내재하는 선함이 실현되며, 훌륭함의 기준들은 그 활동의 형태에 적합하고 부분적으로는 결정적이다. 그 결과 훌륭함을 달성하는 인간 능력과 거기에 수반되는 목적과 선함에 대한 인간의 개념들은 체계적으로 확장된다.[10]

덕에 대해서, 그는 이탤릭체로 모두 강조하면서 다음과 같이 말한다. "덕은 후천적인 인간 특질로서 그것의 소유와 실행은 실천에 내재한 저 선함을 우리가 성취할 수 있도록 한다. 그리고 이것의 결여는 우리가 이와 같은 어떤 선함도 성취할 수 없게 만든다."[11] 고든 미코스키(Gordon Mikoski)는 『성경과 윤리 사전』(*The Dictionary of Scripture and Ethics*)에서 실천에 관해 대략적으로 묘사하면서, 조금

Perspectives on Method, Style, and Pedagogy (New York: Oxford University Press, 2016), pp. 6-7.
10 Alasdair MacIntyre, *After Virtue: A Study in Moral Theory*, 3rd ed. (Notre Dame, IN: University of Notre Dame Press, 2007), p. 187. 『덕의 상실』(문예출판사).
11 MacIntyre, *After Virtue*, p. 191.

더 쉽게 이해할 수 있는 방식으로 **실천**을 이렇게 정의 내린다. 실천은 "구체적이고 역사적인 집단의 상황에서 일종의 목적을 가진 인간 행동에 대한 관찰 가능한 현상"을 가리킨다.[12]

우리가 실천이라는 것을 삶을 살아가는 전반적인 방식으로 생각하든지, 한 가지 실천 안에서 삶을 살아가는 방식의 구체적인 총합으로 생각하든지, 혹은 신학을 추론해 낼 수 있는 훨씬 더 확장된 의미의 살아 낸 신학으로 생각하든지에 상관없이 마시는 살아 낸 신학으로서의 신학에 관해 생각할 기회를 우리에게 제공한다. 우리는 우리의 삶으로부터 구체화한 신학을 추론해 낼 수 있다. 마시는 계속해서 "이처럼 살아 낸 신학은 신학적 서사에서 구체화한 특수성의 전경을 묘사하기에 적합한 표현이다"라고 말한다. 마시는 신학을 반대하지도 않고, 신학을 '특정 집단의 어법'(the phraseological, 본회퍼식 표현)으로 환원시키지도 않는다. 다만 그의 탐구는 신학적 방법론을 신학적 삶에 적용하는 것이다. 그래서 그는 "그러므로 살아 낸 신학은 세상에 드러난 하나님의 현존과 행동의 구체적 형태들이 신학적 방법론, 양식, 교육학을 위한 풍부하고 생산적인 재료일 수 있다는 근거 위에 세워진다"라고 말한다.[13] 마시는 우리에게 다음과 같은 사실을 상기해 준다.

장소감(a sense of place)의 결여는 상당히 자주 신학의 서사적 능력

---

12 Gordon Mikoski, "Practices," in *The Dictionary of Scripture and Ethics*, ed. Joel B. Green et al. (Grand Rapids, MI: Baker Academic, 2011), p. 613.
13 Marsh, Slade, and Azaransky, *Lived Theology*, pp. 7-8.

을 억제한다. 지리적 요소들이 종교적 사고에 끼치는 영향에 대해 본회퍼는 다음을 관찰했다. 그가 바르셀로나에서 보조 목사로 있는 동안 쓴 편지에 담긴 내용처럼 교의학과 조직신학에 대한 그의 이해가 지중해 문화가 준 강한 인상으로 인해 '흔들렸다'는 것이다. 그는 이렇게 썼다. "모든 것을 해결하기는 어렵지만, 피할 수 없는 사실이 한 가지 있다. 바르트는 스페인에서는 글을 쓰지 못했을 것이다."[14]

로마서는 갈라디아 지역을 위해 쓰이지 않았고, 로마서와 갈라디아서 어느 것도 카이사레아 마리티마 혹은 골로새 지역의 벨릭스 총독 앞에서 받은 바울의 재판과 어울리지 않을 것이다. 마시는 계속 이어 간다.

분명한 삶의 자리(*Sitz im Leben*)가 글쓰기와 가르침에 대한 본회퍼의 맥락적 접근에 존재한다는 것이 입증됨과 동시에, [마시의 책에 나오는] 우리의 협업에서 옳은 질문과 장소감은 체계에 영감을 주는데, 이 체계 안에서 이론과 방법론의 상호 작용과 관련한 현실적인 결정은 놀라우리만치 단순해진다. 장소감이 부재하면 우리는 발자국 없는 무인도에서, 곧 개념의 부재 가운데서 길을 잃는다.[15]

그래서 마시는 덕, 실천, 살아 낸 신학과 관련해서 특정 장소에 있는

---

14 Marsh, Slade, and Azaransky, *Lived Theology*, p. 9.
15 Marsh, Slade, and Azaransky, *Lived Theology*, p. 9.

구체적 공동체와 전통의 중요성을 환기해 준다.

그렇다면 공동체는 도덕 형성에서 필수다. 데이비드 호렐(David Horrell)은 루돌프 불트만의 유명한 직설법과 명령법의 개인주의와는 조금 거리를 둔다. 그는 여러 곳에서 우리가 직설법과 명령법의 측면이 아니라 공동체의 역사적 맥락에서 형성되는 **정체성** 측면에서 생각하는 게 낫다고 주장한다.[16] 그의 결론 중 하나는 정체성 형성이 다른 공동체와 비교하는 가운데 일어난다는 것이다. 더글러스 캠벨의 새로운 책 『바울의 교의학』은 여러 면에서 정말 유익한데, 내가 읽은 책 중에서 우리가 동료 인간을 통해서 하나님을 알아 간다고 공개적으로 주장한 몇 안 되는 글이다. 캠벨은 우리가 시간이 지날수록 경건해지는 사람들 혹은 신을 닮아 가는 사람들을 통해서 하나님을 만난다고 말하는데, 이 말은 장소가 중요하며 특정 장소에 있는 사람들이 중요함을 의미한다.[17]

다섯 번째, 우리가 장소에 관해 생각하는 순간 우리는 **우리의** 장소를 생각한다. 그러면 우리는 다른 장소에서 살아가는 동료 인간들에게 영향을 받아 다른 신학을 형성한 다른 장소에 대해 민감해진다. 라틴계 미국인 신학자 루이 페드라하(Luis Pedraja)는 라틴계 미국 신학자들이 현재 잘 발전시킨 생각에 의존하는데, 그들은 가난한

---

16 David G. Horrell, *Solidarity and Difference: A Contemporary Reading of Paul's Ethics*, 2nd ed. (London: Bloomsbury T&T Clark, 2015); Richard B. Hays, *The Moral Vision of the New Testament: Community, Cross, New Creation; A Contemporary Introduction to New Testament Ethics* (San Francisco: HarperOne, 1996, 『신약의 윤리적 비전』, IVP), pp. 99-115.

17 Douglas A. Campbell, *Pauline Dogmatics: The Triumph of God's Love* (Grand Rapids, MI: Eerdmans, 2020), pp. 57-62.

자들에 대한 신의 편애를 강조한다. 그리고 출애굽기를 생각해 보면 구원이 충분히 성격적이기 위해서는 구조적 해방과 연결되어야만 한다고 강조한다. 출애굽을 생각해 보라. 페드라하는 이렇게 주장한다. "하나님이 인간의 형상으로 우리에게 오셨다는 사실은 하나님의 계시에 관해 무언가를 말해 준다. 그것은 곧, 하나님의 계시가 인간의 경험과 **동떨어져서**(apart) 발생하지 않는다는 사실이다. 계시는 오히려 그 **일부**(part)가 되며 발생한다". 그는 어떻게 예수께서 사셨던 삶이 하나님을 계시하는지에 관해 다음과 같이 설명한다.

> 그러므로 예수의 삶은 사람들 대부분과 히스패닉계 사람들의 삶에 중요한 요소들인 믿음, 사랑, 연민, 고통, 소망, 사회적 변화에 대한 갈망을 보여 주는 전형적인 예시가 된다고 우리는 결론 내릴 수 있다. 우리의 경험을 이러한 요소들과 비교하면, 예수 안에서 마주하는 특성은 하나님이 어디서 어떻게 인류 안에서 현존하시는지를 판별하는 안내판 같은 기능을 한다.

그는 요즘은 잘 알려진 스페인어 번역으로 언어유희를 하면서, "그 동사가 육체가 되었다" 하고 말한다. 이렇게 칠판에 쓴 결론과 함께 그는 이베리아 반도 지역에서 일어난 생생한 고통과 비극을 하나님의 계시로 이해하고자 그 현장으로 들어간다.[18] 그들을 위해 당하신

---

18 Luis G. Pedraja, *Jesus Is My Uncle: Christology from a Hispanic Perspective* (Nashville: Abingdon, 1999), pp. 40, 42, 60-84.

예수의 고통은, 질병의 아픔이나 불행한 상태가 아니라 히스패닉계 사람들의 삶의 살아 있는 현실이다. 속죄 이론을 다루면서 또한 페드라하는 수많은 보상이나 만족 이론을 거부하고 예수의 십자가로 드러난 불의의 폭로와 하나님이 우리의 고통 가운데 함께하신다는 사실을 보고자 한다. 신학은 살아 낸 신학이고, 살아 낸 신학은 지역적이다. 그러므로 지역적 경험은 신학을 형성한다.

신학은 구체화된다. 그래서 신학은 구체화되기 전까지는 불완전하다. 누군가는 윤리가 신학이 강조하는 바에 대한 증명의 장이라고 말할 수도 있을 것이다. 그러면 우리는 약간의 넉살과 함께 이를 비틀어, 신학은 우리의 구체화된 실천에 대한 합리적 설명 혹은 이성적 탐구라고 말할 수도 있을 것이다. 이처럼 윤리학은 신학의 틀에서 뒤늦게 나오는 하나의 주제가 아니라, 다른 모든 주제를 총괄하는 것이다. 예수께서 앉아서 제자들을 가르치실 때, 성자의 입에서 나온 가르침은 산상수훈이지 추상화된 신학이나 명제적 진리의 합이 아니라고 말한다 해도 틀린 말은 아니다. 사도 요한이 요한1서에서 신학을 할 때, 그것은 윤리가 빠진 추상적 신학이 아니라 빛 안에서 걷고, 어둠을 피하고, 그리스도와 머물고, 형제를 사랑하는 것과 같은 조금 더 삶과 관련된 신학이었다. 요한의 신학은 적용 가능한 생각의 합이 아니라, 지적으로 탐구된 사랑과 빛의 삶이었다. 야고보가 신학 작업에 착수했을 때 그의 편지는 예수를 기반으로 만들어진, 반드시 살아 내야 하는 윤리적 실천에 관한 것이었다. 그래서 이 마지막 장에서는 살아 낸 신학을 담은 로마서 12:1-2에 대한 해설로 넘어가, 이 책 전체의 요지를 말해 보려 한다.

로마서에 담긴 살아 낸 신학

대개는 아닐지라도 많은 사람이 로마서 1:16-17을 로마서의 주제로 생각한다. 만약 우리가 교회 역사를 통해 이 편지를 읽기 위한 준비를 시켜 줄 신학의 궤적을 따라가 보면, 이렇게 생각할 좋은 이유들이 있다. 일단, 이 로마서의 말씀을 들어 보자. "내가 복음을 부끄러워하지 아니하노니 이 복음은 모든 믿는 자에게 구원을 주시는 하나님의 능력이 됨이라. 먼저는 유대인에게요 그리고 헬라인에게로다. 복음에는 하나님의 의가 나타나서 믿음으로 믿음에 이르게 하나니 기록된 바, 오직 의인은 믿음으로 말미암아 살리라 함과 같으니라." 많은 이는 이 말씀을 다음과 같이 받아들인다. 로마서는 복음에 관한 것이고, 복음은 모든 사람을 위한 구원에 관한 것이며 그리고 이것은 믿음으로 의로워짐(또는 이신칭의)에 관한 것이다.

그러나 이 말씀의 의미가 그렇게 단순한지 의문을 제기할 수 있는 충분한 근거가 있다. 지금까지 이야기한 내용으로 바로 돌아가 보자. 이 구절이 로마서의 주제라고 생각하는 것은 다시 한번 윤리를 포함한 주제들에 특권을 주는 것이고, 살아 낸 신학은 깨어서 숨쉴 공간이 없어진다. 그래서 나는 이에 대한 소수의 의견에 동참하고자 한다. 이들은 주제 문구를 가진 구절 같은 게 없다고 주장하거나, 로마서의 주제를 포착하기 위해서는 로마서 12:1-2을 고려해야 한다고 생각한다. 로마서 12:1-2을 읽어 보자. "그러므로 형제들아, 내가 하나님의 모든 자비하심으로 너희를 권하노니 너희 몸을 하나님이 기뻐하시는 거룩한 산 [희생] 제물로 드리라. 이는 너희가 드릴 영적 예배니라. 너희는 이 세대를 본받지 말고 오직 마음을 새롭게 함으로 변화를 받아 하나님의 선하시고 기뻐하시고 온전하신 뜻이 무엇인지 분별하도록 하라."

로마서의 어떤 구절이 가장 중요한지 판단할 방법은 없기에, 나는 이 논의의 현주소를 다음과 같이 묘사하고 싶다. 어쩌면 로마서 1:16-17이 주제 문구가 아닐 수도 있고, 어쩌면 로마서 12:1-2이 주제 문구일 수도 있다. 이를 결정할 방법이 없으므로 우리는 어쩌면 이에 대해 논쟁하지 말아야 할지도 모른다. 그저 로마서를 읽을 때, 로마서 12:1-2에도 무게를 실어야 한다고 말하고 싶다. 이것이 바울이 결국 로마서에서 목적했던 바가 아닌가 싶다. 그러니 이제부터 이 두 절에 우리의 초점을 맞출 것이다.

전략(strategies)과 전술(tactics) 로마서 12:1-2에 대한 몇 가지 해석은 일종의 진통제와 같고, 의심 없이 교회에 앉아 있는 사람들에게 진부한 말을 건네는 상황과 같다. 마치 "이제 우리의 휴가를 희생해서 멕시코에 있는 가난한 사람들을 도웁시다" 하고 말하는 것처럼 말이다. 그러나 로마에서 예수를 따랐던 그리고 바울의 공격적인 가르침을 따랐던 보통 사람들이 산 매일의 삶은 결코 평온하지 않았다. 저런 삶은 매일의 희생으로 묘사될 수 있었고, 급진적이며 체제 전복적(subversive)이었다. 미셸 드 세르토(Michel de Certeau)의 용어를 빌려 표현하자면, 매일 희생하는 삶은 사실 로마 권력자들의 통치 '전략'을 뒤엎은 힘 없는 자들의 '전술'이었다.[19] 체제 전복이 요구—정확히 말하면, 이게 유일한 선택지였다—되었다. 그 행위자(로마)는 너무나도 강력했기 때문이다. 로마서 12:1-2은 로마의 전략을 뒤엎는 하나의 전술로 이해될 수 있다.

아마도 바울의 표적은 로마 자체가 아니었을 것이다. 로마인들이 살아가는 방식 안에서 활동하는 죄의 권세(Sin)와 육체의 권세(Flesh)가 표적이었다. 많은 기독교 수사법으로 의미가 희미해진 두 용어, 죄의 권세와 육체의 권세는 로마 교회의 강한 자들과 약한 자들의 교제를 파괴하는 중이었다. 바울의 담론에서 죄의 권세와 육체의 권세는 어떤 상황이나 단순한 행동으로 환원되지 않는다. 우주적 폭군인 죄를 설명하기 위해 발생 이론을 사용한 매튜 크로스문의 놀라운 최근의 연구가 보여 주었듯이[20] 이 권세들은 능동적 행위자다(그래서 이 단어들의 첫 알파벳을 대문자로 표기하는 것이 적절하다). 그러면 로마서 12:1-2은 로마의 가정 교회에서 활동하던 죄와 육체의 권세에 대항하기 위한 전술로 이해되어야만 한다(롬 14-15장; 더 많은 내용은 아래를 참고하라). 우리는 이 본문에서 로버트 주잇(Robert Jewett)이 사용한 표현인 "막연하게 정신을 고양시키는 정서"를 발견하는 것이 아니라, 저러한 도전들이 만든 어려움 속에서만 알 수 있는 지상적이고 까다로우며 희생적인 삶을 발견한다.[21] 이러한 매일의 희생은 단순히 도덕적 생각이나 윤리적 비전이 아니다. 캐빈 로의 주

---

19 Michel de Certeau, *The Practice of Everyday Life*, trans. Steven Rendall (Berkeley: University of California Press, 1984), pp. xix, 34-39.
20 Matthew Croasmun, *The Emergence of Sin: The Cosmic Tyrant in Romans* (New York: Oxford University Press, 2017).
21 Robert Jewett, *Romans: A Commentary, Hermeneia* (Minneapolis: Fortress, 2007), p. 728.

장처럼 여러 양상의 로마 전통들과 경쟁하는 하나의 참된 삶이고, 이는 실천과 살아 낸 신학으로만 드러난다.[22]

성경신학이 신학에 관한 모든 것의 절정인 살아 낸 신학에 통합된다는 것을 보여 주기 전에, 로마서 12:1-2에 대한 흔한 해석 한 가지를 간단하게 살펴보고자 한다. 이 해석은 매일의 희생이라는 의미, 곧 로마인들의 삶의 방식을 전복시키는 전술이라는 의미와 하나의 참된 삶을 지속하고 유지하기 위한 전술이라는 의미까지 다다르는 데는 실패한다. 이에 관한 간단한 설명은 이후에 다룰 신학을 맥락과 연결하여 이해하는 방식을 우리에게 제공해 줄 것이다.

로마서 12:1-2을 기독교 왕국(Christendom)의 전략으로 해석하기 신학은 성경적 숙고로 시작되는데, 그런 다음 다시 성경으로 돌아가는 일은 책임감 있는 기독교 신학자가 되기 위해 우리에게 요구되는 항목이다. 여기서 주해에 더욱 깊이 몰두하는 것이 필수는 아니기에, 나는 최소한으로 각주를 달면서 로마서 12:1-2에 관한 여덟 가지 관찰 가능한 특징에 집중하고자 한다. 다시 본문을 읽어 보자. "그러므로 형제들아, 내가 하나님의 모든 자비하심으로 너희를 권하노니 너희 몸을 하나님이 기뻐하시는 거룩한 산 [희생] 제물로 드리라. 이는 너희가 드릴 영적 예배니라. 너희는 이 세대를 본받지 말고 오직 마음을 새롭게 함으로 변화를 받아 하나님의 선하시고 기뻐하시고 온전

---

[22] C. Kavin Rowe, *One True Life: The Stoics and Early Christians as Rival Traditions* (New Haven, CT: Yale University Press, 2016).

하신 뜻이 무엇인지 분별하도록 하라."

첫 번째, 로마서 12:1의 "**그러므로**"는 이 권면이 로마서 1:1부터 11:33까지의 논리적 귀결인지에 대한 궁금증을 불러일으킨다. 어떤 이들은 로마서 5-8장 또는 오직 로마서 9-11장의 결론이라고 강조하거나 로마서 11:30-32에 나오는 자비라는 주제를 강조하기도 한다. 로마 교회 신앙인들이 ("그러므로") 자신을 희생 제물로 드리라는 권면을 받은 이유는 그리스도 안에 나타난 하나님의 자비, 곧 유대인과 이방인 **양편 모두**를 구원받은 백성에 속하게 하는 자비 때문이라고 보는 게 가장 좋을 것이다.

두 번째, 그리스도의 죽음으로 세례를 받은 로마 그리스도인들에게 바울이 전한 권면은 그들이 "[그들의] 몸을…산 [희생] 제물로" 드려야 한다는 것이었다. 이것은 상호 보충·보완하고 교차하는 짝인 로마서 12:2에서 다시 분명해진다. "이 세대를 **본받지** 말고…**변화를 받아.**" 기독교적 삶은 그리스도의 십자가와 부활에 뿌리를 두고, 저 그리스도 사건에 참여하여, 그럼으로써 또한 세상을 거부하고 정신적으로나 도덕적으로 변화하는 것이다.[23] 여기서 사용된 단어 "**드리라**"는 의를 위해 우리의 몸을 드리라는 내용을 담은 로마서 6장을 요약한다(예를 들어, 롬 12:13, 16, 19을 보라). **세 번째,** 실천되어야 할 드림은 **구체화된** 드림("너희 몸[들]")이다. 바울은 신앙인들에게 그들의 삶, 숨 그리고 생기 있는 몸을 종일 포기하라고 권면한다. 관

---

23 Michael J. Gorman, *Becoming the Gospel: Paul, Participation, and Mission* (Grand Rapids, MI: Eerdmans, 2015), pp. 26-36. 『삶으로 담아내는 복음』(새물결플러스).

계에서, 대화 중에, 일터와 같은 모든 곳에서 말이다. 바울이 수도원 생활이나 구체화되지 않은 영적 실존을 염두에 두지 않았기 때문에, 우리는 여기서 희생을 실천할 공간으로써 우리의 직업 소명을 위한 초석을 발견한다. 에른스트 케제만(Ernst Käsemann)이 제안하듯이, 그 결과 모든 삶은 예배가 된다.[24] **네 번째**, 이로써 바울은 희생 제물과 성전이 의미하는 바를 확장한다. 곧 성전을 가정 교회에, 희생 제물을 그리스도의 삶과 성만찬에 둔다.[25] 위 세 번째 요점에서 아직 발전시키지 않았던 사실을 다시 이야기해 보자면, 리처드 헤이스는 "몸[들]"이라는 복수 명사가 그리스도인 개인의 삶이 아니라 교회의 삶을 떠올리게 한다고 언급한다. 그러므로 로마서 12:1-2의 내용은 "공동체 전체적으로 행해져야 한다." 헤이스는 계속해서 다음과 같이 말한다. "하나님은 분리된 개인이 아니라 **한 공동체의 사람들**을 변화시키고 구원하신다. 그러므로 신실한 자들은 그리스도의 몸으로서 세상에서 그들의 정체성과 소명을 발견한다."[26]

다섯 번째, 바울은 이것이 너희의 "영적 예배"라고 말한다. 다만 이 번역은 엄청난 불만을 초래했다. NRSV의 "영적 예배"는 NIV의 "진실하고 적합한 예배"와 CEB의 "적절한 제사장의 예배"에 상응한다. 모든 것은 '로기코스'(*logikos*)에 대한 해석에 달려 있다. 사도 바울은 딱

---

24 Ernst Käsemann, *Commentary on Romans* (Grand Rapids, MI: Eerdmans, 1980), pp 325-331.
25 예를 들어, 고전 3:16-17; 6:19; 고후 6:16을 보라. 이 모두는 예수의 말씀(마 14:58)에 기원한다. 관련 논의는 James D. G. Dunn, *The Theology of Paul the Apostle* (Grand Rapids, MI: Eerdmans, 1998), pp. 545-547를 보라. 『바울신학』(CH북스).
26 Hays, *Moral Vision*, p. 36. 강조는 헤이스의 것이다.

한 번 사용했지만, 그가 살던 세계에서 이 단어는 '합리적' '이성적' '논리적'이라는 의미로 두루 사용되었다. 이러한 의미를 따르면, '이성적 종교'나 '합리적 예배'와 같은 번역이 나온다.[27] 오늘날 사람들 대부분은 바울이 "영적"이라는 의미로 '프뉴마티코스'(pneumatikos)를 사용할 수도 있었음을 알기에, 우리는 "영적"이라는 단어에서 다른 뜻을 숙고해 보아야 한다. 바클레이는 다시 우리를 우리의 목표에 한 걸음 더 가까이 데려간다. 그의 말에 따르면, 여기서 합리성은 단순히 이성적인 것이 아니라 "그리스도 안에서 하나님의 활동으로 새롭게 정의된 것"이기 때문에, "기독교의 **아비투스**를 지배하는 논리는 의식적으로 동시대 사회에서 만연하는 논리와 조화되지 못한다."[28] 내가 한 가지를 여기에 덧붙이면, '로기케'(logikē) 예배는 결코 '로고스'(logos)와의 연결 고리를 잃지 않는다.[29] 그러므로 이런 사고하는 혹은 합리적인 예배는 기독론 혹은 더 알맞은 표현으로, 그리스도를-따르는-것을 구현한다.

여섯 번째, 위에서 설명한 것처럼 로마서 12:2은 12:1에 다음의 두 가지 목적이 있다고 설명한다. 본받지 않을 것, 다만 변화를 받을 것. 영어 번역본(NRSV, NIV, CEB)에 나오는 "이 세상"이라는 말은 헬라어 표현 '토 아이오니 투토'(tō aiōni toutō)의 의미를 가려 버린다.

---

27 이에 대한 좋은 논의는 Craig S. Keener, *The Mind of the Spirit: Paul's Approach to Transformed Thinking* (Grand Rapids, MI: Baker Academic, 2016), pp. 150-152를 보라.
28 John M. G. Barclay, *Paul and the Gift* (Grand Rapids, MI: Eerdmans, 2015), p. 509. 그리고 n. 28.
29 Sarah Heaner Lancaster, *Romans, Belief: A Theological Commentary on the Bible* (Louisville, KY: Westminster John Knox, 2015), p. 205.

이 표현을 문자적으로 옮기면 '이 세대' 혹은 '이 시대'일 것이다. 이 표현이 "세상"으로 번역되어서 원래 단어가 '코스모스'(kosmos)인 것으로 비춰지지만, 그렇지 않다. 또한 '세대' 혹은 '시대'라는 말을 쓰지 않는다면 이 헬라어 단어에 담긴 시간적 함의를 피해 가는 것이다. **일곱 번째**, 본받지 말라는 명령인 '쉬스케마티조'(syschēmatizō)는 고린도전서 7:31의 "이 세상의 현재 삶의 방식['스케마'(schēma)]은 지나가 버리니까요"(새한글성경)와 비슷한 맥락을 갖고, 이 때문에 '토 아이오니 투토'의 의미는 결정적으로 '이 세상'에서 멀어지고 '이 세대' 혹은 '이 시대'와 가까워진다. 이 용어는 사도적 우주론보다는 사도적 종말론을 표현하며 이렇게 해서 스토아학파의 철학 전통과 연결되지만, 이보다 더 그리스도 안에서 드러난 하나님의 묵시적 행동과 연결된다.[30] **여덟 번째**, 이 세대의 힘을 거절하는 것에 대한 대안, 보충, 화답은 성령을 통해 주어지는 하나님의 은혜를 따라 회복과 새로워짐에 응낙하는 것이다. 은혜와 성령 모두 로마서에서 매우 두드러지기 때문에 새로워지는 것이 하나님의 일이라고 말해도 괜찮을 것이다.[31] 이 탈바꿈(metamorphosis)은 회개를 완성한다. 바울이 의도한 '탈바꿈'의 의미를 이해하기 위해 우리는 부활 능력의 분출과 아들의 승천 그리고 그 아들에게 보냄을 받아 은혜로 회복하

---

30   신약성경 종말론에 관해서는 Craig L. Blomberg, *A New Testament Theology* (Waco, TX: Baylor University Press, 2018)를 보라. 『신약신학』(솔로몬). 이 본문이 미친 영향에 관해서는 Keener, *Mind of the Spirit*, pp. 156-158를 보라.
31   이에 대한 논의는 Barclay, *Paul and the Gift*; Gordon Fee, *God's Empowering Presence: The Holy Spirit in the Letters of Paul* (Peabody, MA: Hendrickson, 1994, 『성령』, 새물결플러스)을 보라.

시는 성령에 관심을 가짐으로써, 은혜와 성령을 강조해야 한다. 이러한 탈바꿈의 의미는 또한 바울의 이미 시작된 종말론에 귀속된다. 우상숭배자의 마음은 "합당하지 못[하기]"(롬 1:28) 때문에 새로워져야 하고, 이는 고린도전서 2:16의 "우리가 그리스도의 마음을 가졌[다]"라는 말을 보충해 준다.[32] 이러한 관찰 가운데 몇 가지를 이제 함께 엮어 보면, 누군가 구체화된 실존을 희생하는 행위는 그리스도를-따르는-것, 곧 합리적 예배다. 그리고 이는 이 세대의 힘에서 자신을 분리하고 마음을 새롭게 하는 일에 그 자신을 엮어 넣음으로써 분명해진다. 이것은 "하나님의 선하시고 기뻐하시고 온전하신 뜻이 무엇인지 분별"하는 능력으로 이어진다(롬 12:2).

여기서 이 바울의 말을 진부한 이야기, 곧 일반적인 그리스도인의 삶을 편안하게 하는 **전략**과 다른 무언가로 만드는 사람은 거의 없다. 예를 들어 조셉 피츠마이어(Joseph Fitzmyer)는 이 본문을 다음의 방식으로 요약한다. "이러한 방식으로 그(바울-옮긴이)는 구체적인 매일의 삶 속에서 그리스도 사건이 서서히 영향력을 발휘하면서 그리스도인들의 변화 혹은 탈바꿈이 일어난다고 본다."[33] 그러나 로마 제국의 현실을 더 깊이 파고들어가 이 본문이 전복시키는 **전술**을 담고 있다고 제안한 사람이 있는데, 바로 로버트 주잇이다. 그는 "제단에서 죽이고 태우는 희생 제물은 상대방을 패배시키는 것을 가리키는 적절한 은유로 보기 어렵다"라고 말한다. 더 나아가 "이 세대를

---

32 자세한 분석은 Keener, *Mind of the Spirit*, pp. 143-172를 보라.
33 J. A. Fitzmyer, *Romans*, Anchor Yale Bible Commentary 33 (New Haven, CT: Yale University Press, 2007), p. 639. 『앵커바이블 로마서』(CLC).

본받지 말고 하나님의 뜻을 분별해야 한다는 문학적 맥락에서 '선하시고 기뻐하시고 온전하신' 것을 언급한 의도는 다양한 교회에 속한 로마 신앙인들의 행동 규범과 그들이 가져온 문화 영역을 정당화하거나 그것에 도전하기 위함이다"라고 덧붙인다.[34]

새라 랭커스터(Sarah Lancaster)의 로마서 연구에서의 불편하지만 꼭 필요한 외침이 눈에 띈다.

> 특정 청중에게 전달된 이 편지에서, 바울은 구체적인 사안에 대해 특정 집단의 사람들에게 권면하고 있지, 모든 시대 모든 그리스도인에게 일반적인 조언을 제시하는 것이 아니다.…이 권면을 시간을 초월하는 조언 혹은 일반적인 조언으로 만들어 버리면, 이는 사실 이 말씀을 우리에게 덜 가치 있는 것으로 만드는 일이다. 하나님 앞에서 삶을 어떻게 살아야 하는지를 이해하기 위해 사용했던 바울의 구체적인 추론을 우회해 버리게 만들기 때문이다.[35]

어떤 주해들은 구체적인 역사적 맥락에 대한 관심이 부족하다. 이런 읽기 방식은 로마서 12:1-2을 너무 쉽게 기독교 왕국 혹은 기독교 에큐메니컬 단체, 국가 단체, 지역 단체에 대한 지지를 의미하는 것으로 이해한다. 이런 해석은 우리의 구체화된 희생이 세상, 육체의 권세, 죄의 권세를 전복시키지 못하고, 대신 이들이 우리의 중심으

---

34 Jewett, *Romans*, pp. 728, 735.
35 Lancaster, *Romans*, p. 201.

로 계속 스며들기 때문에 이런 것들을 회피해야 한다고 생각하게 만든다. 로마 교회의 강한 자들과 약한 자들이 서로 주장한 특권을 뒤엎는 대신, 다른 언어로 말하게 된다. 우리는 그리스도 안에서 사는 대신, 자신의 자아 안에서 살게 된다. 그리스도 안에 있는 형제들 가운데서 평화를 찾는 대신, 그저 평온하기를 혹은 상황이 달라졌으면 좋겠다고 어렴풋이 바라면서 우리의 분열을 지속한다. 적들과 함께 식사하고 그들을 우리의 이웃으로 만드는 대신, 북미에 있는 어떤 사교 모임처럼 자신과 비슷한 사람들과만 함께 식사하게 한다. 성령이 주신 선물로 상호 호혜를 만들어 가는 대신, 자신의 능력을 사용하면서 다른 이들이 자신과 같이 되기를 기대하거나 자신을 칭송해주기를 기대한다. 이런 게 아니다. 구체화된 희생이 세상, 죄의 권세, 육체의 권세(더 구체적으로 로마 제국)를 전복시키는 전술로 이해되지 않는다면, 그것은 상당히 불충분해진다.

매일의 희생이라는 이미지를 통해 바울이 구체적으로 마음에 품었던 것은 무엇이었을까? 크리스티안 베커(J. Christiaan Beker)의 인상적인 표현 하나를 빌려, 우리가 "바울의 상황 신학이 가진 역사적 특수성"에 집중한다면 이 본문은 어떻게 읽힐까?[36] 당연히 바울이 사용한 이미지는 일반화된 윤리적 권면이라기보다는 발, 다리, 손가락, 발가락을 가진 무언가로 이해되어야 한다. 로마서 12:1-2에 대한 더 일반적인 해석은 이 말씀을 드 세르토의 용어 '**전략**'으로 보는

---

[36] J. Christiaan Beker, *Paul the Apostle: The Triumph of God in Life and Thought* (Philadelphia: Fortress, 1982), p. 64.

것이다. 이는 구체화된 희생 제물을 힘 있는 자들이 의식적으로나 무의식적으로 그들의 힘을 지탱하기 위한 행동으로 보는 것을 뜻한다. 우리는 똑같은 본문을 드 세르토의 또 다른 용어로도 분석할 수 있다. 곧 로마서 12:1-2은 소외된 사람들을 위한 **전술**이라는 것이다. 이 전술은 체제 전복을 위한 힘 없는 자들의 행동이고 타자들의 행동이며 종속된 사람들의 행동이다. 바울이 말하는 바는 전술로서 전복적인 것이다. 더욱이 로마서 1-11장에 담긴 신학은 단지 "교의적 독백"이 아니기에, 로마서 12:1-2에 담긴 바울의 호소는 체제 전복을 위한 일반적이고 추상적인 요청이나 원리 측면에서의 체제 전복이 아니다.[37] 로마서 12:1-2은 특정 시간과 장소에서 체제 전복을 요청하는 말씀이다.[38]

체제 전복을 위한 전술로서 로마서를 해석하기: 성경으로 돌아가기 드 세르토의 말을 인용하면, 전술은 "약한 자들의 기술"이다.[39] 많은 이가 로마서 1-8장 또는 로마서 1-11장은 순수 신학이고, 로마서 12-16장은 윤리, 실천 혹은 다른 요소가 섞인 신학이라고 생각한다. 살아 낸 신학은 **살아 냄**(lived)을 순수 **신학**(theology)에 종속시키지 않는다. 그래서 어떤 이들은 로마서 12-16장이 로마 교회 성도들의 신학적 삶

---

37 "교의적 독백"이라는 표현은 Beker, *Paul the Apostle*, p. 64에서 가져온 것이다.
38 아주 유사한 일련의 관찰은 유대인들이 그들의 여러 억압받는 역사적 상황에서 사용한 전술에 대한 통찰력 있는 연구인 Steven Weitzman, *Surviving Sacrilege: Cultural Persistence in Jewish Antiquity* (Cambridge, MA: Harvard University Press, 2005)에서 볼 수 있다.
39 De Certeau, *Practice of Everyday Life*, p. 37.

에 관한 것이라 말할지 모른다. 또 다른 이들은 로마서 1-11장이 어쩌면 로마서 12-16장을 위한 합리적 설명을 제공하는 것이라고 말할지 모른다. 이 때문에 로마서 1-11장을 읽기 전에 로마서 12-16장을 읽는 것이 더 필요해 보인다. 내 학생 중 벤 데이비스(Ben Davis)라는 친구가 있는데, 그는 로마서에서 우리가 발견할 수 있는 것이 **새로운 사고 방식으로 살아가는 일**에 대한 요청이라고 제안했다. 미로슬라브 볼프와 매튜 크로스문의 책 『세상에 생명을 주는 신학』(*For the Life of the World*)은 신학이 잘 사는 삶에 관한 것이고, 이는 하나님과 구속에 기반한다는 확신을 잘 논증한다.[40] 그들의 책 역시 로마서 12-16장이 로마서 1-11장에 담긴 순수 신학의 적용이 아니라 전체 편지의 요점이라는 사실을 보게 하는 하나의 예시다.

로마서를 거꾸로 읽는 방식은 폴 미니어(Paul Minear)의 얇은 책에서 처음으로 소개되었는데, 이런 방식은 최소 두 가지 이유로 필요하다.[41] 오늘날 독자들이 로마서 9:1에 이를 때까지는 지치지 않았다면, 12:1에 와서는 지칠 것이다. 확실히 로마서는 베드로가 "그 중에 알기 어려운 것이 더러 있으니"(벧후 3:16) 하고 말할 때 마음에 두었던 서신일 것이다. 두 번째 이유는 로마서가 너무 길고 복잡하고, 편지의 청중이 누구인지 로마서 12-16장에 와서야 매우 분명

---

40 Miroslav Volf and Matthew Croasmun, *For the Life of the World: Theology That Makes a Difference* (Grand Rapids, MI: Brazos, 2019), 특히 pp. 61-83. 『세상에 생명을 주는 신학』(IVP).
41 Paul S. Minear, *The Obedience of Faith: The Purposes of Paul in the Epistle to the Romans*, Studies in Biblical Theology 2.19 (London: SCM Press, 1971); Scot McKnight, *Reading Romans Backwards: A Gospel of Peace in the Midst of Empire* (Waco, TX: Baylor University Press, 2019.

히 드러나기에 그들을 통합하는 작업이 필요하다는 것이다. 로마서 12-16장에서 묘사된 청중에 관해 무언가를 듣기도 전에, 누군가는 일반적인 주석뿐 아니라 로마서에 관한 진지한 연구들도 깊이 들여다보았을 것이다. 다시 말해 로마서 12:1-2은 바울이 약한 자와 강한 자에 대해 이야기하는 로마서 12-16장, 특히 14-15장에 비추어 읽어야 한다. 이는 이 두 절을 전략이 아니라 전술로 바꾸어 이해하기 위함이다. 그동안은 로마서가 추상적 의미의 신학이었고, 로마서 12:1-2은 로마서 1-11장 내용을 적용하는 이론적 접근이었다.

그러나 우리가 로마서 14-15장에 나오는 약한 자와 강한 자의 문제를 통해 로마서를 읽을 때, 추상적이었던 로마서는 실제적인 로마서로 바뀐다. 이 서신은 실제로 존재했던 가정 교회를 위해 실제로 존재했던 사도가 썼다. 그 가정 혹은 가정 교회는 최소 다섯이었을 것이다.

1. 브리스가와 아굴라(롬 16:3-5)
2. 아리스도불로의 종들(롬 16:10)
3. 나깃수의 종들(롬 16:11)
4. 아순그리도의 형제들(롬 16:14)
5. 빌롤로고와 함께 있던 성도들(롬 16:15)

게다가 로마 교회의 기원이 유대교라는 사실뿐 아니라, 글라우디오가 유대인들 혹은 아마도 유대 그리스도인들을 로마에서 추방할 때 이런 운동을 파괴하려 했다는 점 때문에도 로마의 상황은 복잡했다. 이런 사건은 로마 교회가 조금 더 이방인 중심의 공동체가 되도록 했고, 유대 그리스도인들이 돌아오기 전까지 로마에서 일어난 기독교 운동에서 이방 문화가 중심이 되도록 만들었다. 결과적으로 네로 황제 초기 재임 시절 유대 그리스도인들이 돌아왔을 때, 로마에서 유대 그리스도인들과 이방 그리스도인들 사이에 문화적 긴장이 생겼다. 바울은 이 문제에 끼어들어 무언가를 분명하게 가리키는, 그리고 그만큼 특정 반응을 유발하는 꼬리표를 두 집단에 각각 붙였다. 그는 유대 그리스도인들을 약한 자들, 이방 그리스도인들을 강한 자들로 불렀다. 상황은 이보다 훨씬 복잡했다. 바울이 자신을 강한 자 가운데 하나로 여겼을 수도 있고, 최소한 때로는 자기 생각을 그들의 관점과 동일시하는 듯 보이기 때문이다. 일반적으로 강한 자들은 특권을 가진 이방 그리스도인들에게 붙인 표현이고, 약한 자들은 하나님의 계획 안에서 선택받았다는 특권을 주장한 유대 그리스도인들을 가리키는 호칭이었다.

그렇기에 로마 가정 교회들에서 특권층 사이에 싸움이 있었다고 볼 수 있다. 바로 사회적 지위가 특권이 되어 힘을 가진 이방 로마 그리스도인들과, 사회적 지위와 힘은 없지만 선택받았다는 특권을 가진 유대 그리스도인들의 싸움 말이다. 이것이 로마서 9-11장의 복잡한 주제 중 하나다. 로마서 15:1은 이 문제를 아마도 가장 간단명료하게 표현한 것인지도 모른다. "우리는, 우리 강한 사람들은 강하지 않은 사람들의 약점들을 품어 주어야 합니다"(새한글성경). 또는 더 사회적 느낌을 내는 용어로 번역하면 다음과 같이 된다. "우리 '뒤나토이'(*dynatoi*, 힘 있는 자들)는 '아뒤나토이'(*a-dynatoi*, 힘없는 자들)의 약점을 품어 주어야 합니다. 곧, 우리는 우리를 기쁘게 하지 말아야 하고 우리의 방식대로 일을 처리하지 말아야 합니다."

그러면 약한 자들은 어떤 사람들이고, 강한 자들은 어떤 사람들인가? 간단히 말하면 이렇다. **약한 자들**은 유대 그리스도인들이었다. 그들은 하나님의 선택을 받은 사람들의 후손이었고 이 선택 안에서 확고해져야 했지만, 그 선택에 대한 하나님의 신실하심에 의문을 제기했고 이스라엘 역사 내내 목격한 하나님의 놀라운 활동을 수용해야 했다. 약한 자들은 토라를 알고 실천했다. 비록 이 약한 자들이 지위도, 특권도, 힘도 없었다고 할지라도 그들은 심판자의 자리에 앉아 이방인들, 특히 로마 기독교 공동체에 있던 강한 자들을 심판했다(롬 2장). 더 나아가 약한 자들은 유대 열심당 전통을 근거로 로마에 세금 내기를 거부하려 했다(롬 13:1-7). 덧붙여서 — 최종 심판자 앞에 있던 — 약한 자들은 그리스도 안에서 믿음을 더 급진적으로 자신들에게 적용해야 했고, 그래서 그들이 '이스라엘의 남은 자들'의 새로운 본보기임을 발견할 필요가 있었다. 또한 그들은 믿음으로 충분하다는 말이 그리스도 안에 있는 이방 그리스도인들이 그들의 형제라는 것을 의미함을 알아야 했다. 그리고 이 때문에 율법 준수가 로마에 있던 그들 자신이나 강한 자들을 위한 변화의 방법이 아니라는 사실을 알아야 했다.

강한 자들은 대부분 이방인이었다. 그들은 예수를 메시아나 왕으로 믿었고, 율법을 그들을 위한 하나님의 뜻으로 여기지 않았고 이를 지키지 않았다. 그들은 아마도 유대인들, 특별히 예수 안에 있는 유대 그리스도인을 향해 잘난 체하고 이들에 대해 경멸하는 태도를 지녔을 것이다. 그리고 이 모든 것은 로마에 있던 강한 자들의 우월하고 높은 지위와 관련이 있다. 최소한 율법 준수가 필수적이지 않음을 받아들인 바울과 일부 유대 그리스도인들은, 그리스도를-따르는-것의 일환으로서의 율법 준수가 문제가 있다는 그들의 신학적 판결 안에서 때로는 강한 자들 가운데 속해 있었다고 볼 수 있다. 그러나 강한 자들은 그들의 우월한 지위를 이용해 로마에 있던 그리스도인들에게 요청된 거룩함과 율법을 폄하했다. 그래서 약한 자들을 정결하지 않은(nonkosher) 음식이 놓인 식사 자리에 억지로 앉혔다. 강한 자들은 그들의 민족 정체성만큼이나 율법 준수에 대한 그들의 태도를 특징으로 한다.

이제 결론을 말해 보자. 로마서 12:1-2은 전적으로 약한 자들과 강한 자들을 향해 말하기 위해 작성된 주제 문구다. 이 말씀은 단순하고 추상적인 기독교적 삶에 관한 내용이 아니다. 이 말씀은 로마에서 벌어진 논쟁에 참여하면서 서로를 위협했던 두 그룹이 서로 관계하는 방식에서 그리스도를-따름으로써 어떻게 그리스도 안에서의 하나 됨을 배울 수 있는지, 그리고 어떻게 상호 유대감을 구현하는 법을 배울 수 있는지에 관한 구체적인 표현이다. 로마서 12:1-2에서 작동하는 새로움이 있는데, 이는 오직 '묵시적'이라 불릴 수 있을 것이다.

로마서 12:1-2을 전술로 해석하기 로마서의 다른 모든 본문처럼, 이 본문도 로마의 그리스도인들, 곧 약한 그리스도인들과 강한 그리스도인들에게 보내졌다. 그들은 주변부에 속한 사람들이었다. 이런 자들에게 전달된 이 말씀은 마음을 달래 주는 도덕적 의견이 아니라 까다롭고, 도전적이고, 로마인과 유대인의 삶의 방식을 전복시키는 말씀으로 들렸을 것이다. "너희 몸을 산 [희생] 제물로 드리라"는 문장이 전달하는 바처럼, 약한 자들에게 죽으라는 것은 위로의 말이 아니다. 이것은 강한 자들에게 그들의 지위가 더는 중요하지 않다고 그들에게 말하는 것이다. 그들의 잘난 체하는, 참을 수 없는, 자기 의를 내세우는 행동이 중단되어야 한다고 그들에게 말하는 것이다. 그리스도 안에 있는 그들의 유대 형제들이 가진 특정 음식에 대한 거리낌에 민감해야 한다고 그들에게 말하는 것이다. "의견을 비판"할 목적 없이 식사 교제를 하라고 그들에게 말하는 것이다(롬 14:1). 그들의 '뒤나토이'적-삶은 로마인들의 삶의 방식이지 그리스도를-따르거나 십자가를-따르는 방식이 아니라고 그들에게 말하는 것이다. 이스라엘의 역사는 아브라함의 영적 자손인 그들의 존재를 포함하게 되었는데, 이제 이 역사가 그들의 이야기라고 말하는 것이다. 헬라인들의 구약과 신약으로 여겨지는 『일리아스』(The Iliad)와 『오디세이』(The Odyssey)를 잊어버리고, 또 로마인들의 성경인 베르길리우스(Virgil)의 『아이네이스』(Aeneid)를 잊어버리고, 칠십인역 성경을 너희의 이야기로 삼으라고 말하는 것이다. 그들의 유대 형제들을 자기들보다 낮게 보지 말고 낮게 보라고 그들에게 말하는 것이다.

역사적 맥락을 고려하면 로마서 12:1-2은 약한 자들에게 그들의 특권이 선택과 은혜 덕분에 남겨져 있기도 하지만, 오직 그들의 메시아이신 예수에 대한 믿음으로 남겨진 것이라고 말한다. 이 말씀은 역사 속 하나님의 놀라운 방식을 이제는 받아들이도록 그들에게 도전하고 확증하는 것이다. 하나님의 놀라운 방식에는 이방인들의 놀라운 믿음을 받아들이고, 같은 맥락에서 그들의 친족 일부를 거부하는 것도 포함된다. 하나님은 신실하시지만, 놀라운 방식으로 신실하심을 그들에게 말하는 것이다. 그러므로 그들의 이야기 속 어떤 측면은 버리고, 저 이스라엘 역사의 다른 측면을 받아들이라고 그들에게 말하는 것이다. 율법 준수는 변화를 위한 길이 아니라고 그들에게 말하는 것이다. 사실 모든 변화는 항상 하나님의 은혜와 하나님의 통치 방식을 따라 하나님의 놀라운 선물인 성령에 의해 일어났다고 그들에게 말하는 것이다. 이방인들과 이방 그리스도인들을 심판하는 일에 대하여 죽으라고 그들에게 말하는 것이다. 정결한 음식이 이방 그리스도인들에게 요구되지 않기에 그들은 서로 식탁 교제를 나눌 수 있다고 그들에게 말하는 것이다. 주잇은 "엽채류"[롬 14:2에서 "채소"로 번역된 '라카논'(*lachanon*)—옮긴이]라 부르는 것에 대한 입장 차이를 관용하라고 그들에게 말하는 것이다. 세금을 내고 열심당원들의 전술을 사용하지 말라고 별다른 논증 없이 그들에게 말하는 것이다. 그리스도 안에 나타난 하나님의 은혜에 진실한 응답으로써의 믿음이 유일하게 필요한 것이고 그 뒤에, 아래에, 위에 혹은 그 앞에 있는 것이 무엇이든 하나님의 관대한 은혜를 억압한다는 사실을 받아들이라고 그들에게 말하는 것이다.

그러므로 바울이 로마 그리스도인들에게 요청하는 죽음은 특권에 대한 죽음인데, 이는 하나님의 한 가족 안에서 형제들을 동등하게 받아들이는 것이다. 특권을 가진 약한 자들이 그들의 지위를 포기해야 하듯이, 특권을 가진 강한 자들도 그들의 지위를 포기해야 한다. 이는 그들의 과거에 대한 죽음과 동시에 바울이 '새 창조'라 말하는 것을 요청한다(고후 5:17).

바울이 "너희의 **몸**[들]을 드리라"고 말했을 때, 강한 자와 약한 자의 역사적 맥락에서 다른 의미도 발생한다. 주잇은 로마서 16장에 언급된 이름 대부분은 아니더라도 많은 이름이 노예 가정이나 심지어 공동 주택 가정에서 나온 노예 이름이라고 주장했다. 피터 오크스(Peter Oakes)는, 만일 우리가 폼페이에 있던 전형적인 가정 환경이나 이와 약간의 차이는 있지만 로마에 있던 일반 가정 환경에서 로마서 14-15장을 읽는다면, 이 용어 '**몸**'은 많은 경우 노예의 몸, 특히 이전 주인에게서 돌이켜 새로운 주님, 새로운 하나님, 새로운 가족인 교회를 향해 전향한 몸을 가리키는 것으로 볼 수 있다고 통찰력 있는 주장을 했다.[42] 이런 맥락에서 몸의 학대나 몸의 타락이 있으면 안 되고, 하나님의 형상으로 만들어진 아름다운 것으로써 몸의 영광, 신성함, 품위가 있어야 한다. 만약 다른 측면에서 생각해 보면, 이것은 유대인과 이방인의 몸, 곧 교제, 예배, 결혼에서 이전에 금지되었거나 최소한 제한된 몸들과 섞이지 않으려는 신앙인들을 위한 말씀이다. 은사를 주고받는 일이 로마서 12:3-8에서 강조되지만, 거기서도 눈에 띄는 몸에 대한 강조가 다시 나온다. 같은 식탁에서 함께 먹으라는 것은 로마서 14-15장에 나오는 바울의 가장 분명한 권

---

[42] Peter Oakes, *Reading Romans in Pompeii: Paul's Letter at Ground Level* (Minneapolis: Fortress, 2009).

면이다. 로마서 14:1에 강한 자들이 약한 자들을 환대해 주어야 한다는 명령이 나오는데, 이는 서로 함께 먹으라는 권면과 이전에 세웠던 경계를 허물라는 권면 이전에 나온다. 로마서 15:7은 이를 **상호** 간의 환대로 바꾸고, 그렇기에 상호 간의 식탁 교제로 바꾼다. 바울에게 이는 양방향으로 작동한다.

이를 현실적으로 생각해 보자. 살아 낸 신학으로서 신학이란 무엇일까? 교회의 성도들에게 다른 정치 정당을 지지하는 사람, 경제적으로 완전히 반대에 있는 사람 또는 도덕적으로 다른 관점을 가진 사람과 함께 앉으라는 설교는 기분을 돋우는 이야기는 아니다. 특히 논쟁하지 말고 공통된 것에 관해 이야기 나누라고 한다면 말이다. 요약하면 두 그룹 모두 로마서 14:17에서 바울이 말한 내용을 배우는 것이다. "하나님의 나라는 먹는 것과 마시는 것이 아니요, 오직 성령 안에 있는 의와 평강과 희락이라." 캐서린 그리브(Katherine Grieb)는 이것을 정확하고 올바르게 이해했다.

우리 실존의 구체화는 복음의 전달자들 안에서 그리고 그들을 통해서 복음의 능력을 보여 주는 기능을 한다. 우리가 하는 일, 우리의 구체화된 실존, 매일 일어나는 구체적인 의사 결정은 필연적으로 우리 삶에서 예수 그리스도가 어느 정도로 우리의 주님이 되셨는지를 드러낸다. 살아 계신 주님이 우리를 새로운 영역의 능력으로 이끌고 들어가시는 만큼, 이 세대의 능력은 우리를 세상에 순응하게 만드는 힘을 잃는다. 그리스도인들은 더 이상 이러한 능력에 '속하지' 않는다. 그들의 몸은 살아 있는 희생 제물로 하나님에게 드려졌고 예수 그리

스도의 몸으로서 하나님에게 속했기 때문이다.[43]

찰스 마시의 '살아 낸 신학' 프로젝트는 일정 부분 이번 장에 영감을 주었는데, 그는 우리 삶의 이야기가 우리가 순수 신학 체계라 부르는 것만큼이나 전적으로 신학이라고 주장한다. 자신들의 특권에 대해 죽은 강한 자와 약한 자는 죽음에 대한 이야기를 들려준다. 풀러(R. H. Fuller)의 유명한 번역서, 본회퍼의 『나를 따르라』(The Cost of Discipleship)는 본회퍼의 원래 표현보다 더 시적인 표현을 사용해서 훨씬 더 기억에 남는다. "예수님이 한 사람에게 따르라고 부르실 때, 그분은 와서 죽으라고 부르신 것이다." 본회퍼의 표현은 그리 시적이지는 않았다. "Jeder Ruf Jesu führt zum Tod." 직역하면 이렇다. '예수의 모든 부르심은 죽음으로 이끈다.'[44] "너희 몸을…산 [희생] 제물로 드리라"는 말씀은 본회퍼의 표현이 된 바울의 말이고, 자기 십자가를 지라는 예수의 부르심을 극대화한 것이다. 만약 특권을 누리는 강한 자나 약한 자 중 한 사람이 이런 식으로 죽으면, 그들은 로마서 6장을 실현한 것이라고 할 수 있다. 그러나 살아 낸 신학은 이를 뒤집으라고 요청한다. 곧 로마서 6장은 다른 사람들의 유익을 위해 자기에 대해 죽은 강한 자 혹은 약한 자를 설명한 것으로 볼 수도 있다. 로마서 6장은 로마서 12:1이 보여 주는 **아비투스**로부터 추

---

43 A. Katherine Grieb, *The Story of Romans: A Narrative Defense of God's Righteousness* (Louisville, KY: Westminster John Knox, 2002), p. 119.
44 Dietrich Bonhoeffer, *Discipleship*, Dietrich Bonhoeffer Works 4 (Minneapolis: Fortress, 2001), p. 87(풀러의 번역은 11번 주를 보라). 『나를 따르라』(복있는사람).

론할 수 있는 말씀이다. 바울이 유대 그리스도인들, 이방 그리스도인들과 함께 그들의 구원을 성취하려 했기 때문에 그리고 완전히 다른 사람들로 구성된 교회 안에서 교제를 성취하려 하는, 그들을 향한 바울의 선교 상황에서 발생한 것이다. 로마서 12:1-2이 로마서 6장과 연결되듯이 로마서 6장은 로마서 12:1-2과 연결된다. 이것은 이렇게 양방향으로 작동하고, 그래서 누군가는 로마서 6장이 로마서 12장을 촉발한 만큼 혹은 그 이상으로, 로마서 12장이 로마서 6장을 촉발했으리라고 추정한다.

로마서 12:1-2을 신학적으로 해석하기 매일 몸을 살아 있는 희생 제물로 드리는 일은 영적 황홀경을 위해서가 아니라 선한 것, 하나님이 승인하신 것, 그리스도를-따르는 삶의 방식으로 완성되는 것을 성취할 능력을 얻기 위해서다. 그것이 무엇일까? 다시 한번 이를 역사적 맥락에서 해석하면서 로마인들과 신앙 없는 유대인들의 삶의 방식을 전복하는 전술로서 읽는다면, 이는 최소한 이제부터 이야기할 네 가지 논평을 수반한다. 다시 말하지만 다음의 내용들은 로마의 가정 교회에서 로마인들의 삶의 방식을 전복하고자 고안된 힘 없는 자들의 전술이다.

첫 번째, 새로워진 마음은 **그리스도를-따르는-것**을 받아들인다. 마이클 고먼(Michael Gorman)은 십자가를-따르는-것 혹은 십자가에 순응하는 것이라 부르는 일련의 생각들을 발전시켰다. 나는 그의 생각에 동의하지만, **그리스도를-따르는-것**이라는 용어를 더 선호한다. 그리스도를-따르는-것은 그리스도의 모든 사역과 인격을 보며 우리가 한 인간으로서 우리의 삶을 그리스도에게 순응시키는 것이다. 또는 바르트 학파나 토런스 학파 학자들의 기여를 인정하면서, 그리스도에 참여한다고 말할 수도 있을 것이다. 그러므로 이는 (그리 좋은 표현은 아니지만) 삶-따르기, 십자가-따르기, 부활-따르기다. 무엇이라 부르건, 이런 생각은 로마서 14-15장에 스며들어 있다.

우리 중에 누구든지 자기를 위하여 사는 자가 없고 자기를 위하여 죽는 자도 없도다. 우리가 살아도 주를 위하여 살고 죽어도 주를 위하여 죽나니 그러므로 사나 죽으나 우리가 주의 것이로다. 이를 위하여 그리스도께서 죽었다가 다시 살아나셨으니 곧 죽은 자와 산 자의 주가 되려 하심이라. (롬 14:7-9)

만일 음식으로 말미암아 네 형제가 근심하게 되면 이는 네가 사랑으로 행하지 아니함이라. 그리스도께서 대신하여 죽으신 형제를 네 음식으로 망하게 하지 말라. (롬 14:15)

이로써 그리스도를 섬기는 자는 하나님을 기쁘시게 하며 사람에게도 칭찬을 받느니라. (롬 14:18)

그리스도께서도 자기를 기쁘게 하지 아니하셨나니 기록된 바, 주를 비방하는 자들의 비방이 내게 미쳤나이다 함과 같으니라. (롬 15:3)

이제 인내와 위로의 하나님이 너희로 그리스도 예수를 본받아 서로

뜻이 같게 하여 주사. (롬 15:5)

그러므로 그리스도께서 우리를 받아 하나님께 영광을 돌리심과 같이 너희도 서로 받으라. 내가 말하노니 그리스도께서 하나님의 진실하심을 위하여 할례의 추종자가 되셨으니 이는 조상들에게 주신 약속들을 견고하게 하시고. (롬 15:7-8)

그러므로 그리스도와 같이 되는 것은 우리 자신에 대하여 죽고, 하나님을 위해 사는 것이다. 또 그리스도가 양쪽 모두를 위해 죽으셨기 때문에 우리의 음식 기호를 포기하고, 누구든지 그리스도를 섬기는 자들을 받아들이고, 자화자찬을 포기하고, 다른 이들을 기쁘게 하고, 평화 안에서 살고, 서로를 환대하고, 이방인 선교에 동참하는 것이다. 그리스도를-따르는-것은 기독교적 행동을 위한 강력한 동력이다. 이것이 근거이고 규범이다.

두 번째, 새로워진 마음은 **연합**을 받아들인다. 내가 지금까지 말해 온 것을 반복하지만, 이는 거듭해서 말할 만하다. 바울은 강한 자들과 약한 자들의 갈등이 그리스도 안에서의 연합으로 끝나기를 갈망한다. 하나님은 모든 사람에 대한 심판자이시기 때문에(롬 14:4) 그리고 그리스도가 모두를 위해 죽으셨기 때문에(14:9, 15) 그들은 서로를 용납해 주어야 한다. 하나님의 선물은 다른 사람들의 유익을 위해 각 사람에게 주어지기 때문에, 그들은 연합 안에 머물러야 한다. 그들은 사랑 안에서 살아가야 하므로(롬 12:9-10) 그들은 "서로 마음을 같이하며" 살아야 하고, 그들의 지위를 내세우지 말아야 하며(롬 12:16) "모든 사람과 더불어 화목"해야 한다(롬 12:18). 이 모든 것은 좋은 사회 구성원이 되고 세금을 냄으로써 실증된다(롬 13:1-7). 그러므로 강한 자와 약한 자는 모든 사람과 평화롭게 지내기를 추구하는, 일종의 새로워진 마음을 가져야 한다.

세 번째, 새로워진 마음은 **다른 사람과 함께하는 식사**를 받아들인다. 이 주제는 다른 대부분의 연구보다는 주잇의 연구에서 더 큰 특징이고, 레타 핑거(Reta Finger)의 여러 연구에서도 그렇다.[45] 식사는 구체화된 교제이고, 구체화된 연합이며 구체화된 관용이자, 구체화된 평화다. 로마서 14:1-6은 새로워진 마음이 작동하는 방식으로써 이 주제에 의해 형성되었다. 그럼에도 현대 독자들은 이 말씀에 대해 "그런데 어떻게 하라는 거지?" 하고 일상처럼 묻는다. "어떤 사람은 이 날을 저 날보다 낫게 여기고 어떤 사람은 모든 날을 같게 여기나니 각각 자기 마음으로 확정할지니라. 날을 중히 여기는 자도 주를 위하여 중히 여기고 먹는 자도 주를 위하여 먹으니 이는 하나님께 감사함이요, 먹지 않는 자도 주를 위하여 먹지 아니하며 하나님께 감사하느니라"(롬 14:5-6). 누군가는 괜찮다고 말할 것이다. 그런데 약한 자들은 연합을 위한 이 전술에 대해 어떻게 생각할까? 다른 누군가는 로마서 14:17의 유명한 말씀에 대해 궁금해할지도 모른다. "하나님의 나라는 먹는 것과 마시는 것이 아니요 오직 성령 안에 있는 의와 평강과 희락이라." 그런데 음식 정결법은 어떻게 해야 하는가? 버

---

[45] Jewett, *Romans*; Reta Halteman Finger, *Roman House Churches for Today: A Practical Guide for Small Groups* (Grand Rapids, MI: Eerdmans, 2007).

려야 하는가? 유지해야 하는가? "그런즉 우리가 다시는 서로 비판하지 말고 도리어 부딪칠 것이나 거칠 것을 형제 앞에 두지 아니하도록 주의하라"(롬 14:13)를 읽으면, 훨씬 더 많은 질문이 생긴다.

두 가지 방식 다 괜찮을 수 있다. 바울이 "무엇이든지 그 자체로 부정한 것은 없고"라고 말할 때(롬 14:14, 새번역), 그는 명백히 위에서 언급한 질문 대부분을 가로지르면서 유명한 구절인 로마서 14:7에 명료함을 더한다. 그러니까 그의 요점은 역시나 서로에게 자신의 것을 강요하지 말라는 것이다. 이 주제들에 대해서는 각 사람이 각자의 속도에 맞추어 성숙에 이르게 해야 한다. 그리스도를-따르는 포기는 다음의 말씀에서 엄중해진다. "음식으로 말미암아 하나님의 사업을 무너지게 하지 말라. 만물이 다 깨끗하되 거리낌으로 먹는 사람에게는 악한 것이라. 고기도 먹지 아니하고 포도주도 마시지 아니하고 무엇이든지 네 형제로 거리끼게 하는 일을 아니함이 아름다우니라"(롬 14:20-21). 함께 먹는 일에 관한 문제를 갈무리하며 마지막으로 바울은 "믿음을 따라 하지 아니하는 것은 다 죄니라"(롬 14:23) 하고 말한다. '풍덩' 하는 소리(kerplunk)에 해시태그를 붙이고, 이제 그 파문(ripples)을 지켜보자. 새로워진 마음은 서로 함께 먹는 것이고, 이런 일은 실제로 그럴 수 있듯 도전적이고 불편하다.

네 번째, 새로워진 마음은 **영적 은사를 서로에게 흘려보낸다**. 로마서 5-8장은 그리스도 안에서 사는 삶이라는 주제와 관련되며 로마서의 핵심이다. 로마서 5-8장은 로마서 12-16장에 그려진 기독교 공동체의 모습을 합리적으로 설명한다. 로마서 12:1-2에 뒤따라 나오는 바울 말의 중심에는 성령 안에서 사는 삶에 관한 내용이 있다.

다시 한번 이 말씀을 보자.

> 내게 주신 은혜로 말미암아 너희 각 사람에게 말하노니 마땅히 생각할 그 이상의 생각을 품지 말고 오직 하나님께서 각 사람에게 나누어 주신 믿음의 분량대로 지혜롭게 생각하라. 우리가 한 몸에 많은 지체를 가졌으나 모든 지체가 같은 기능을 가진 것이 아니니 이와 같이 우리 많은 사람이 그리스도 안에서 한 몸이 되어 서로 지체가 되었느니라. 우리에게 주신 은혜대로 받은 은사가 각각 다르니 혹 예언이면 믿음의 분수대로, 혹 섬기는 일이면 섬기는 일로, 혹 가르치는 자면 가르치는 일로, 혹 위로하는 자면 위로하는 일로, 구제하는 자는 성실함으로, 다스리는 자는 부지런함으로, 긍휼을 베푸는 자는 즐거움으로 할 것이니라. (롬 12:3-8)

영적 은사에 관한 가르침에 나타난 바울의 주제 의식은 매우 잘 알려져 있다. 각 사람은 은사를 갖는다. 각 사람은 다른 사람의 유익을 위해 은사를 사용한다. 은사를 사용하고 은사로 섬김을 받는 것은 상호 호혜뿐 아니라 의무도 만들어 낸다. 이런 은사는 사람들을 하나로 이끈다. 이런 연합은 그리스도의 조화로운 몸이다. 새로워진 마음은 영적 은사를 서로에게 흘려보낸다.

참 신학은 구체화된다

캐빈 로(Kavin Rowe)는 그의 놀라운 책 『하나의 참된 삶』(*One True*

Life)에서 스토아 철학의 삶의 방식을 기독교 신앙과 비교하면서 후자에 대한 길고 정교한 옹호에 다음의 과감한 용어들을 사용한다.

신뢰, 인도, 훈육, 가르침, 형성, 도제, 돌봄, 치유와 같은 것은 모든 것에 관한 진리가 알려지고 숙고되는 방식이다. 인간사에 대한 이런저런 정보 조각이 아니고, '프뉴마'(*pneuma*, 영/바람)에 관한 이런저런 견해가 아니며, 수난 사화에 대한 이런저런 해석이 아니다. 이는 실존적으로 구조화된 패턴, 곧 시간의 한복판에서 우리가 살아 내는 유일한 삶의 궤적이다. 이것이 바로 진리가 경쟁하는 방식이다.…그러므로 스토아 철학과 기독교가 보여 주는 차이는 살아 낸 진리다.

그의 결론은 이렇다. "참된 지혜는 신뢰할 만한 가치가 있는 십자가에 못 박히신 그리스도를 신뢰함으로써 이성을 교정한다. 십자가는 세상의 앎의 방식으로 보면 완전히 어리석지만 말이다."[46] 로마서를 이러한 맥락에서 생각해 보면, 강한 자와 약한 자가 서로를 향해 행동하는 것 곧 **서로를 환대하는 그들의 살아 낸 신학**은, 만일 이것이 다른 사람의 유익을 위해 구체화된 희생의 행동이라면 로마서 6장과 12장에 담긴 내용보다 더 많은 것을 전달하는 방식으로 이러한 본문들에 흘러넘칠 것이다.

로렌 위너(Lauren Winner)는 덕 윤리와 습관에 대해 다루는 자신의 최근 책 『기독교적 실천의 위험성』(*The Dangers of Christian*

---

46 Rowe, *One True Life*, pp. 6, 7, 221. 좋은 요약은 그의 책 p. 237에서 찾을 수 있다.

Practice)에서 습관은 중립적이지도 항상 형성적이지도 않다고 주장한다. 그녀는 선과 영적 유익을 위해 의도된 것이 어떤 역사적 배경에서는 예기치 못한 끔찍한 **변형**(*deformation*)을 만들기도 한다고 주장한다. 매킨타이어도 "덕이 요구되는 곳에서 악 또한 창궐할지도 모른다"라고 말했다.[47] 로마서 12:1-2을 전략의 영역에서 전술의 영역으로 옮겨 해석하는 것이 구체화된 희생을 보장하지는 못한다. 왜 그런가? 요점만 말하면, 행위자인 죄의 권세와 육체의 권세가 존재하기 때문이다. 위너는 이를 다음과 같이 말한다. "죄의 권세는 타락으로 인해 시작되었고 모든 악영향을 양산한다. 즉 **죄**라는 단어는 인간(그리고 천사나 아마도 인간이 아닌 다른 특정 동물들처럼 행위 능력을 가진 다른 피조물)이 지닌, 하나님의 피조물을 하나님에게서 멀리 떠나게 하고 세상에 손상을 입히는 습관이나 행동, 성향을 가리킨다."[48]

만약 우리가 사는 세상이 이렇다면 우리의 실천, 곧 세상을 전복하는 전술로서 우리가 매일의 삶에서 행하는 구체화된 희생이 죄의 권세와 육체의 권세에 의해서 훼손될 수도 있다. 위너는 계속해서 이렇게 말한다. "상황은 변형된 상황에 적합한 방식으로 죄에 의해 변형되는데, 이러한 변형이 결과를 가져올 때 당신은 그 결과를 변형된 상황 자체와 분리할 수 없다. 왜냐하면 이것이 바로 그 결과를 초래할 수 있는 가능성에 귀속되기 때문이다." 그녀는 많은 설명을 덧붙이는데 그 가운데 하나가 핵심을 파고든다. "자부심 때문에 학

---

47 MacIntyre, *After Virtue*, p. 193.
48 Lauren F. Winner, *The Dangers of Christian Practice: On Wayward Gifts, Characteristic Damage, and Sin* (New Haven, CT: Yale University Press, 2018), p. 2.

자들이 변질되는 것은 현대 학계의 특징이다. 자부심은 학계가 무엇인지에 대해 무언가를 말해 주는 변질이다." 그래서 위너는 기독교의 세 가지 실천을 살펴보는데, 성찬부터 이야기해 보자. 성찬은 이따금 몇몇 그리스도인들에게 예수를 살해했다는 이유로 유대인들을 살해할 기회가 되기도 했다. 그리고 노예 주인의 입에서 나오는 기도는 "강제로 탈취하기 위한 청원 기도"나 "부정하게 얻은 욕망의 대상을 맴돌기 위한 수단"이었고, 노예들의 구원을 위해 기도하는 척하면서 노예에 대한 저주를 담고 있었다. 마지막으로 위너가 보여 주듯이 세례는 때때로 특정 개인의 가정에서 가족들끼리 시행되기도 했는데, 이 때문에 세례가 교회와 공동체에서 분리된 사회적 지위나 경제적 우월함을 찬양하는 자리가 되기도 했다.[49]

우리가 로마서 12:1-2을 전략의 세계에서 전술의 세계로 바꾸어 이해했을 때 어떤 변형이 일어나는가? 구체화된 매일의 희생이

    그리스도를-따르는-것과 멀어질 때,
    상호 연합과 평화를 만드는 일과 멀어질 때,
    함께 식사하는 일과 멀어질 때,
    영적 은사를 서로에게 흘려보내는 일과 멀어질 때,
    그것은 대신 전략이 된다.
    십자가와 그리스도를 비웃는 전략,
    경건에 대해 자기 만족적으로 축하하면서

---

[49] Winner, *Dangers of Christian Practice*, pp. 5, 16, 79, 84.

연합과 평화를 파괴하는 전략,
참아 주기 힘든 그 자신의 의로움으로
높은 곳에서 남을 깔보고 위계질서를 만드는 전략,
영적 은사가 은혜의 상호 호혜가 아닌 지위로 사용되는 전략,
역설적으로 모든 것을 주신 분에게 우리가 받은 것들 때문에
우리 자신을 우월하다고 여기는 상황이나 장소에서 전략이
된다.

삶의 방식은 신학이 무엇인지를 보여 준다. 그래서 삶의 방식을 구체화하지 않는 어떤 신학도 신학이 아니다. 신학은 살아 내는 것이어야 하므로, 살아 낸 신학이 신학이다.

결론

나는 내가 조직신학에 편안함을 느낄 거라고 생각하지는 않는다. 이 말이 내가 조직신학 연구들을 읽지 않고 그것들에서 배우지 않으며 그것들에 비추어 성경에 관한 내 생각을 바꾸지 않을 것이라는 의미는 아니다. 이 책이 마지막 수정 작업에 들어갔을 때, 나는 캐서린 손더레거의 『조직신학』(Systematic Theology)을 읽는 중이었다. 무척 마음에 들었지만 동시에 거슬리기도 했다. 그녀의 접근법은 예배적이고, 그녀는 내가 아는 어떤 조직신학자들보다 성경을 훨씬 자주 사용한다. 손더레거는 바르트식의 기독론 중심으로 틀 짜인 신학에 도전하면서, 그 자리에서 "유일하신 하나님"에 대한 방대한 연구를 시작한다. 그러면서 그녀는 이 한 분 하나님의 편재, 전능, 전지를 다루고 마지막 부분으로 넘어간다. 그 시리즈의 두 번째 책은 삼위일체, 곧 한 분 하나님과 한 분 안에 계신 세 분, 혹은 세 분 안에 계신 한 분 하나님에 관한 것이다. 틀은 중요하기에 조직신학은 더욱

성경 자체의 방식으로 구성된 틀을 재고함으로써 도움을 얻을 수 있다. 성경 자체의 틀은 곧 다양한 성경의 장절과 저자들을 주제나 신경에 맞춘 것이라기보다는 일종의 서사적 틀을 말한다.

조직신학이 나를 가장 불편하게 만드는 부분은 오래된 주석적 결론들에 대한 융통성 없는 고집이다. 실제로 성서학자들도 더 오래전의 조직신학적 사고에 영향을 받았음을 인정하지만, 그보다 더 오래전에 조직신학을 형성했던 신약(그리고 구약) 본문에 대한 이해는 때로는 크게 발전했다. 나는 유대교가 작동했던 방식에 대한 아우구스티누스식, 루터식, 칼뱅식의 인식에서 어떻게 **행위들**이 이해되었는지에 관한 예시를 자주 사용한다. 저들의 인식은 수정되었는데, 이는 구원에 관한 교리에서 **행위들**이라는 주제뿐 아니라 인류학도 때때로 급격히 바뀌었음을 의미한다. 정말 미안한 말이지만, 가장 최근 연구를 계속 따라잡는 일이 필수는 아닐지라도 이전의 해석적 결론에 심각하게 손상을 입히며 큰 기여를 한 연구들―은혜에 관한 바클레이의 연구, 이야기에 관한 N. T. 라이트의 연구, 신약성경의 사회적 배경에 관한 특별한 연구들―은 조직신학 안에서도 훨씬 더 큰 역할을 해야만 한다.

성서학자가 교회의 학자로서 활동하고 싶다면, 그들은 신경 안에서 발견되는 역사적/신학적 기반을 존중해야 할 것이다. 더욱이 존중은 참여를 요구하고, 어떤 점에서는 도전하기를 요구한다. 조직신학자가 교회의 학자로서 활동하고 싶다면, 그들은 패러다임을 바꾸는 성서학자들의 학문적 기여에 관심을 가져야 할 것이다. 지금까지 언급하지 않고 지나쳤던 예시 하나를 이제 들고 싶다. 성경은 이스라엘과 교회를 해석한 역사를 말해 준다는 점에서 그 자체로 일종의 역사서다. 왜 조직신학자들은 그들의 주제 중 하나로 '역사'를 다루지 않을까? 매일 목회자들, 교수들, 일반 그리스도인들은 이 세상에서 그리고 그들이 사는 지역에서 무슨 일이 벌어지고 있는지를 이해하도록 도전받는다. 신경이나 주제 연구가 도움을 줄 수도 있겠지만, 역사에 관한 신학이 하는 식으로는 돕지 못한다.

우리 조직신학자들과 성서학자들은 서로가 필요하다. 성경신학자들은 후대의 신학적 숙고의 개념적 명료성에 대한 조급함을 어느 정도 내려놓아야 하고, 조직신학자들은 성서학에서 오는 신선한 연구를 피하지 말아야 한다. 양쪽 진영에서 각각의 연구가 많은 열매를 맺는 것보다 지금 훨씬 더 필요한 일은 각 진영에서 일어나는 일을 서로에게 알려 주는 정기적인 기회를 갖는 것이다. 그래서 제안하고 싶은 사항이 있다. 일단 신학교를 염두에 두고 이야기할 테지만, 꼭 신학교에만 해당하는 것은 아니다. 내 제안은 각 분과 교수들이 흥미롭고 유익한 전체 교수 회의를 만들기로 결정하는 것이다. 상상하기 어려운 일임을 안다. 그래도 각 교수 회의에서 교수 한 명에게 자기 영역에서 일고 있는 최근 연구에 관해 15분 정도 발표하도록 요청해 보면 어떨까? 그 시간을 한 가지 주요 연구나 여러 연구에서 일어난 새로운 흐름을 파악하는 데 할애해 본다면 어떨까?

만약 신학과 성서학이 서로 더 가까워진다면, 그럼으로써 조금 더 서사적인 틀을 가지고 연구한다면, 본래 역사적 맥락에서 성경이 말하는 바에 조금 더 역사적이고 사회적인 감각을 가지고 접근한다면, 그리고 역사 안에서 일하시는 하나님이 우리로 하여금 어떻게 신학의 틀을 형성하도록 도우시는지 묻는다면, 만약 우리가 이 모든 것을 한다면 우리는 또한 예수라는 인물을 신학의 더 깊은 중심에 있도록 만들 수 있을 것이다. 때때로 나는 신학자들의 글을 읽을 때, 거기에 예수가 부재하는 듯한 느낌이 들 때가 있다. 조금 더 자주, 예수가 추상적인 개념이 되는 듯한 느낌이 든다. 그가 존재했지만, 지금은 존재하지 않는 듯한 느낌이다. 제자들을 부른 사람은 인격체이신 예수이셨고, 이는 고대 이스라엘 역사에서 족장들과 예언자들을 부르신 하나님을 마주하는 것이었다. 이러한 가르침의 형태는 단순한 개념이 아니라 개인적인 만남이었는데, 우리는 우리의 교실에서도 이와 똑같은 것을 인정해야 한다. 그리스도 안에 계시된 하나님의 은혜를 반영하는 살아 낸 신학은 사람들을 예수께로 이끈다. 하나님은 빛나는 현존을 통해 변화시키신다. 조직신학자 캐서린 손더레거는 굉장히 멋진 표현을 사용하며 바로 이런 생각을 제시한다. 그래서 그녀의 말을 구조를 조금 바꾸어 인용하려 한다.

그러나 우리는 어떤 원인이나 확실하게 압도적인 원인 혹은 외부의 압력 때문이 아니라 오히려 스승 자체로 인해, 좋은 스승에게 이끌려 간다. 가르침의 내용은 순전히 무엇이 우리를 거기로, 곧 좋은 스승의 존재와 인격 그리고 지혜로 이끌어 갔는지를 보여 줄 뿐이다.

우리는 이와 같은 힘을 '카리스마'(*charisma*)라고 칭하는 데 익숙한데, 이는 주목할 만한 한 인간의 삶이 가진 묘약이다. 이런 개인의 마력의 공식을 세분화하기는 어렵지 않다.

엄청난 배움,

엄청난 진실성,

엄청난 독특성과 자유로움,

엄청난 위험 또는 감각적 전율.

오히려 카리스마적 인물은 살아 있는 전인격이다. 우리는 단순한 필요로 이와 같은 사람을, 이와 같은 살아 있는 힘을 추구한다. 우리는 이끌리기에 이끌려 간다.

약간 바꾸어 말하면, 이는 그리스도의 화해시키시고 구속하시는 삶-행동이고 그분의 존재 자체라고 말할 수 있는데, 이것은 다른 사람들을 향해 빛이 발하듯 퍼져 나간다. 이는 마치 그분의 삶에 우리가 휘말려 드는 것과 같다. 우리는 그분의 인격 안으로, 그분의 복을 받은 하나님과의 친밀성 안으로, 그분의 하나님에 대한 굉장히 강한 의식 안으로 빨려 들어간다. 그리고 우리 각 사람은 따라간다. 오직 우리가 영적 한 무리, 곧 저 중보자 안으로 끌려 들어간 사람들의 공동체이기 때문이다. 이것이 바로 영적 삶이고, 모든 피조물의 목표다.[1]

우리는 교회에서 궁극적 규범인 성경의 계시에 헌신한다. 그러므로 우리의 임무는, 궁극적으로 하나님의 은혜를 통해 우리가 사는 지역에 이를 구체화하여 세상에 말을 건넴으로써 그리스도 안에 계시된 각 사람은 우리가 살아가는 세계를 향해 그리고 저 은혜에 관해 무언가 할 말이 있음을 발견할 것이다.

---

1 Katherine Sonderegger, *Systematic Theology: The Doctrine of God* (Minneapolis: Fortress, 2015), 1: p. 263.

참고문헌

Augustine. *The Augustine Catechism: The Enchiridion on Faith, Hope, and Charity*. Translated by Bruce Harbert. Hyde Park, NY: New City Press, 2008.
Ayres, Lewis. *Nicaea and Its Legacy: An Approach to Fourth-Century Theology*. New York: Oxford University Press, 2004.
Bancroft, Emery H., and Ronald B. Mayers. *Elemental Theology: An Introductory Survey of Conservative Doctrine*. Rev. ed. Grand Rapids, MI: Kregel, 1996.
Barclay, John M. G. *Paul and the Gift*. Grand Rapids, MI: Eerdmans, 2015. 『바울과 선물』(새물결플러스).
Bates, Matthew W. *The Birth of the Trinity*. Oxford: Oxford University Press, 2016.
_____. *Gospel Allegiance*. Grand Rapids, MI: Brazos, 2019.
_____. *The Hermeneutics of the Apostolic Proclamation: The Center of Paul's Method of Scriptural Interpretation*. Waco, TX: Baylor University Press, 2012.
_____. *Salvation by Allegiance Alone: Rethinking Faith, Works, and the Gospel of Jesus the King*. Grand Rapids, MI: Baker Academic, 2017. 『오직 충성으로 받는 구원』(새물결플러스).
Bauckham, Richard. *Jesus and the God of Israel: God Crucified and Other Studies on the New Testament's Christology of Divine Identity*. Grand Rapids, MI: Eerdmans, 2008. 『예수와 이스라엘의 하나님』(새물결플러스).

Bebbington, David W. *The Dominance of Evangelicalism: The Age of Spurgeon and Moody*. Downers Grove, IL: IVP Academic, 2005. 『복음주의 전성기』(CLC).

Beker, J. Christiaan. *Paul the Apostle: The Triumph of God in Life and Thought*. Philadelphia: Fortress, 1982. 『사도 바울』(한국신학연구소).

Bird, Michael F. *Evangelical Theology: A Biblical and Systematic Introduction*. 2nd ed. Grand Rapids, MI: Zondervan, 2013.

Blaising, Craig Alan, and Darrell L. Bock. *Progressive Dispensationalism*. Grand Rapids, MI: Baker, 2000. 『점진적 세대주의』(CLC).

Bloesch, Donald G. *Essentials of Evangelical Theology*. 2 vols. Repr., Peabody, MA: Hendrickson, 2005.

Blomberg, Craig L. *A New Testament Theology*. Waco, TX: Baylor University Press, 2018. 『신약신학』(솔로몬).

Blount, Brian K. *Then the Whisper Put on Flesh: New Testament Ethics in an African American Context*. Nashville: Abingdon, 2001.

Bockmuehl, Markus. "Bible Versus Theology: Is 'Theological Interpretation' the Answer?" *Nova et Vetera* 9, no. 1 (2011): pp. 27-47.

_____. *Seeing the Word: Refocusing New Testament Study*. Studies in Theological Interpretation. Grand Rapids, MI: Baker Academic, 2006.

Boersma, Hans. *Sacramental Preaching: Sermons on the Hidden Presence of Christ*. Grand Rapids, MI: Baker Academic, 2016.

_____. *Scripture as Real Presence: Sacramental Exegesis in the Early Church*. Grand Rapids, MI: Baker Academic, 2017.

_____. *Violence, Hospitality, and the Cross: Reappropriating the Atonement Tradition*. Grand Rapids, MI: Baker Academic, 2004.

Bonhoeffer, Dietrich. *Discipleship*. Dietrich Bonhoeffer Works 4. Minneapolis: Fortress, 2001. 『나를 따르라』(복있는사람).

Borg, Marcus J. *Reading the Bible Again for the First Time: Taking the Bible Seriously but Not Literally*. Rev. ed. San Francisco: HarperSanFrancisco, 2002. 『성서 제대로 다시 읽기』(동연).

Boyd, Gregory A. *The Crucifixion of the Warrior God*. Minneapolis: Fortress, 2017. 『전사 하나님의 십자가에 죽으심』(CLC).

Bray, Gerald L. "Grace." In *New Dictionary of Theology*, 2nd ed., edited by Martin Davie et al., 376-378. Downers Grove, IL: IVP Academic, 2016.

Calvin, John. *Institutes of the Christian Religion*. 2 vols. Translated by Ford

Lewis Battles. Edited by John T. McNeill. Library of Christian Classics 20-21. Philadelphia: Westminster, 1960. 『기독교 강요』(CH북스).

Campbell, Douglas A. "Apocalyptic Epistemology: The Sine Qua Non of Valid Pauline Interpretation." In *Paul and the Apocalyptic Imagination*, edited by Ben C. Blackwell, John K. Goodrich, and Jason Maston, pp. 65-85. Minneapolis: Fortress, 2016.

_____. *The Deliverance of God: An Apocalyptic Rereading of Justification in Paul*. Grand Rapids, MI: Eerdmans, 2013.

_____. *Pauline Dogmatics: The Triumph of God's Love*. Grand Rapids, MI: Eerdmans, 2020.

_____. *The Quest for Paul's Gospel*. London: T&T Clark, 2005.

Carson, D. A. "Systematic Theology and Biblical Theology." In *New Dictionary of Biblical Theology*, edited by T. Desmond Alexander and Brian S. Rosner, pp. 89-104. Downers Grove, IL: InterVarsity Press, 2000. 『IVP 성경신학사전』(IVP).

Certeau, Michel de. *The Practice of Everyday Life*. Translated by Steven Rendall. Berkeley: University of California Press, 1984.

Chafer, Lewis Sperry. *Systematic Theology*. 4 vols. Repr., Grand Rapids, MI: Kregel, 1993.

Coakley, Sarah. *God, Sexuality, and the Self: An Essay "On The Trinity."* Cambridge: Cambridge University Press, 2013.

Creegan, Nicola Hoggard. "The Winnowing and Hallowing of Doctrine: Extending the Program of the Father of Modern Theology?" In *Sarah Coakley and the Future of Systematic Theology*, edited by Janice McRandal, pp. 115-137. Minneapolis: Fortress, 2016.

Croasmun, Matthew. *The Emergence of Sin: The Cosmic Tyrant in Romans*. New York: Oxford University Press, 2017.

Croy, N. Clayton. *Prima Scriptura: An Introduction to New Testament Interpretation*. Grand Rapids, MI: Baker Academic, 2011.

DeYoung, Kevin. *Grace Defined and Defended: What a Four-Hundred-Year-Old Confession Teaches Us About Sin, Salvation, and the Sovereignty of God*. Wheaton, IL: Crossway, 2019.

_____. "Those Tricksy Biblicists." Gospel Coalition. September 1, 2011. www.thegospelcoalition.org/blogs/kevin-deyoung/those-tricksy-biblicists/.

Dunn, James D. G. *Christology in the Making: A New Testament into the Origins of the Doctrine of the Incarnation.* 2nd ed. Philadelphia: Westminster John Knox, 1989.

_____. *Did the First Christians Worship Jesus? The New Testament Evidence.* Louisville, KY: Westminster John Knox, 2010. 『첫 그리스도인들은 예수를 예배했는가?』(좋은씨앗).

_____. *The Partings of the Ways: Between Christianity and Judaism and Their Significance for the Character of Christianity.* Philadelphia: Trinity Press International, 1991.

_____. *The Theology of Paul the Apostle.* Grand Rapids, MI: Eerdmans, 1998. 『바울신학』(CH북스).

_____. *Unity and Diversity in the New Testament: An Inquiry into the Character of Earliest Christianity.* 3rd ed. London: SCM Press, 2006. 『신약성서의 동일성과 다양성』(솔로몬).

Eastman, Susan Grove. *Paul and the Person: Reframing Paul's Anthropology.* Grand Rapids, MI: Eerdmans, 2017.

Emanuel, Sarah. *Humor, Resistance, and Jewish Cultural Persistence in the Book of Revelation: Roasting Rome.* New York: Cambridge University Press, 2020.

Epstein, Joseph. *Once More Around the Block: Familiar Essays.* New York: Norton, 1987.

Fee, Gordon. *God's Empowering Presence: The Holy Spirit in the Letters of Paul.* Peabody, MA: Hendrickson, 1994. 『성령』(새물결플러스).

Finger, Reta Halteman. *Roman House Churches for Today: A Practical Guide for Small Groups.* Grand Rapids, MI: Eerdmans, 2007.

Fishbane, Michael. *Biblical Interpretation in Ancient Israel.* Oxford: Clarendon, 1985.

Fitzmyer, J. A. *Romans.* Anchor Yale Bible Commentary 33. New Haven, CT: Yale University Press, 2007. 『앵커바이블 로마서』(CLC).

Frame, John M. "Is Biblicism Impossible? A Review Article." *Reformed Faith & Practice* 1, no. 2 (2016). https://journal.rts.edu/article/is-biblicism-impossible-a-review-article/.

Gaventa, Beverly. *When in Romans: An Invitation to Linger with the Gospel According to Paul.* Grand Rapids, MI: Baker Academic, 2018. 『로마서에 가면』(학영).

Girard, Rene. *I See Satan Fall Like Lightning.* Translated by James G. Williams. Maryknoll, NY: Orbis, 2001. 『나는 사탄이 번개처럼 떨어지는 것을 본다』(문학과

지성사).

Gordley, Matthew E. *The Colossian Hymn in Context: An Exegesis in Light of Jewish and Greco-Roman Hymnic and Epistolary Conventions.* Wissenschaftliche Untersuchungen zum Neuen Testament 2/228. Tubingen: Mohr Siebeck, 2007.

_____. *New Testament Christological Hymns: Exploring Texts, Contexts, and Significance.* Downers Grove, IL: IVP Academic, 2018.

_____. *Teaching Through Song in Antiquity: Didactic Hymnody Among Greeks, Romans, Jews, and Christians.* Wissenschaftliche Untersuchungen zum Neuen Testament 2/302. Tubingen: Mohr Siebeck, 2011.

Gordon, Bruce. *John Calvin's Institutes of the Christian Religion: A Biography.* Lives of Great Religious Books. Princeton, NJ: Princeton University Press, 2016.

Gorman, Michael J. *Becoming the Gospel: Paul, Participation, and Mission.* Grand Rapids, MI: Eerdmans, 2015. 『삶으로 담아내는 복음』(새물결플러스).

_____. *Elements of Biblical Exegesis.* Rev. ed. Grand Rapids, MI: Baker Academic, 2010. 『성서 석의 입문』(CH북스).

Green, J. B. "Narrative Theology." In *Dictionary for Theological Interpretation of the Bible,* edited by Kevin J. Vanhoozer, pp. 531-533. Grand Rapids, MI: Baker Academic, 2005.

Grieb, A. Katherine. *The Story of Romans: A Narrative Defense of God's Righteousness.* Louisville, KY: Westminster John Knox, 2002.

Grudem, Wayne A. *Politics—According to the Bible: A Comprehensive Resource for Understanding Modern Political Issues in Light of Scripture.* Grand Rapids, MI: Zondervan Academic, 2010.

Gutiérrez, Gustavo. *A Theology of Liberation: History, Politics, and Salvation.* Rev. ed. Maryknoll, NY: Orbis Books, 1988. 『해방신학』(분도).

_____. *We Drink from Our Own Wells: The Spiritual Journey of a People.* Maryknoll, NY: Orbis Books, 2010. 『우리의 우물에서 생수를 마시련다』(한국신학연구소).

Harris, Brian. "What Do Theologians Do?" January 8, 2019. https://brian-harrisauthor.com/what-do-theologians-do/.

Harvey, Lincoln. *Jesus in the Trinity: A Beginner's Guide to the Theology of Robert Jenson.* London: SCM Press, 2020.

Hays, Richard B. *The Moral Vision of the New Testament: Community, Cross, New Creation: A Contemporary Introduction to New Testament Ethics*. San Francisco: HarperOne, 1996. 『신약의 윤리적 비전』(IVP).

Henry, Carl F. H. *God, Revelation and Authority*. 2nd ed. 6 vols. Wheaton, IL: Crossway, 1999.

Hill, Graham. *GlobalChurch: Reshaping Our Conversations, Renewing Our Mission, Revitalizing Our Churches*. Downers Grove, IL: IVP Academic, 2016.

Hill, Wesley. *Paul and the Trinity: Persons, Relations, and the Pauline Letters*. Grand Rapids, MI: Eerdmans, 2015.

Hirsch, Alan, and Michael Frost. *The Shaping of Things to Come: Innovation and Mission for the Twenty-First-Century Church*. Rev. ed. Grand Rapids, MI: Baker Books, 2013. 『새로운 교회가 온다』(IVP).

Hodge, Charles. *Systematic Theology*. 3 vols. Grand Rapids, MI: Eerdmans, 1960.

Hoklotubbe, T. Christopher. *Civilized Piety: The Rhetoric of Pietas in the Pastoral Epistles and the Roman Empire*. Waco, TX: Baylor University Press, 2017.

Holcomb, Justin. "What Is Grace?" Christianity.com. www.christianity.com/theology/what-is-grace.html.

Horrell, David G. *Solidarity and Difference: A Contemporary Reading of Paul's Ethics*. 2nd ed. London: Bloomsbury T&T Clark, 2015.

Hughes, Kyle R. *How the Spirit Became God: The Mosaic of Early Christian Pneumatology*. Eugene, OR: Cascade, 2020.

_____. *The Trinitarian Testimony of the Spirit: Prosopological Exegesis and the Development of Pre-Nicene Pneumatology*. Supplements to Vigiliae Christianae 147. Leiden: Brill, 2018.

Hughes, Richard T. *Reviving the Ancient Faith: The Story of Churches of Christ in America*. 2nd ed. Abilene, TX: Abilene Christian University Press, 2008.

Hurtado, Larry W. *Ancient Jewish Monotheism and Early Christian Jesus-Devotion: The Context and Character of Christological Faith*. Waco, TX: Baylor University Press, 2017. 『유일한 하나님, 그리고 예수』(베드로서원).

_____. *At the Origins of Christian Worship: The Context and Character of Earliest Christian Devotion*. Grand Rapids, MI: Eerdmans, 1999.

_____. *God in New Testament Theology*. Nashville: Abingdon, 2010.

_____. *Honoring the Son: Jesus in Earliest Christian Devotional Practice*.

Bellingham, WA: Lexham, 2018.

_____. *How on Earth Did Jesus Become a God? Historical Questions about Earliest Devotion to Jesus*. Grand Rapids, MI: Eerdmans, 2005.

_____. *Lord Jesus Christ: Devotion to Jesus in Earliest Christianity*. Grand Rapids, MI: Eerdmans, 2003. 『주 예수 그리스도』(새물결플러스).

_____. *One God, One Lord*. 3rd ed. New York: Bloomsbury T&T Clark, 2015.

Jacobs, Alan. *Looking Before and After: Testimony and the Christian Life*. Stob Lectures. Grand Rapids, MI: Eerdmans, 2008.

_____. *A Theology of Reading: The Hermeneutics of Love*. Boulder, CO: Westview, 2001.

Jenson, Robert W. *Systematic Theology*. 2 vols. New York: Oxford University Press, 1997.

Jewett, Robert. *Romans: A Commentary*. Hermeneia. Minneapolis: Fortress, 2007.

Jones, Beth Felker. *Practicing Christian Doctrine: An Introduction to Thinking and Living Theologically*. Grand Rapids, MI: Baker Academic, 2014.

Kasemann, Ernst. *Commentary on Romans*. Grand Rapids, MI: Eerdmans, 1980.

Keener, Craig S. *The Mind of the Spirit: Paul's Approach to Transformed Thinking*. Grand Rapids, MI: Baker Academic, 2016.

Lampe, Peter. *From Paul to Valentinus: Christians at Rome in the First Two Centuries*. Translated by Michael Steinhauser. Edited by Marshall D. Johnson. Minneapolis: Fortress, 2003. 『창세기 1장과 고대 근동 우주론』(새물결플러스).

Lancaster, Sarah Heaner. *Romans*. Belief: A Theological Commentary on the Bible. Louisville, KY: Westminster John Knox, 2015.

Levison, John R. *Boundless God: The Spirit According to the Old Testament*. Grand Rapids, MI: Baker Academic, 2020.

_____. *Filled with the Spirit*. Grand Rapids, MI: Eerdmans, 2009.

_____. *The Holy Spirit Before Christianity*. Waco, TX: Baylor University Press, 2019.

_____. *Inspired: The Holy Spirit and the Mind of Faith*. Grand Rapids, MI: Eerdmans, 2013. 『성령과 신앙』(성서유니온).

Lubac, Henri de. *Christian Faith: An Essay on the Structure of the Apostles' Creed*. Translated by Brother Richard Arnandez. San Francisco: Ignatius, 1986.

MacIntyre, Alasdair. *After Virtue: A Study in Moral Theory*. 3rd ed. Notre Dame, IN: University of Notre Dame Press, 2007. 『덕의 상실』(문예출판사).

Marsh, Charles, Peter Slade, and Sarah Azaransky, eds. *Lived Theology: New Perspectives on Method, Style, and Pedagogy*. New York: Oxford University Press, 2016.

Marshall, I. Howard, with contributions from Kevin J. Vanhoozer and Stanley E. Porter. *Beyond the Bible: Moving from Scripture to Theology*. Grand Rapids, MI: Baker Academic, 2004.

Martin, Dale B. *Pedagogy of the Bible: An Analysis and Proposal*. Louisville: Westminster John Knox, 2008.

McClendon, James W., Jr. *Systematic Theology*. Rev. ed. 3 vols. Waco, TX: Baylor University Press, 2012.

McGrath, James F. *The Only True God: Early Christian Monotheism in Its Jewish Context*. Champaign: University of Illinois Press, 2012.

McKnight, Scot. *The Blue Parakeet: Rethinking How You Read the Bible*. Rev. ed. Grand Rapids, MI: Zondervan, 2016. 『파란 앵무새』(성서유니온).

_____. *A Community Called Atonement*. Nashville: Abingdon, 2007.

_____. *The King Jesus Gospel: The Original Good News Revisited*. 2nd ed. Grand Rapids, MI: Zondervan, 2015. 『예수 왕의 복음』(새물결플러스).

_____. *Kingdom Conspiracy: Returning to the Radical Mission of the Local Church*. Grand Rapids, MI: Brazos, 2014. 『하나님 나라의 비밀』(새물결플러스).

_____. *Reading Romans Backwards: A Gospel of Peace in the Midst of Empire*. Waco, TX: Baylor University Press, 2019. 『거꾸로 읽는 로마서』(비아토르).

McRandal, Janice, ed. *Sarah Coakley and the Future of Systematic Theology*. Minneapolis: Fortress, 2016.

Meeks, Wayne A. *The First Urban Christians: The Social World of the Apostle Paul*. 2nd ed. New Haven, CT: Yale University Press, 2003. 『1세기 기독교와 도시 문화』(IVP).

Middleton, J. Richard. *The Liberating Image: The Imago Dei in Genesis 1*. Grand Rapids, MI: Brazos, 2005. 『해방의 형상』(SFC출판부).

Mikoski, Gordon. "Practices." In *The Dictionary of Scripture and Ethics*, edited by Joel B. Green et al., pp. 613-617. Grand Rapids, MI: Baker Academic, 2011.

Minear, Paul S. *The Obedience of Faith: The Purposes of Paul in the Epistle to the Romans*. Studies in Biblical Theology 2.19. London: SCM Press, 1971.

Mitchel, Patrick. *The Message of Love: The Only Thing That Counts*. London: InterVarsity Press, 2019.

Morgan, Teresa. *Roman Faith and Christian Faith: Pistis and Fides in the Early Roman Empire and Early Churches*. New York: Oxford University Press, 2015.

Morris, Leon L. "The Theme of Romans." In *Apostolic History and the Gospel: Biblical and Historical Essays Presented to F. F. Bruce on His 60th Birthday*, edited by W. Ward Gasque and Ralph P. Martin, pp. 249-263. Grand Rapids, MI: Eerdmans, 1970.

Moss, Ann. *Printed Commonplace-Books and the Structuring of Renaissance Thought*. New York: Clarendon, 1996.

Myers, Benjamin. "Exegetical Mysticism: Scripture, *Paideia*, and the Spiritual Senses." In *Sarah Coakley and the Future of Systematic Theology*, edited by Janice McRandal, pp. 1-14. Minneapolis: Fortress, 2016.

Neder, Adam. *Theology as a Way of Life: On Teaching and Learning the Christian Life*. Grand Rapids, MI: Baker Academic, 2019.

Neill, Stephen, and N. T. Wright. *The Interpretation of the New Testament, 1861-1986*. New York: Oxford University Press, 1988.

Oakes, Peter. *Reading Romans in Pompeii: Paul's Letter at Ground Level*. Minneapolis: Fortress, 2009.

Oden, Thomas C. *Classic Christianity: A Systematic Theology*. New York: HarperOne, 2009.

Olson, Roger E. *Arminian Theology: Myths and Realities*. Downers Grove, IL: IVP Academic, 2006.

_____. *The Journey of Modern Theology: From Reconstruction to Deconstruction*. Downers Grove, IL: IVP Academic, 2013. 『현대 신학이란 무엇인가』(IVP).

Ortlund, Gavin. *Theological Retrieval for Evangelicals: Why We Need Our Past to Have a Future*. Wheaton, IL: Crossway, 2019.

Packer, J. I. *Knowing God*. 20th anniversary ed. Downers Grove, IL: InterVarsity Press, 1993. 『하나님을 아는 지식』(IVP).

Pedraja, Luis G. *Jesus Is My Uncle: Christology from a Hispanic Perspective*. Nashville: Abingdon, 1999.

Peterson, Eugene. *Eat This Book: A Conversation in the Art of Spiritual Reading*. Grand Rapids, MI: Baker, 2006. 『이 책을 먹으라』(IVP).

Peterson, Ryan S. *Imago Dei as Human Identity*. Journal of Theological

Interpretation Supplement 14. Winona Lake, IN: Eisenbrauns, 2016.

Pierce, Madison N. *Divine Discourse in the Epistle to the Hebrews: The Recontextualization of Spoken Quotations of Scripture*. Society for New Testament Studies Monograph Series 178. New York: Cambridge University Press, 2020.

Rabens, Volker. *The Holy Spirit and Ethics in Paul: Transformation and Empowering for Religious-Ethical Life*. 2nd ed. Minneapolis: Fortress, 2014.

Romero, Robert Chao. *Brown Church: Five Centuries of Latina/o Social Justice, Theology, and Identity*. Downers Grove, IL: IVP Academic, 2020.

Rowe, C. Kavin. *One True Life: The Stoics and Early Christians as Rival Traditions*. New Haven, CT: Yale University Press, 2016.

Sanders, E. P. *Judaism: Practice and Belief, 63 BCE-66 CE*. Minneapolis: Fortress, 2016.

Schleiermacher, Friedrich. *Christian Faith: A New Translation and Critical Edition*. 2 vols. Translated by Edwina Lawler, Terrence N. Tice, and Catherine L. Kelsey. Edited by Terrence N. Tice and Catherine L. Kelsey. Louisville, KY: Westminster John Knox, 2016. 『기독교 신앙』(한길사).

Scruton, Roger. *How to Be a Conservative*. London: Continuum, 2014.

_____. *The Meaning of Conservatism*. 3rd ed. South Bend, IN: St. Augustine's Press, 2014.

Smith, Christian. *The Bible Made Impossible: Why Biblicism Is Not a Truly Evangelical Reading of Scripture*. Grand Rapids, MI: Brazos, 2011.

Sonderegger, Katherine. *Systematic Theology: The Doctrine of God*. Vol. 1. Minneapolis: Fortress, 2015.

Steinmetz, David. *Taking the Long View: Christian Theology in Historical Perspective*. New York: Oxford University Press, 2011.

Strong, Augustus. *Systematic Theology: A Compendium and Common-Place Book for the Use of Theological Students*. Philadelphia: Judson, 1907.

Swain, Scott R. *The God of the Gospel: Robert Jenson's Trinitarian Theology*. Downers Grove, IL: IVP Academic, 2013.

Tamez, Elsa. *The Amnesty of Grace: Justification by Faith from a Latin American Perspective*. Translated by Sharon H. Ringe. Nashville: Abingdon, 1991.

_____. *The Scandalous Message of James: Faith Without Works Is Dead*. Rev. ed. New York: Herder & Herder, 2002.

Thiselton, Anthony C. *New Horizons in Hermeneutics*. Grand Rapids, MI:

Zondervan, 1992. 『해석의 새로운 지평』(SFC출판부).

_____. *The Thiselton Companion to Christian Theology*. Grand Rapids, MI: Eerdmans, 2015.

Trueman, Carl R. *The Creedal Imperative*. Wheaton, IL: Crossway, 2012. 『교리와 신앙』(지평서원).

Van Til, Cornelius. *Introduction to Systematic Theology: Prolegomena and the Doctrines of Revelation, Scripture, and God*. 2nd ed. Edited by William Edgar. Phillipsburg, NJ: P&R, 2007. 『조직신학 서론』(크리스챤).

Vanhoozer, Kevin J. *Biblical Authority After Babel: Retrieving the Solas in the Spirit of Mere Protestant Christianity*. Grand Rapids, MI: Brazos, 2016.

_____. *The Drama of Doctrine: A Canonical-Linguistic Approach to Christian Theology*. Louisville, KY: Westminster John Knox, 2005. 『교리의 드라마』(부흥과개혁사).

_____. *Hearers and Doers: A Pastor's Guide to Making Disciples Through Scripture and Doctrine*. Bellingham, WA: Lexham, 2019. 『들음과 행함』(복있는사람).

Vanhoozer, Kevin J., and Daniel J. Treier. *Theology and the Mirror of Scripture: A Mere Evangelical Account*. Downers Grove, IL: IVP Academic, 2015.

Veeneman, Mary M. *Introducing Theological Method: A Survey of Contemporary Theologians and Approaches*. Grand Rapids, MI: Baker Academic, 2017.

Volf, Miroslav. *Exclusion and Embrace: A Theological Exploration of Identity, Otherness, and Reconciliation*. Rev. ed. Nashville: Abingdon, 2019. 『배제와 포용』(IVP).

Volf, Miroslav, and Matthew Croasmun. *For the Life of the World: Theology That Makes a Difference*. Grand Rapids, MI: Brazos, 2019. 『세상에 생명을 주는 신학』(IVP).

Vos, Geerhardus. *Biblical Theology: Old and New Testaments*. Grand Rapids, MI: Eerdmans, 1948. 『성경신학』(CH북스).

Walton, John H. *Genesis 1 as Ancient Cosmology*. Winona Lake, IN: Eisenbrauns, 2011. 『창세기 1장과 고대 근동 우주론』(새물결플러스).

Webb, William J. *Slaves, Women and Homosexuals: Exploring the Hermeneutics of Cultural Analysis*. Downers Grove, IL: InterVarsity Press, 2001.

Webb, William J., and Gordon K. Oeste. *Bloody, Brutal, and Barbaric? Wrestling with Troubling War Texts*. Downers Grove, IL: IVP Academic, 2019.

Webster, John. *The Culture of Theology*. Edited by Ivor J. Davidson and Alden C. McCray. Grand Rapids, MI: Baker Academic, 2019.

Weitzman, Steven. *Surviving Sacrilege: Cultural Persistence in Jewish Antiquity*. Cambridge, MA: Harvard University Press, 2005.

Werntz, Myles. "The Body and the Body of the Church: Coakley, Yoder, and the Imitation of Christ." In *Sarah Coakley and the Future of Systematic Theology*, edited by Janice McRandal, pp. 99-114. Minneapolis: Fortress, 2016.

Williams, D. H. *Evangelicals and Tradition: The Formative Influence of the Early Church*. Grand Rapids, MI: Baker Academic, 2005.

Winner, Lauren F. *The Dangers of Christian Practice: On Wayward Gifts, Characteristic Damage, and Sin*. New Haven, CT: Yale University Press, 2018.

Witherington, Ben W., III. *New Testament Theology and Ethics*. Vol. 1. Downers Grove, IL: IVP Academic, 2016.

Wright, N. T. *History and Eschatology: Jesus and the Promise of Natural Theology*. Waco, TX: Baylor University Press, 2019. 『역사와 종말론』(IVP).

_____. *How God Became King: The Forgotten Story of the Gospels*. New York: HarperOne, 2012. 『하나님은 어떻게 왕이 되셨나』(에클레시아북스).

_____. *Jesus and the Victory of God*. Christian Origins and the Question of God 2. Minneapolis: Fortress, 1996. 『예수와 하나님의 승리』(CH북스).

_____. *Paul and His Recent Interpreters*. Minneapolis: Fortress, 2015.

_____. *The Paul Debate: Critical Questions for Understanding the Apostle*. Waco, TX: Baylor University Press, 2015. 『바울 논쟁』(에클레시아북스).

_____. *Pauline Perspectives: Essays on Paul, 1978-2013*. Minneapolis: Fortress, 2013.

_____. *What Saint Paul Really Said: Was Paul of Tarsus the Real Founder of Christianity?* Grand Rapids, MI: Eerdmans, 1997. 『톰라이트 바울의 복음을 말하다』(에클레시아북스).

이름 찾아보기

가벤타, 베벌리(Beverly Gaventa) 64
고먼, 마이클(Michael Gorman) 241
그루뎀, 웨인(Wayne Grudem) 88, 144, 166
그리브, 캐서린(Katherine Grieb) 239-240
그린, 조엘(Joel Green) 175-177
던, 제임스(James D. G. Dunn) 22, 99-102, 109-112, 115, 129
드 세르토, 미셸(Michel de Certeau) 220, 229-230
라벤스, 폴커(Volker Rabens) 24
라이트(N. T. Wright) 113-114(주 22), 141, 178
랭커스터, 새라(Sarah Lancaster) 228
레비슨, 존(John Levison) 137-138
로, 캐빈(Kavin Rowe) 221, 246-247
마시, 찰스(Charles Marsh) 212-215, 240
매킨타이어, 알래스데어(Alasdair MacIntyre) 213, 248
모건, 테리사(Teresa Morgan) 142

모리스, 레온(Leon Morris) 26
미니어, 폴(Paul Minear) 231
미첼, 패트릭(Patrick Mitchel) 75
미코스키, 고든(Gordon Mikoski) 125
바르트, 칼(Karl Barth) 22-26, 30, 48, 202
바클레이, 존(John Barclay) 143-156, 225
밴후저, 케빈(Kevin Vanhoozer) 35, 72, 77-78, 85(주 51), 211
버드, 마이클(Michael Bird) 166-168, 175
베빙턴, 데이비드(David Bebbington) 77
베이츠, 매튜(Matthew Bates) 120-124, 129, 142
베커, 크리스티안(J. Christiaan Beker) 229
보그, 마커스(Marcus Borg) 68(주31)
보스, 게르할더스(Geerhardus Vos) 181
보컴, 리처드(Richard Bauckham) 110-114
복뮐, 마르쿠스(Markus Bockmuehl) 66, 77
본회퍼, 디트리히(Dietrich Bonhoeffer) 202, 240

볼프, 미로슬라브(Miroslav Volf) 48, 231
불트만, 루돌프(Rudolf Bultmann) 216
브레이, 제럴드(Gerald Bray) 145
브리지스, 제리(Jerry Bridges) 144
비네먼, 메리(Mary Veeneman) 46
샌더스(E. P. Sanders) 150
손더레거, 캐서린(Katherine Sonderegger) 37, 174, 251, 254-255
슐라이어마허(F. D. E. Schleiermacher) 30
스미스, 크리스천(Christian Smith) 82-89
스타인메츠, 데이비드(David Steinmetz) 17, 69
스트롱, 오거스터스 홉킨스(Augustus Hopkins Strong) 165
아우구스티누스(Augustine) 162
에이러스, 루이스(Lewis Ayres) 60
오스티, 고든(Gordon Oeste) 192-194
오크스, 피터(Peter Oakes) 238
워필드(B. B. Warfield) 144
웹, 윌리엄(William Webb) 192-194
웹스터, 존(John Webster) 38-39, 68(주 31), 74, 89, 206
위너, 로렌 (Lauren Winner) 247-248
위더링턴, 벤(Ben Witherington) 207-208
이스트먼, 수전(Susan Eastman) 140
잘, 폴(Paul Zahl) 144
젠슨, 로버트(Robert Jenson) 17, 31-32, 53, 98, 129-131, 138, 141(주 7), 163-164, 175, 181, 184-186, 202
존스, 베스 펠커(Beth felker Jones) 75-76, 208-211
주잇, 로버트(Robert Jewett) 221, 227, 237, 244
카슨(D. A. Carson) 170-174

카이퍼, 아브라함(Abraham Kuyper) 94
칼뱅, 장(John Calvin) 162
캠벨, 더글러스(Douglas Campbell) 25-26, 56, 216
케제만, 에른스트(Ernst Käsemann) 224
코클리, 새라(Sarah Coakley) 36-37, 93, 129-130(주 31), 195
콩가르, 이브(Yves Congar) 15
크로스문, 매튜(Matthew Croasmun) 140, 221, 231
타메즈, 엘사(Elsa Támez) 182-183
트라이어, 대니얼(Daniel Treier) 35, 77-78, 85(주 51)
티슬턴(A. C. Thiselton) 44, 146(주 12)
패커(J. I. Packer) 28
페드라하, 루이(Pedraja Luis) 216
프레임, 존(John Frame) 87-90
피시베인, 마이클(Michael Fishbane) 70
피어스, 매디슨(Madison Pierce) 120, 124-127
피츠마이어, 조셉(Joseph Fitzmyer) 227
피터슨, 유진(Eugene Peterson) 190
핑거, 레타(Reta Finger) 224
하지, 찰스(Charles Hodge) 164
해리스, 브라이언(Brian Harris) 27
허타도, 래리(Larry Hurtado) 102-110, 114
헤이스, 리처드(Richard Hays) 224
호렐, 데이비드(David Horrell) 216
호클로투비, 크리스토퍼(Christopher Hoklotubbe) 139
휴즈, 카일(Kyle Hughes) 127(주 28)
힉, 존(John Hick) 99
힐, 웨슬리(Wesley Hill) 114-120, 129

성경 찾아보기

구약성경

창세기
1장 31(주 11), 55(주 17), 184
1-2장 187
2장 187
3장 187
4-11장 187
12장 187

사무엘상
8장 181, 187

사무엘하
7장 187

느헤미야
9-10장 180

시편
39:7-9 126
40:6 121
68:10 121
110:1 110
119장 22, 205
119:43 73
119:142 73
119:160 73

이사야
40-55장 112
45:19 73

다니엘
4:37 74
7장 100

호세아
1장 155

신약성경

마가복음
7:18 194
12:35 121
12:36-37 120
12:37 121
14:58 224(주 25)

누가복음
1:4 74
1:46 107
1:67-79 107
2:29-32 107

요한복음
1:1-5　111
1:1-18　106
1:14　74
1:17　74
8:32　74
14:6　73
14:17　74
15:26　74
16:13　61, 72, 74
16:23-24　104
17:17　74

사도행전
2:38　105
7장　180
7:59-60　104
8:16　105
9:10-17　107
10장　194
10:48　105
13:2　104
16:25　106

로마서
1-8장　230
1-11장　230, 231, 232
1:1　223
1:8　103
1:16-17　219, 220
1:28　227
2장　234
3:21-26　169
4:25　183

5장　181
5-8장　223, 245
6장　223, 240, 241, 247
6:3　105
7장　194
8장　37(주 16)
8:18　37(주 16)
8:19　37(주 16)
8:21　37(주 16)
8:23　37(주 16)
8:24　37(주 16)
8:27　37(주 16)
8:28　37(주 16)
8:29-30　37(주 16)
9-11장　181, 194, 223, 233
9:1　231
10:9-13　105
11:17-24　188
11:30-32　223
11:33　223
12장　241
12-16장　231, 245
12:1　223, 225, 231, 240
12:1-2　218, 219, 220, 221, 222, 224, 228, 229, 230, 232, 235, 236, 241, 245, 248, 249
12:2　223, 225, 227
12:3-8　238, 246
12:9-10　243
12:13　223
12:16　223, 243
12:18　244

12:19　223
13:1-7　244
14-15장　221, 232, 238, 242
14:1　236, 239
14:1-6　244
14:4　243
14:5-6　244
14:7　245
14:7-9　242
14:9　243
14:13　245
14:14　245
14:15　242, 243
14:17　239, 244
14:18　245
14:20-21　245
14:23　245
15:1　233
15:1-4　121
15:3　242
15:5　243
15:7　239
15:7-8　243
16장　238
16:3-5　232
16:10　232
16:11　232
16:14　232
16:15　232

고린도전서
2:16　227
3:16-17　224(주 25)

5:4　105
6:19　224(주 25)
7:31　226
8:6　111
10:21　106
11:20　106
12:3　105
14:26　106
14:37-38　107(주 13)
15장　58
15:27-28　110
16:22　104

고린도후서
4:2　74
5:17　238
6:16　224(주 25)
12:6　74
12:8-9　104
12:9　107
13:8　74

갈라디아서
2:5　74
2:14　74
3장　194
3:27　105
4:16　74

에베소서
1:13　74
1:21-22　111
4:21　74
5:14　106

5:18-20　106

빌립보서
2:6-11　106, 107, 113,
　　　　118, 191
2:9　111
2:11　105

골로새서
1:5　74
1:15-20　106
3:16-17　106

데살로니가전서
3:11-13　104
4:2　107(주 13)
4:15-17　107(주 13)

데살로니가후서
2:13　74
3:6　107(주 13)
3:12　107(주 13)

디모데전서
2:2　139
2:4　74
2:7　74
3:15　74
3:16　106
4:7-8　139
4:13　74
6:3　139
6:5-6　139
6:11　139

디모데후서
2:15　74
2:25　74
3:5　139
3:7　74
3:14-17　204
3:16-17　71

디도서
1:1　74

히브리서
1:5-9　125
1:13　110
2:11-13　126
3:7-11　127
4:11　127
5장　125
7장　125
8장　125
10:5-7　121, 126

야고보서
1:18　74
1:22-27　205
2:14-19　203
5:19　74

베드로전서
1:22　74

베드로후서
1:12　74
1:20-21　205

1:21 71
3:16 231

요한1서
1:8 74
2:27 82
3:19 74
4:6 74

요한2서
2절 74
4절 74

요한3서
3절 74
4절 74
8절 74
12절 74

요한계시록
2-3장 107
5장 111
5:9-11 107
20-22장 188

옮긴이 정은찬은 장로회신학대학교 신학과와 신학대학원에서 공부한 뒤, 영국 더럼 대학교에서 신학학을 공부하여 석사(M.A.)와 박사 학위(Ph.D.)를 받았다. 존 바클레이 교수의 지도 아래에서 데살로니가 교회와 고린도 교회를 비교한 박사 논문을 썼으며, 이 논문은 독일 학술 출판사 De Gruyter에서 BZNW 시리즈로 출간되었다(*A Tale of Two Churches: Distinctive Social and Economic Dynamics at Thessalonica and Corinth*). 또한 *Journal for the Study of the New Testament*에 데살로니가 교회 구성원들의 사회·경제적 지위를 연구한 소논문 "Paul's Letter to Free(d) Casual Workers"를 게재했고, "Reciprocity and High Resilience Against Economic Fluctuations"는 *Novum Testamentum*에 실릴 예정이다. 현재 장로회신학대학교와 연세대학교에서 신약학을 가르치고 있다.

성서학자가 신학자에게 바라는 다섯 가지

초판 발행_ 2022년 12월 16일

지은이_ 스캇 맥나이트
옮긴이_ 정은찬
펴낸이_ 정모세

펴낸곳_ 한국기독학생회출판부
등록번호_ 제2001-000198호(1978.6.1)
주소_ 04031 서울시 마포구 동교로 156-10
대표 전화_ (02)337-2257 팩스_ (02)337-2258
영업 전화_ (02)338-2282 팩스_ 080-915-1515
홈페이지_ http://www.ivp.co.kr 이메일_ ivp@ivp.co.kr
ISBN 978-89-328-1977-8
    978-89-328-1979-2(세트)

ⓒ 한국기독학생회출판부 2022

책값은 뒤표지에 있습니다.
무단 전재와 복제를 금합니다.